现代警官高等职业教育规划教材

刑事诉讼原理与实务

XINGSHI SUSONG YUANLI YU SHIWU

主　编◎许文海
副主编◎寻会云　李永和
撰稿人◎（以撰写内容先后为序）
李永和　寻会云　马　丽
张欢世　许文海

中国政法大学出版社
2015・北京

图书在版编目（CIP）数据

刑事诉讼原理与实务 / 许文海主编. —北京：中国政法大学出版社，2015.2
ISBN 978-7-5620-5910-3

Ⅰ. ①刑…　Ⅱ. ①许…　Ⅲ. ①刑事诉讼法-中国　Ⅳ. ①D925.2

中国版本图书馆CIP数据核字(2015)第030634号

出版者　中国政法大学出版社
地　址　北京市海淀区西土城路 25 号
邮　箱　fadapress@163.com
网　址　http://www.cuplpress.com（网络实名：中国政法大学出版社）
电　话　010-58908435(第一编辑部)　58908334(邮购部)
承　印　北京鑫海金澳胶印有限公司
开　本　720mm×960mm　1/16
印　张　14
字　数　251 千字
版　次　2015 年 2 月第 1 版
印　次　2015 年 2 月第 1 次印刷
定　价　32.00 元

现代警官高等职业教育规划教材
编审委员会

编写说明

警官类高等职业教育如何实现与政法行业人才需求零对接，是目前一个亟待解决的重大课题。山西警官职业学院坚持“就业导向、能力本位”的宗旨，在专业建设、课程建设、实践教学条件建设、师资队伍建设、教学信息化建设和教学质量监控等方面做了大量有益的探索，取得了较大成效，本次推出的系列规划教材正是其中一项改革尝试。本套教材在编写过程中，坚持“课岗融合”理念，力求兼顾高等职业教育教学和干部培训需要，在教学内容和教学结构重组方面作了大胆的改革与创新，希望通过本套教材的实践，进一步推动教学过程的职业化、项目化和任务化，为提高教育教学质量奠定良好基础。

本系列教材的主要特点有：

1. 校行合作编写，职业特色明显。本系列教材注重校行合作，所有教材均有行业专家或一线骨干教师参与编写和审稿，从教材内容的选取到专业术语的组织，均经过行业人员的审核把关，突出了相关职业或岗位群所需实务能力的教育和培养，保证了教材与行业实际工作的对接，具有很强的实用性。

2. 体例设计新颖，方便学生学习。本系列教材针对各课程教学目标需要，在体例上设置了学习目标、引导案例（或新闻素材）、案例评析、实务训练、延伸阅读、思考练习等相关教学项目，引导学生快速掌握学习内容，促进学以致用，丰富教学形式，拓宽学习视野，促进巩固提高。

3. 理论联系实际，注重能力培养。本系列教材针对警官类高职学生的特点，以职业岗位需求为导向，选用了大量的案例、资料和实务素材，将我国现行法律、法规、司法解释和岗位工作标准要求，与案例、材料分析、实务操作紧密结合，使学生能够更为直观地体会法律的适用，体验工作的情境和流程，增强学生的综合能力。

本系列教材共9本，在其编写过程中借鉴吸收了相关教材、论著成果和网络媒体资料，中国政法大学出版社给予作者们大力支持和指导，责任编辑在审读校阅过程中更是付出了辛勤的劳动，在此一并表示谢忱！由于受作者的理论水平和实践能力限制，加之时间紧、任务重，教材中难免出现不足和疏漏，敬请专家、学者、实践工作者批评指正。

现代警官高等职业教育规划教材编审委员会
2014年12月

前言

2012年3月14日第十一届全国人民代表大会第五次会议审议通过了《关于修改〈中华人民共和国刑事诉讼法〉的决定》。我国《刑事诉讼法》于1979年制定，1980年1月1日起施行。施行16年之后，1996年第八届全国人民代表大会第四次会议对其作了第一次修改。又是时隔16年，我国《刑事诉讼法》迎来了第二次重要修改与完善。

本次修改的幅度大、内容多，修改补充达140多处，《刑事诉讼法》条文由原来的225条增加到290条，这就对《刑事诉讼原理与实务》这门课程的教学工作提出了新的、更高的要求。为此，我院部分从事刑事诉讼原理与实务课程教学的教师及长期在司法实践部门从事刑事审判工作的行业专家，经过多次调研和反复论证，编写了本书。

本书以刑事诉讼程序为主线，以能力培养为导向，对课程的教学内容进行了优化、整合，淡化了传统教材中与高职学生就业岗位关联度较低的“死刑复核程序、审判监督程序”等内容，增加了特别程序的部分内容。在形式上采用学习单元的模式，把教学内容整合为五个学习单元，并细分为若干个工作项目，每个项目里又有具体的工作任务，使其符合学生就业所需的知识、能力、素质要求，形成了一套适合高职法律教育的刑事诉讼课程教学内容体系，使其成为真正意义上的具有高职特色的理实一体化教材，教师得以运用生动、形象的教材组织教学，同时也便于学生对抽象的刑事诉讼原理深入理解、掌握和应用，做到深刻领会、融会贯通，提高其学习能力。

本书具体撰稿分工如下（以撰写内容先后为序）：

李永和：学习单元一　刑事诉讼原理与制度

寻会云：学习单元二　立案、侦查和提起公诉

马　丽：学习单元三　审判

张欢世：学习单元四　执行

许文海：学习单元五　特别程序

本书在编写过程中参考和借鉴了大量的教材、学术著作和网络媒体资讯，并吸收和借鉴了学者、专家的研究成果，对此谨向原作者致以衷心的感谢。由于编写人员水平所限，加之时间仓促，书中错误之处在所难免；同时，由于作者写作风格不同，各个部分难免有欠协调之处，恳请读者海涵，并希望不吝赐教。

编　者

2014 年 12 月

目录 CONTENTS

学习单元一　刑事诉讼原理与制度

项目一　刑事诉讼概述

引例

张某刑讯逼供案

某市人民检察院侦查人员张某在办理一起贿赂案中，被犯罪嫌疑人控告有刑讯逼供行为。公安机关立案侦查后认为犯罪事实清楚，证据确实、充分。鉴于本案犯罪嫌疑人系检察院工作人员，为了防止检察部门滥用职权包庇张某，公安机关侦查终结后，直接向人民法院提起公诉。经审理，人民法院认为主要事实不清，证据互相冲突，尤其是几个证人的证言互相矛盾，决定延期审理。经与公安机关协商，两家各抽调两人，组成联合调查组，由人民法院副院长担任调查组组长，对该案进行了补充调查。经过一个月的工作，查清了张某的犯罪事实后，再次开庭审理。

【问题】指出本案的诉讼程序不当之处。

【评析】按照刑事诉讼法有关管辖的规定，刑讯逼供案应由检察机关立案侦查。本案犯罪嫌疑人是检察院工作人员，与案件和犯罪嫌疑人有利害关系并可能影响案件公正处理的检察人员应依法回避，但不能因此改变本案的立案管辖。

按照《刑事诉讼法》第 191 条第 1 款的规定，合议庭对证据有疑问的，可以宣布休庭，对证据进行调查核实。而本案法院与公安机关进行联合调查，混淆了侦查职能和审判职能，违反了刑事诉讼程序，同时也违背了公检法三机关分工负责、互相配合、互相制约的原则。

一、刑事诉讼法的概念与任务

（一）刑事诉讼法的概念

1. 诉讼

（1）诉讼的含义。在汉语中，“诉讼”一词最初并不连用，许慎撰《说文

解字》认为："诉，告也；讼，争也。"所谓"诉"，就是告知、倾诉，是一种陈述行为；"讼"则是以言辞为表现形式的纷争，它表现的是一种社会现象，这种社会现象在形式上表现为两相争执，在内容上表现为争执的原因、主张和理由。诉讼必须具备三个要件：一是必须有控诉方，或者说原告；二是必须有承控方，即被告，没有被告，争执即无从产生；三是必须有听讼方，没有听讼方，纷争无从可诉，亦没有办法解决。因此在中文里，诉讼的基本含义就是讼争的一方或双方将致讼的原因、内容、主张和理由告知、倾诉于听讼之人，以求讼的息解的活动。"诉讼"一词正式入律始于元朝，元朝的《大元通制》第十三篇的篇名即为"诉讼"，这个概念一直沿用至今。

诉讼是国家活动的重要组成部分，国家授权给一定的机关，通过诉讼查明案件与纠纷的事实，应用法律，解决争端，维护统治阶级的统治秩序和利益。所以，诉讼的实质是统治阶级行使国家司法权的重要活动。可以将诉讼的定义简要地概括为：诉讼是指国家司法机关在当事人及其他诉讼参与人的参加下，按照法定的方式和程序，应用法律解决具体案件的活动。

（2）诉讼的起因。荀子曾说："人生而有欲，欲而不得，则不能无求，求而无度量分界，则不能不争。"所谓"争"，就是争斗，它是一切诉讼产生的基础，而争斗这一现象又来源于三个因素：一是人类的欲望，二是人类自私的本性，三是社会资源的稀缺。诉讼就是欲望和争斗的产物，因为人总是有欲望的，而欲望产生了以后又并不总是能够立刻得到满足，多数时候是不能得到满足，而人类的本性又是自私的，在争夺有限的资源而进行的活动中，不可避免地要发生争斗和纠纷。既然有纷争，就会有解决纷争的办法，诉讼就是为解决纷争而提出的众多办法中的一种。

2. 刑事诉讼

由于诉讼所解决的案件性质不同，诉讼的内容和形式也有所不同，所以，诉讼又分为刑事诉讼、民事诉讼和行政诉讼。刑事诉讼和民事诉讼古代就有，行政诉讼则是现代才出现的。

刑事诉讼是指人民法院、人民检察院和公安机关（含国家安全机关）在当事人及其他诉讼参与人的参加下，依照法律规定的程序解决被追诉者的刑事责任的活动。

刑事诉讼有广义和狭义之分。狭义的刑事诉讼仅指法院的审判活动。而广义的刑事诉讼除了法院的审判活动外，还包括公诉机关的起诉和侦查机关的侦查等活动。我国的刑事诉讼属于广义的刑事诉讼。

3. 刑事诉讼法

刑事诉讼法是指国家制定或认可的、有关司法机关和诉讼参与人进行刑事诉讼所应遵守的法律规范的总称。

刑事诉讼法有广义和狭义之分。狭义的刑事诉讼法专指刑事诉讼法典。广义的刑事诉讼法则包括与刑事诉讼活动有关的一切法律渊源。在我国，广义的刑事诉讼法除了《中华人民共和国刑事诉讼法》以外，还包括下列内容：①单行的刑事诉讼法规、条例；②其他法律、法规、条例中有关刑事诉讼程序的规范；③最高人民法院、最高人民检察院、公安部、司法部等对具体应用刑事诉讼法所作的规定。

（二）刑事诉讼法的任务

刑事诉讼法的任务，是指制定和实施刑事诉讼法所要取得的预期效果。根据《刑事诉讼法》第 2 条的规定，刑事诉讼法的任务有四个方面：

1. 保证准确、及时地查明犯罪事实

所谓“准确”，就是要收集确实、充分的证据证明案件的事实真相，使得犯罪事实的认定建立在可靠的证据基础上。所谓“及时”，就是要求不失时机地收集证据，尽快查明犯罪人和有关犯罪事实，在法定的时间内解决案件，提高诉讼效率，防止诉讼拖延。“准确”是关键，“及时”要以“准确”为前提；同时，“及时”也很重要，因为“迟到的正义是非正义”。

2. 正确应用法律，惩罚犯罪分子，保障无罪的人不受刑事追究

查明犯罪事实是正确应用法律的前提。正确应用法律则是查明犯罪事实与案件得以公正处理的中介。在事实清楚的条件下，能否正确应用法律，取决于司法人员的素质特别是政治素质、业务素质，并可能受个案执法外部环境的影响，司法人员必须排除外来干扰，自觉执法、敢于执法、严于执法、善于执法，才能对案件作出正确处断。

3. 教育公民自觉遵守法律，积极同犯罪行为作斗争

司法机关通过对刑事案件的处理，彻底揭露各种犯罪现象及其严重的社会危害性，可以增强公民的法律意识，提高公民遵守法律的自觉性，让他们了解法律保护什么、禁止什么、惩罚什么，做到知法守法；同时调动公民同犯罪作斗争的勇气，促使他们堵塞管理制度上的漏洞，不给犯罪分子留下可乘之机，并自觉行动起来，同犯罪行为作斗争；对于那些具有犯罪的潜在因素、可能进行犯罪的人，则有警戒教育的作用，使他们不敢轻举妄动，以身试法，从而放弃犯罪念头。

4. 维护社会主义法制，尊重和保障人权，保护公民的人身权利、财产权利、民主权利和其他权利，保障社会主义建设事业的顺利进行

刑事诉讼任务和刑事诉讼目的直接相关，只有完成刑事诉讼各项任务，才能实现刑事诉讼惩罚犯罪和保障人权的目的，以维护社会主义法制权威。人权保障已经成为世界刑事诉讼领域不可阻挡的发展趋势，人权保障已经被明文规定在一系列国际公约中。我国《宪法》规定"国家尊重和保障人权"，刑事诉讼法作为"小宪法"，当然也有必要将"尊重和保障人权"纳入其中。

二、刑事诉讼法基本原则

刑事诉讼基本原则，是指法律所规定的，贯穿于整个刑事诉讼活动过程中，指导公安、司法机关及诉讼参与人进行诉讼活动的基本行为准则。刑事诉讼基本原则是与刑事诉讼法的任务紧密相连的，是司法机关实现刑事诉讼惩罚犯罪、保障人权任务的保证。本书介绍其中的部分原则。

（一）侦查权、检察权和审判权由专门机关依法行使

《刑事诉讼法》第3条规定了刑事诉讼中公安机关、人民检察院、人民法院三机关依法独立行使职权的原则，即侦查权、检察权和审判权只能由法定的专门机关依法行使。

侦查权、检察权和审判权是国家权力的重要组成部分，由谁来代表国家行使这些权力，不仅关系到被追究人的名誉、财产和人身权利，而且关系到国家政权的巩固、社会秩序的稳定、公民合法权益的保护以及社会主义现代化建设事业能否顺利进行。因此，国家把侦查权、检察权和审判权分别交给公安机关、人民检察院和人民法院来行使，其他任何机关、团体和个人都无权行使这些权力，无权擅自对公民进行拘捕、关押、搜查、审讯等。否则任何公民都有权抵制这些行为，并提出控告；构成犯罪的应当追究刑事责任。明确这一点，对于维护国家法制的统一，保证刑事诉讼活动的顺利进行，具有十分重要的意义。

1. 公安机关、人民检察院和人民法院依法行使各自的职权，是保证办案质量、实现刑事诉讼法任务的需要

刑事案件错综复杂，千差万别，为了有组织、有效地同犯罪作斗争，正确地处理刑事案件，做到不枉不纵、不错不漏，实现刑事诉讼法的任务，除了坚持党的领导和群众路线以外，还必须由掌握侦查权、检察权和审判权的专门机关进行这项专门工作。公安机关、人民检察院和人民法院是代表国家行使这些

权力的专门机关。它们在全国有系统的专门组织机构，有庞大的训练有素的专业队伍，有法学等专门科学知识，有同犯罪作斗争的丰富经验，有专门的设备和相应的现代化科学技术手段，具备完成这一专门职责的必备条件。因此，公安机关、人民检察院和人民法院不同于其他国家机关，可以胜任这一任务。如果没有专门机关而由其他国家机关共同负担，或者由团体、企业、事业单位和公民个人负担，其后果是不堪设想的。

2. 公安机关、人民检察院和人民法院依法行使各自的职权，是维护社会主义法制统一性的需要

我国是一个幅员辽阔、人口众多的多民族大国。要把这样的国家建设成为具有高度民主和高度文明的社会主义现代化强国，没有统一的法律不行；有了统一的法律，没有统一的专门执行法律的机关也不行。由公安机关、人民检察院和人民法院来行使侦查权、检察权和审判权，就能够保证我国法律的统一和正确的实施。

3. 公安机关、人民检察院、人民法院依法行使各自的职权，是捍卫国家司法权的需要

司法权是保护人民、打击敌人、惩罚犯罪的有力武器，必须由国家授权的专门机关统一、正确地行使。实践证明，公安机关、人民检察院、人民法院依法行使侦查权、检察权和审判权，既可以防止某些别有用心的人巧立名目，用别的什么组织来取代司法机关，破坏和践踏国家的司法，又可以使广大人民群众和司法工作人员能够更加明确地、坚定地捍卫国家司法权的统一性。

《刑事诉讼法》第 3 条中所指的“除法律特别规定的以外”主要是指下述三种情况：①根据《刑事诉讼法》第 4 条的规定，危害国家安全的刑事案件，由国家安全机关行使侦查权；②根据《刑事诉讼法》第 290 条的规定，军队内发生的犯罪，由军队保卫部门行使侦查权；监狱内发生的犯罪由监狱行使侦查权；③根据《关于打击走私犯罪的决定》的规定，走私犯罪由海关走私犯罪侦查部门负责侦查。

（二）分工负责、互相配合、互相制约的原则

1. 分工负责

公安机关、人民检察院、人民法院三机关分工负责，是指三机关根据法律规定的职权，各负其责，各尽其职，严格依照分工进行诉讼活动，不允许互相代替和超越职责权限。根据刑事诉讼法的规定，公安机关的职权是侦查权，即侦查、拘留、执行逮捕、预审；检察机关的职权是检察权，即批准逮捕、检察、对其直接受理的案件的侦查、提起公诉；人民法院的职权是审判权。这是分工

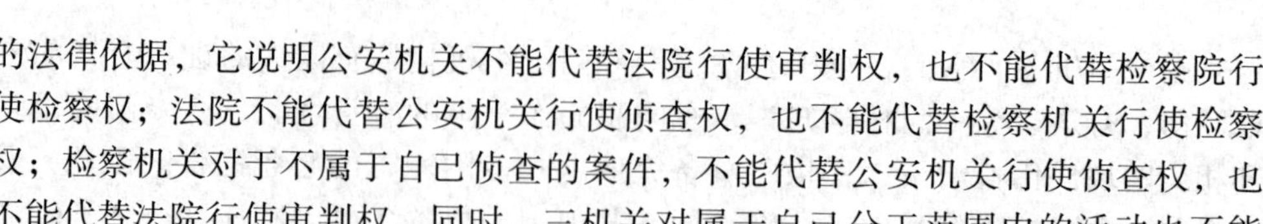

的法律依据，它说明公安机关不能代替法院行使审判权，也不能代替检察院行使检察权；法院不能代替公安机关行使侦查权，也不能代替检察机关行使检察权；检察机关对于不属于自己侦查的案件，不能代替公安机关行使侦查权，也不能代替法院行使审判权。同时，三机关对属于自己分工范围内的活动也不能推诿。

2. 互相配合

互相配合，是指公安机关、人民检察院、人民法院三机关在分工负责的前提下，为了实现惩罚犯罪保护人民的共同任务，全力合作、互相支持。侦查、起诉和审判三道工序，犹如一个工厂的三个车间和一架机器的流水线。前一道工序要为后一道工序做好合乎质量要求的准备，后一道工序要在前一道工序的基础上进行。

根据刑事诉讼法的规定，在侦查程序中，为了逮捕犯罪嫌疑人，以防止其逃避或妨碍侦查、起诉和审判，保证刑事诉讼活动的顺利进行，公安机关与人民检察院应互相配合。公安机关要求逮捕犯罪嫌疑人的时候，应当写出提请批准逮捕书，连同案卷材料、证据一并移送同级人民检察院审查批准。人民检察院对于公安机关提请批准逮捕的案件进行审查后，应当根据情况分别作出批准逮捕或者不批准逮捕的决定。对于批准逮捕的决定，公安机关应当立即执行，并且将执行情况及时通知人民检察院。对于不批准逮捕的，人民检察院应当说明理由，需要补充侦查的，应当同时通知公安机关。人民检察院应当自接到公安机关提请批捕书后7日以内，作出批准逮捕或不批准逮捕的决定。

在起诉程序中，为了保证侦查机关侦查终结的案件得到正确、及时的处理，公安机关和人民检察院应互相配合。公安机关侦查终结后应写出起诉意见书，连同案卷材料、证据一并移送同级人民检察院审查，人民检察院应在法定期限内作出起诉或不起诉的决定。人民检察院审查案件，可以要求公安机关提供法庭审判所必需的证据材料。

在审判程序中，检察院和法院的互相配合主要体现在：检察机关决定起诉后，应当写好起诉书，并将案件移送人民法院；法院在对公诉案件进行审查后，对于起诉书中有明确的指控犯罪事实的，应当决定开庭审判，并将开庭的时间、地点在开庭3日以前通知人民检察院；人民检察院接到开庭通知后应派员出庭支持公诉。此外，人民检察院或人民法院在刑事诉讼中，认为需要逮捕犯罪嫌疑人、被告人的，作出逮捕决定，公安机关在接到检察院或法院的逮捕决定书后，及时将有关犯罪嫌疑人、被告人抓获归案，也是对人民检察院或人民法院工作的配合。

3. 互相制约

制约的本来含义是指一事物的存在与变化以另一事物的存在和变化为条件。根据刑事诉讼法的规定，互相制约是指公安机关、人民检察院、人民法院三机关的工作互为条件，彼此监督，并且依照法律规定的职权，对其他机关的有关决定提出异议，互相防止和纠正在诉讼过程中可能出现和已经出现的错误。

在侦查程序中，人民检察院决定不批准逮捕本身就是检察院对公安机关的一种制约；而且人民检察院在审查批捕时，如果发现公安机关的侦查活动有违法情况，应当通知公安机关予以纠正，公安机关则应将纠正情况通知人民检察院。而公安机关认为不批准逮捕决定有错误时，可以要求复议；如意见不被接受，可向上级人民检察院提请复核，上级人民检察院应当立即复核，作出是否变更的决定，并通知下级检察院和公安机关执行。

在起诉程序中，人民检察院对于公安机关请求起诉的案件作出不起诉的处理，就是对公安机关的制约；同时，人民检察院在审查起诉时应审查侦查活动是否合法，如发现侦查中有违法现象，应及时提出纠正意见。人民检察院对于公安机关移送起诉的案件，决定不起诉的，应将不起诉决定书送至公安机关。公安机关认为不起诉决定有错误时，可要求复议；如意见不被接受，可向上级人民检察院提请复核。另外，人民检察院决定将案件退回公安机关补充侦查，也可视为对公安机关的制约。

在审判程序中，公诉人在法庭上应接受审判长对庭审的指挥，同时在发现审判活动有违法情况时，有权向法庭提出纠正意见；人民法院应将判决书送达提起公诉的检察院，人民检察院认为判决和裁定确有错误时，应向上一级法院提出抗诉。

参考案例

邓某故意伤害案

被告人邓某，系某化工厂工人。一日，邓某与邻居谷某发生争执并发展到相互厮打，邓某一拳打在谷某的左眼上，造成谷某左眼球摘除的严重后果。某县人民检察院以故意伤害罪提起公诉。某县人民法院判处邓某有期徒刑6年，邓某不服，提起上诉。二审人民法院经审查后，决定于4月6日公开审理此案，并于3月30日通知人民检察院，要求人民检察院派员出庭。检察院认为法院未及时通知其查阅案卷，故拒绝出庭支持公诉。

【问题】根据刑事诉讼法中有关法院与检察院关系的规定，法院与检察院的行为是否妥当？

【评析】《刑事诉讼法》第7条规定："人民法院、人民检察院和公安机关进行刑事诉讼，应当分工负责，互相配合，互相制约，以保证准确有效地执行法律。"分工负责、互相配合、互相制约是刑事诉讼中处理三机关关系的基本准则。

《刑事诉讼法》第224条规定："人民检察院提出抗诉的案件或者第二审人民法院开庭审理的公诉案件，同级人民检察院都应当派员出席法庭。第二审人民法院应当在决定开庭审理后及时通知人民检察院查阅案卷。人民检察院应当在一个月以内查阅完毕。人民检察院查阅案卷的时间不计入审理期限。"由此可知，本案中人民法院没有在法定的时间内通知人民检察院查阅案卷，这不利于人民检察院更好地为出庭做准备。而人民检察院将错就错，拒绝出庭支持公诉，也违背了刑事诉讼法关于两机关分工负责、互相配合的原则。本案的补救办法是，人民法院将开庭的日期推迟，使两机关的诉讼行为都能符合法律的有关规定。

（三）犯罪嫌疑人、被告人有权获得辩护

1. 被告人依法享有辩护权

我国法律规定被告人享有辩护权，是不附有任何先决条件的，没有"但书"规定的限制。这表明：

（1）辩护权作为犯罪嫌疑人、被告人的一项诉讼权利贯穿在整个刑事诉讼活动过程中，不受诉讼阶段的限制。任何人从被确定为犯罪嫌疑人开始，就享有完全的辩护权，在侦查阶段他完全可以自行行使这项权利，侦查机关也有义务保证他们行使辩护权，应当在调查案件的同时认真听取他们所作的申辩和解释。

（2）辩护权不受被告人是否有罪、罪行轻重的限制。无论被告人有罪无罪、罪轻罪重，都享有平等的辩护权。对那些被控犯有重罪、可能处以极刑的被告人，更应充分保障他们依法所享有的辩护权，以防止出现错案，造成难以挽回的损失。因为被告人有罪、罪重，应当予以严厉制裁，就限制、剥夺其辩护权，这是与宪法和刑事诉讼法关于被告人有权获得辩护的原则相违背的。

（3）辩护权不受案件调查情况的限制。无论案件事实是否清楚，证据是否确实、充分，被告人都依法享有辩护权。即使是当场被抓获、人赃俱在的现行犯，对其依法所享有的辩护权也不得加以限制。被告人的辩护并不仅仅是司法机关查明案情的一种手段，不能根据司法机关查明案情的需要而决定取舍，必须将辩护作为被告人依法享有的基本权利加以保障。何况案件事实清楚并不等于适用法律正确，更不等于充分考虑了有利于被告人的各种因素，被告人的辩护权并不因此而失去存在的意义。

（4）辩护权不受被告人认罪态度的限制。无论被告人是否认罪，是否坦白交代，均不能作为限制其辩护权的理由。因为被告人无论是否坦白认罪，都有权提出有利于自己的证据和理由进行辩护，不能将被告人否认有罪或罪重的辩护当作抗拒行为加以限制。是否坦白及认罪的态度如何，仅在被告人有罪时表明其是否悔罪和其社会危险性的程度，在定罪以后，可以作为量刑时考虑的一个因素，不应作为限制被告人依法行使辩护权的理由。

（5）辩护权的行使不受辩护理由的限制。被告人依法享有辩护权并不等于被告人一定都具有从轻、减轻、免除刑事责任的辩护情节，平等的辩护权不等于有相同的辩护理由。权利的享有和行使与实际辩护理由的多少是两个不同的概念，何况只有在被告人充分行使辩护权之后，才能得知其理由如何，所以不允许以被告人没有什么辩护理由为借口，而限制或漠视被告人依法享有的辩护权。

2. 司法机关负有保障被告人辩护权的义务

权利主体享有的权利是以义务主体承担保障权利实现的相应义务为基础的，因此，在刑事诉讼中，司法机关保障被告人享有辩护权的义务是被告人有权获得辩护的原则的核心内容。根据法律的规定，司法机关在保障被告人辩护权方面应当做到以下几个方面：

（1）承办案件的司法人员在诉讼过程中，应当主动告知被告人有哪些诉讼权利以及如何行使这些权利。

（2）承办案件的司法人员，对被告人行使辩护权所采取的方式不应苛求。被告人在行使辩护权时，可以采取法律规定的任何一种形式，既可以是口头的，也可以是书面的；既可以自行辩护，也可以委托他人辩护；既可以在侦查、起诉阶段提出，也可以在审判过程中提出，只要符合法律规定的要求，司法人员都应当许可。

（3）司法人员必须认真听取被告人提出的辩解、反证或申诉，并切实采纳被告人的合理辩护意见。

（4）司法人员不得以任何借口非法限制或者剥夺被告人的辩护权。

（5）对符合指定辩护条件的，人民法院、人民检察院、公安机关应当通知法律援助机构指派律师为犯罪嫌疑人、被告人提供辩护。

三、刑事诉讼中的国家机关和诉讼参与人

（一）刑事诉讼中的国家机关

1. 刑事诉讼中的人民法院

（1）人民法院的性质。人民法院是国家的审判机关，行使国家的审判权。审判权是指人民法院依法审判刑事、民事、经济、行政案件的权力，是国家权力的重要组成部分。

《宪法》第123条规定："中华人民共和国人民法院是国家的审判机关。"这一规定表明：只有法院才能代表国家依法行使审判权，其他任何机关、团体或个人都没有这种权力。任何人都有权拒绝除法院以外的其他机关、团体或个人的非法审判，并有权控告。其他机关、团体或个人的非法审判，不仅是无效的，而且是违法的，要追究有关人员的法律责任。对法院的依法审判，有关人员应当接受、支持和配合。法院代表国家行使审判权，要通过一定的诉讼程序来实现，审判刑事案件要通过刑事诉讼程序。

（2）人民法院的组织体系。我国的人民法院有独立于行政机关的组织体系，这个组织体系由最高人民法院、地方各级人民法院和专门人民法院组成。地方各级人民法院又分为高级人民法院、中级人民法院和基层人民法院；专门人民法院有军事法院、海事法院等。各级人民法院由同级权力机关产生。最高人民法院院长由全国人民代表大会选举，副院长、庭长、副庭长和审判员由全国人民代表大会常务委员会任免。地方各级人民法院院长由地方各级人民代表大会选举，副院长、庭长、副庭长和审判员由地方各级人民代表大会常务委员会任免。各级人民法院对同级权力机关负责并报告工作，接受权力机关监督。最高人民法院是国家最高审判机关，有权监督地方各级人民法院和专门人民法院的审判工作，上级人民法院有权监督下级人民法院的审判工作。上下级人民法院之间在审判案件上属审级监督关系，而不是行政隶属关系。上级人民法院应当通过第二审程序或审判监督程序对下级人民法院的审判工作实施监督，纠正其错误裁判，但无权对下级法院正在审理的案件作出有约束力的指示或决定。

（3）人民法院在刑事诉讼中的职权和地位。人民法院在刑事诉讼中的职权是对刑事案件进行审判，就被告人是否有罪和应否处刑、如何处刑作出决定。定罪和处刑是刑事诉讼要解决的两个基本问题，审判阶段是刑事诉讼中具有决定意义的阶段。

为了保证人民法院正确有效地行使审判权，宪法和刑事诉讼法等法律赋予人民法院广泛的诉讼权力，从这些职权中可以看出，人民法院是刑事诉讼中的主要主体，它在刑事诉讼法律关系中处于十分重要的地位。没有法院，就没有审判，也就不能解决被告人的刑事责任问题，刑事诉讼的任务也就不可能完成。

2. 刑事诉讼中的人民检察院

（1）人民检察院的性质。人民检察院是我国的法律监督机关，行使国家的检察权。检察权是国家权力的重要组成部分，它包括人民检察院对国家工作人员和公民的犯罪进行检察，对侦查工作、审判工作和刑罚执行等工作进行监督。法律监督权和检察权的内容是一致的，都是国家维护法律统一正确实施的一种国家权力。

人民检察院是国家为了实施法律监督而设立的专门机关。加强法律监督，对保障人民民主、巩固人民政权、促使国家工作人员严格遵守法律和依法办事，有着重要的意义。人民检察院的法律监督性质，决定了它不同于行政机关，不能行使行政职能。人民检察院也不同于人民法院，不能对犯罪的人进行审判，而只能向人民法院提起公诉，要求人民法院依法审判。

（2）人民检察院的组织体系。人民检察院由国家权力机关产生，并受国家权力机关监督。在组织系统上它独立于国家行政机关和审判机关，形成了一个以最高人民检察院为首的、包括地方各级检察院和专门检察院在内的统一的检察机关体系。

（3）人民检察院在刑事诉讼中的职权和地位。人民检察院是国家的法律监督机关，宪法和法律授权它行使检察权，保证国家法律的统一、正确实施。从这些职权中可以看出，人民检察院在刑事诉讼中行使控诉职能的同时，又行使法律监督职能，是主要的诉讼主体。人民检察院在侦查、起诉和审判三道程序中处于中间环节，从刑事案件立案侦查到裁判执行的整个诉讼过程它都参与，这是人民检察院不同于人民法院和公安机关的一个显著特点。另一个特点是它同公安机关和人民法院都有直接的配合、制约关系，它对刑事诉讼各个阶段的活动进行全面的法律监督。这对保证正确惩罚犯罪，保障无罪的人不受刑事追究，保护国家利益和公民的合法权益，维护社会主义法制有着重要作用。

3. 刑事诉讼中的公安机关

（1）公安机关的性质。公安机关是国家的治安保卫机关，属国家行政机关系统，是各级人民政府的组成部分，受各级人民政府领导，上级公安机关领导下级公安机关的工作。

在刑事诉讼中，公安机关是国家的侦查机关，负责大多数刑事案件的立案

侦查工作，进行刑事诉讼活动，负责追究犯罪，实质上也就是在执行追诉职能。从公安机关负责侦查工作、执行控诉职能的意义上讲，公安机关又具有司法机关的性质，属于我国司法组织体系的一个重要组成部分。在由公安机关负责立案侦查的诉讼阶段，公安机关始终处于指挥者和主持者的地位，是这个阶段刑事诉讼得以成立和刑事诉讼法律关系得以形成的不可缺少的重要方面。没有公安机关，这些案件的立案侦查就无从谈起，刑事诉讼也就不会开始。所以，从广义上讲，公安机关也应该是构成刑事诉讼法律关系的主要诉讼主体。

（2）公安机关的组织体系。我国公安机关的组织体系是：国务院设公安部，领导全国的公安工作；省、自治区、直辖市设公安厅（局）；地区设公安处，省（自治区）辖市设公安局；县、自治县、县级市设公安局，市辖区设公安分局；城市街道和县属区、乡、镇设公安派出所或公安特派员。派出所是基层公安机关的派出机构，而不是一级公安机关。在铁路、航运、民航、林业等系统设公安局或公安处，军队系统设保卫机构。

（3）公安机关在刑事诉讼中的职权和地位。为了保证公安机关及时完成侦查任务，有效地揭露犯罪，法律赋予了它广泛的诉讼权力。公安机关除行使侦查职权外，还负有执行的职权。人民法院判处的刑事罪犯，大多数都是通过公安机关交付执行，然后由司法行政机关的监狱和其他执行机关负责监管，对少数判处短期徒刑以下的罪犯，仍由公安机关负责执行和监管工作。

4. 参加刑事诉讼的其他国家机关

《刑事诉讼法》第4条规定："国家安全机关依照法律规定，办理危害国家安全的刑事案件，行使与公安机关相同的职权。"因此，就办理危害国家安全的刑事案件而言，国家安全机关在刑事诉讼中的性质和地位同公安机关是相同的。国家安全机关也是各级人民政府的组成部分，受同级人民政府的领导，上级安全机关领导下级安全机关的工作。

《刑事诉讼法》第290条规定："军队保卫部门对军队内部发生的刑事案件行使侦查权。对罪犯在监狱内犯罪的案件由监狱进行侦查。军队保卫部门、监狱办理刑事案件，适用本法的有关规定。"因此，就这两类案件而言，实际上军队保卫部门和监狱也具有与公安机关相同的性质。

（二）刑事诉讼中的当事人

1. 当事人概述

当事人是指在刑事诉讼中处于起诉或被告的地位，执行控诉或辩护职能，并同案件事实和案件处理结果有切身利害关系的诉讼参与人。

根据《刑事诉讼法》第106条第2项的规定，当事人包括被害人、自诉人、犯罪嫌疑人、被告人、附带民事诉讼当事人。

2. 被害人

被害人是指正当权利或合法权益遭受犯罪行为直接侵害，并因此而参加刑事诉讼，要求追究犯罪嫌疑人、被告人刑事责任的人。刑事诉讼中的被害人是一个程序法上的概念，它不同于一般意义上的刑事被害人。因此，只有当刑事被害人参加刑事诉讼，行使诉讼权利，承担诉讼义务时，才有可能转化为刑事诉讼中的被害人。在实践中，有的被害人已经死亡，虽然其作为刑事被害人的地位并没有改变，但由于他已无法参加刑事诉讼，也就不可能成为刑事诉讼中的被害人。同理，有些刑事被害人基于某种原因，不愿意参加刑事诉讼，也不可能成为刑事诉讼中的被害人。

刑事诉讼法为了充分保护被害人的合法权益，赋予被害人当事人的诉讼地位，其在刑事诉讼中享有广泛的诉讼权利。

3. 自诉人

自诉人是指直接向法院提起刑事诉讼的人。自诉是和公诉相对应的一个概念，只有法律规定的自诉案件才有自诉人。通常情况下，自诉人就是自诉案件的被害人或其法定代理人，但如果是告诉才处理的案件，被害人因受强制、威吓而无法告诉的，被害人的近亲属也可以告诉，成为自诉人。

自诉人是自诉案件的一方当事人，具有独立的诉讼地位。他是为了维护自己的或者其近亲属的权益，用自己的名义参加诉讼的，在诉讼中执行控诉职能。自诉人的起诉、撤诉或者与被告人自行和解、上诉等诉讼行为，可以导致刑事诉讼程序的产生、发展或终结。自诉人关于案件情况的陈述，又是一种证据，经过查证属实就能作为定案的根据。

自诉人是自诉案件的重要诉讼主体。为了方便自诉人维护自己的合法权益，自诉人除享有诉讼参与人共同的诉讼权利以外，法律还赋予其广泛的诉讼权利。自诉人在享有诉讼权利的同时，也应承担一定的诉讼义务。

4. 犯罪嫌疑人

犯罪嫌疑人是指公诉案件立案之后，被检察机关提起公诉以前受到刑事追究的诉讼参与人。犯罪嫌疑人是刑事诉讼的当事人，他在刑事诉讼中处于受审查、受追究的地位。因此，他的诉讼地位有这样几个特点：一是犯罪嫌疑人是被追诉的对象，大多数被采取强制措施，失去人身自由；二是犯罪嫌疑人的供述和辩解，是一种重要的证据来源；三是犯罪嫌疑人的诉讼地位随着诉讼的进行要发生变化，有的要变为被告人，有的因为撤销案件而被释放，还有的被诬告的犯罪嫌疑人则转化为诬告案件的被害人。

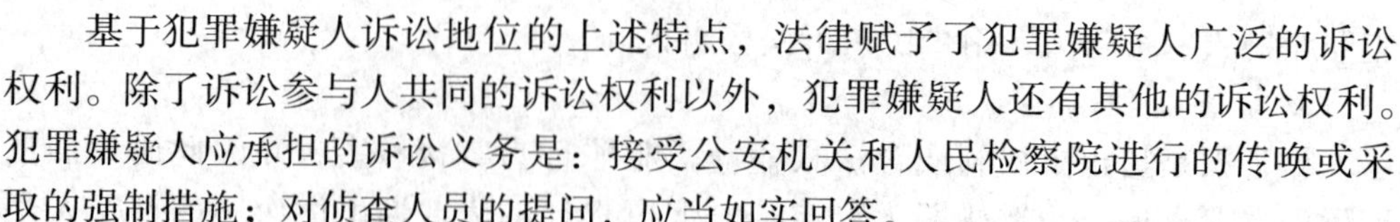

基于犯罪嫌疑人诉讼地位的上述特点，法律赋予了犯罪嫌疑人广泛的诉讼权利。除了诉讼参与人共同的诉讼权利以外，犯罪嫌疑人还有其他的诉讼权利。犯罪嫌疑人应承担的诉讼义务是：接受公安机关和人民检察院进行的传唤或采取的强制措施；对侦查人员的提问，应当如实回答。

5. 被告人

被告人是指被人民检察院提起公诉或者自诉人提起自诉，要求人民法院依法审判，追究其刑事责任的人。被告人是刑事诉讼中的中心人物，是刑事诉讼不可缺少的主要诉讼参与人。应该说整个刑事诉讼活动，包括司法机关以及所有诉讼参与人的活动都是围绕着被告人的刑事责任问题进行的。被告人是刑事诉讼的对象，没有被告人，也就没有刑事诉讼。

被告人的诉讼地位比较复杂，具有以下几个特点：①被告人是刑事诉讼的一方当事人，是刑事诉讼的主体，是辩护职能的主要承担者，具有独立的诉讼地位；②被告人同刑事案件有直接的利害关系，诉讼的最终裁决结果将对被告人产生重大影响；③被告人是起诉的对象，被指控犯有某种罪行，他必须面对这种指控，接受人民法院的审判活动，因此被告人具有人身不可代替性；④被告人多数已被羁押，失去人身自由，同行使控诉职能的起诉方，尤其是同公诉人相比，被告人处于不利地位；⑤被告人的供述和辩解，是证据的来源之一。

由于被告人在刑事诉讼中处于被追诉的地位，为了保证对被告人的起诉和审判能够公正、合理地进行，保障被告人的合法权益，刑事诉讼法赋予被告人充分的诉讼权利，除了诉讼参与人共同的诉讼权利以外，还有其他的诉讼权利。被告人在刑事诉讼中的基本诉讼义务是：服从人民法院的审判活动；如实陈述案情；执行人民法院的生效裁判。

6. 附带民事诉讼当事人

附带民事诉讼的原告人，是指在刑事诉讼过程中，向司法机关提起附带民事诉讼，要求被告人赔偿其因犯罪行为而遭受物质损失的人。附带民事诉讼原告人是附带民事诉讼当事人的一方。可以作附带民事诉讼原告人的，除犯罪行为给其直接造成物质损失的被害人外，也可能是被害人的法定代理人、近亲属。附带民事诉讼原告人享有放弃诉讼请求等权利。

附带民事诉讼的被告人，是指对犯罪行为所造成的物质损失依法负有赔偿责任并被司法机关传唤应诉的人。他也是附带民事诉讼不可缺少的一方当事人。附带民事诉讼被告人通常都是刑事被告人本人，有时也可能是依法对刑事被告人的行为负有赔偿责任的其他人，如未成年刑事被告人的父母等。附带民事诉讼被告人既有应诉的义务，又有承认诉讼请求或反驳诉讼请求等权利。

（三）其他诉讼参与人

1. 法定代理人

法定代理人，是指根据法律规定代理被代理人参加诉讼的人，包括被代理人的父母、养父母、监护人和负有保护责任的机关、团体的代表。

法定代理人具有如下几个特点：①法定代理人代理权的产生不是基于被代理人的授权和委托，也不是司法机关的决定或批准，而是由法律直接规定的；②法定代理人参加刑事诉讼的目的，是为了帮助被代理人行使诉讼权利，履行某些诉讼行为；③在刑事诉讼中并不是每一个案件都存在法定代理人，只有当被代理人是无诉讼行为能力或限制诉讼行为能力人时，才会存在法定代理人；④刑事诉讼法中规定的法定代理人的种类包括：被代理人的父母、养父母、监护人和负有保护责任的机关、团体的代表。但是应当明确的是，并不是每一个被代理人同时存在上述法定代理人，实际上在上述人员中被代理人只可能有一种人作为其法定代理人，而且，上述人员是按照前者优于后者的顺序排列的，有前者，就不能由后者作为法定代理人。

2. 诉讼代理人

诉讼代理人是指公诉案件的被害人及其法定代理人或者近亲属、自诉人及其法定代理人委托代为参加诉讼的人和附带民事诉讼的当事人及其法定代理人委托代为参加诉讼的人。

刑事诉讼中的诉讼代理人有以下几个特点：①诉讼代理人的代理权是基于被代理人及其法定代理人的委托，而不是法律的规定，这是诉讼代理人同法定代理人的原则区别；②可以委托诉讼代理人的人员范围，就刑事案件而言，限于控方当事人及其法定代理人，附带民事诉讼原、被告均可以委托诉讼代理人，而刑事诉讼中的辩护人则是被告人基于辩护权委托或在必要的时候由法律援助机构指派的人；③诉讼代理人是以被代理人的名义参加诉讼活动的，并在被代理人的授权范围内开展工作，这种诉讼地位的从属性，表明了诉讼代理人同辩护人之间的区别。

3. 辩护人

辩护人是依法接受委托或指定参加诉讼，并为被告人进行辩护的人。辩护人可以是律师，也可以是人民团体或者犯罪嫌疑人、被告人所在单位推荐的人，也可以是犯罪嫌疑人、被告人的监护人或亲友。

4. 证人

证人是直接利害冲突双方以外的向司法机关提供自己感受到的案件情况的诉讼参与人。证人是独立的诉讼参与人，具有独立的诉讼地位，证人参加刑事

诉讼是由案件事实本身所决定的，因此，证人具有人身不可代替性，他必须亲自参加诉讼，而不能由他人代理。证人同案件的处理结果没有任何直接的利害关系，因此，证人在刑事诉讼中处于中立的地位。虽然证言的内容在客观上有有利于被告人和不利于被告人之分，但这种区别不是从行使控诉职能或辩护职能的角度出现的，也不是基于证人的主观愿望，而是反映了案件的客观事实。证人参加刑事诉讼是应司法机关要求的，而不取决于证人的个人意愿。

5. 鉴定人

鉴定人是受司法机关聘请或指派后凭借自己的知识和技能对案件事实的某个专门问题作出书面鉴定意见的诉讼参与人。

鉴定人不同于证人。鉴定人在接受司法机关指派或聘请参加鉴定工作之前，对案件情况并不了解；鉴定人不是由案件本身决定的，可以更换和替代；鉴定人与案件不能有利害关系，如果有利害关系，应适用回避的规定；鉴定人必须具有鉴定某项专门问题的知识或技能。

6. 翻译人员

翻译人员是指受司法机关的聘请或指派在刑事诉讼中进行语言文字翻译活动的人员。刑事诉讼中需要翻译的语言文字，包括外国语、少数民族语言、聋哑手势、盲文、密码等。翻译人员也不能同本案有利害关系，否则适用回避的规定。

参考案例

赵某杀人案

姚甲与赵某系夫妻，生育有姚女（15岁）、姚子（12岁）。由于赵某有外遇，夫妻关系紧张。在这期间，赵某与其女、其子也合不来，赵对其女、其子偏向其夫的态度不满。2006年赵、姚关系到了再也不能继续下去的地步，遂讲好离婚，但一双儿女没一个愿意随赵生活，且态度更加敌视。赵某想到自己已经40岁了，将落个独身一人的下场，既悲又愤，遂走向极端。有一天乘姚军不在家，赵做子女的工作，希望能随自己生活，遭到拒绝。赵就拿一榔头，要打12岁的儿子，被15岁的女儿拉住，赵用榔头朝女儿头上猛击一下，将她打倒。儿子见状，冲进了卧室关上房门。赵已失去理智，又将卧室门砸开，用榔头把儿子活活打死。待走出卧室，准备再杀女儿时，女儿已苏醒过来，出门外逃了。邻居某甲、某乙、某丙知道了情况，冲进赵家，看到现场的惨状。赵当场自杀未遂，被群众扭送到公安机关。公安机关对现场进行了勘查，并请鉴定人某丁对姚子的死进行了鉴定。侦查完毕后，将案件移送检察机关审查起诉。案中，赵某聘请律师李某为其辩护。

【问题】1. 本案中的当事人有哪些?

2. 本案中的其他诉讼参与人有哪些? 其在刑诉中的地位和作用分别是什么?

3. 公诉人为什么不是当事人?

【评析】1. 本案中的当事人有:被告人赵某、被害人姚子。

2. 本案中的其他诉讼参与人有:法定代理人姚军,证人某甲、某乙、某丙,鉴定人某丁,辩护人李律师。他们在刑事诉讼中都享有一定的诉讼权利,承担一定的诉讼义务,影响着诉讼的进程和结果,但他们与案件的处理结果并不具有切身的利害关系。

3. 公诉人不是当事人的理由如下:①公诉人与案件之间不存在直接具体的切身利害关系,其虽然在刑事诉讼中实际处于原告一方的地位,但这是基于职责的要求,而不是私人利益受到犯罪行为的直接侵害;②公诉人参加刑事诉讼,不仅在于追究犯罪,支持公诉,而且还在于监督司法,执行法律监督职能;③公诉人享有的诉讼权力与作为当事人的被告人是不对等的。

案例讨论

刘甲等故意杀人案

某日晚,刘庄所有刘姓村民在族长刘甲的主持下,召开家族成员大会,讨论对本家族青年刘乙的处置问题,只见刘乙被五花大绑着跪在三十几个家族成员面前,瑟瑟发抖。原来刘乙是本村一个出了名的坏小子,从16岁开始就不断地偷村里人家的鸡、鸭、粮食、衣服等,见什么偷什么,村里人谁丢了东西,到他那儿都能找到,家族大会曾几次惩罚他,但他就是改不了毛病。随着年龄增大,刘乙开始对异性感兴趣,见了村里的女孩不是在腿上摸一把,就是在胸上蹭一下。发展到今天,竟乘本村的一个姑娘午睡之机,从窗户爬进去实施了强奸。在刘甲的煽动下,家族大会经过讨论,一致认为刘乙犯有"弥天大罪",应当处死,到会成员均在处死刘乙的文书上签了字。会后,大家将刘乙带到一个蓄满水的粪池边,由刘乙之父刘丙与族长刘甲将刘乙抬起扔进池中,刘乙漂出水面乱叫,刘甲又用竹竿将其头压入水中,直至淹死。此案后经公安机关立案侦查,检察机关提起公诉,人民法院依法审判,被告人刘甲、刘丙等几个主要成员被以故意杀人罪分别判处了刑罚。

【问题】1. 刘庄的刘姓村民是否有权对犯罪的本家族人进行处罚?

2. 本案违背了刑事诉讼法的哪一条原则?

3. 人民法院依法审判被告人刘甲、刘丙等几个主要成员并判处了刑罚是否合法？

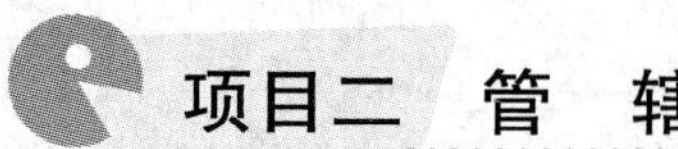

项目二 管 辖

引例

陈某二人故意伤害案

陈某与李某为同一国有企业职工，两家同一道大门进出，常为生活琐事发生口角。陈某文质彬彬，孩子幼小，李某身强力壮，对陈家常有欺负现象，遂形成多年积怨。随着时间的推移，陈家的两个男孩逐渐成年（同为该企业职工），常欲寻机报复。

某年6月27日，李某把陈家的摩托车撞倒了。陈家的次子小陈向李索赔，李不肯。于是小陈把他哥哥大陈叫上，于次日在过道上把上班的李拦住，向其索赔。李推搪他的责任，兄弟二人冒火，合力对李进行毒打，致李重伤，经送医院抢救后虽脱离危险，但已致其成痴呆，终身残疾。

企业领导认为事情重大，建议李的爱人方某找司法机关处理，方向公安机关报案。公安机关认为这是企业内部职工的斗殴事件，案件事实也比较清楚，无需采用侦查手段，在邻居中作一般的调查了解，直接找法院告就行了，遂作出不立案决定。检察院以国有企业职工不是国家工作人员为由，也不予受理。方某向法院控告时，法院又认为伤害情况严重，不属轻微刑事案件，法院不能直接受理。

【问题】 1. 公安机关作出的不立案决定正确吗？

2. 检察院的做法对吗？

3. 法院的做法对吗？

【评析】 1. 根据《刑事诉讼法》第18条第1款的规定，在法律没有特别规定的情况下，刑事案件原则上由公安机关进行立案侦查。因此，公安机关的做法是错误的。

2. 根据《刑事诉讼法》第18条第2款的规定及相关司法解释可知：国有企业职工不是国家工作人员，也缺少“利用职权”这一要件，因此，不属于人民检察院直接立案侦查的案件范围。但检察院的做法也不完全正确，检察院应当要求公安机关说明不立案的理由，并予以审查监督，若符合立案条件，有权通知公安机关立案。

3. 本案不符合自诉案件的范围及提起自诉的条件，人民法院应不予受理。但法院的做法也不完全正确，法院对方某的控告应当接受，然后移送公安机关。

一、管辖的概念

管辖是指人民法院、人民检察院、公安机关直接受理刑事案件权限范围的分工，以及人民法院组织系统内部审判第一审刑事案件的分工。为了避免各司法机关在刑事案件发生后出现互相推诿或互相争办的局面，形成有效有序的管辖状态，刑事诉讼法在总结司法机关多年来实践经验的基础上，对管辖问题作了具体规定。这些规定虽然很概括，但它却科学地解决了管辖中涉及的许多问题，形成了具有中国特色的管辖体系，对刑事诉讼法任务的顺利完成具有重要的意义。我国刑事诉讼法规定了两种管辖制度：一是立案管辖，二是审判管辖。

二、立案管辖

（一）立案管辖的概念

立案管辖，是指公安机关、人民检察院和人民法院之间，在直接受理刑事案件范围上的分工。

立案管辖所要解决的是哪类刑事案件应当由公检法三机关中的哪一个机关立案受理的问题。具体地讲，也就是确定哪些刑事案件不需要经过侦查，而由人民法院直接受理审判；哪些刑事案件由人民检察院直接受理立案侦查；哪些刑事案件由公安机关立案侦查。划分立案管辖的主要根据是公检法三机关在刑事诉讼中的职责分工和刑事案件的性质及其严重、复杂程度。所以，立案管辖又称为职能管辖或者部门管辖。

（二）公安机关立案侦查的案件

根据《刑事诉讼法》第18条第1款的规定，刑事诉讼法对公安机关直接受理的刑事案件的范围所采取的方法是排除法，即一般而言，刑事案件均由公安机关直接受理，进行侦查，除非法律另有规定。由此，只要了解了法律所作的特别规定，反过来就了解了公安机关的受理范围。

“法律另有规定”主要指两种情况：一是虽然实体法上列为刑事犯罪案件，但在程序法上规定不需要侦查，而可由人民法院直接受理审判的刑事案件；二是法律规定应由其他国家机关立案侦查的刑事犯罪案件，目前这类刑事案件具体指：①人民检察院依照《刑事诉讼法》第18条第2款规定管辖的自侦刑事案件；②国家安全机关依法立案侦查的危害国家安全的刑事案件；③军队保卫部门依法立案侦查的军队内部发生的刑事案件；④监狱依法立案侦查的罪犯在监狱内犯罪的案件。

参考案例

村委会主任故意伤害案

光明村与前进村是相邻的两个村，由于祖辈上有一点争执，于是光明村定下一条规矩，就是本村的人不能与前进村的人谈恋爱。李某是光明村村民，但她偷偷与前进村张某相爱，最终此事被村委会主任发现了。在村民大会上，依照村规，村委会主任当众把李某的腿打断了，并扬言道："这是我们村的家事，就算是公检法，也没权管！你们不要再犯村规，否则，她就是榜样！"李某纳闷道：难道我的腿就这样算了？

【问题】1. 村委会主任的话对吗？

2. 该案应归哪个机关管？

3. 按照管辖的分类，该案属于哪一种类型的管辖？

【评析】1. 村委会主任的话显然是错误的。公民的生命健康权是受刑事法律保护的，像他这种严重侵犯人身权利的行为，当然属于公安司法机关管辖的范围，应依法予以立案并追究刑事责任。

2. 按照刑事诉讼法的规定，对村委会主任殴打李某并致残的犯罪行为，应由公安机关管辖。

3. 按照管辖的分类理论，该案属于公安机关直接立案的立案管辖范围。

（三）人民检察院立案侦查的案件

根据《刑事诉讼法》第18条第2款的规定，人民检察院直接受理的刑事案件包括以下几类：

（1）贪污贿赂犯罪。这类案件除了刑法分则第八章中规定的贪污案，贿赂案，挪用救灾、抢险等款物案，挪用公款案，巨额财产来源不明案，隐瞒不报境外存款案等案件外，还包括刑法分则其他章节中规定的比照贪污、贿赂罪处罚的案件。

（2）国家工作人员的渎职犯罪。按照刑法分则第九章的规定，包括：玩忽职守案，泄露国家秘密案，徇私舞弊案，徇私枉法案，私放在押的犯罪嫌疑人、被告人或者罪犯案等。

（3）国家机关工作人员侵犯公民人身权利的犯罪。主要指国家机关工作人员利用职权实施的非法拘禁案、刑讯逼供案、报复陷害案、非法搜查案，以及监管人员殴打、体罚、虐待被监管人案等。

（4）国家机关工作人员侵犯公民民主权利的犯罪，如破坏选举案、非法剥夺宗教信仰自由案、侵犯少数民族风俗习惯案、侵犯公民通信自由案等。

除了上述四类案件以外，《刑事诉讼法》第 18 条第 2 款还规定："……对于国家机关工作人员利用职权实施的其他重大的犯罪案件，需要由人民检察院直接受理的时候，经省级以上人民检察院决定，可以由人民检察院立案侦查。" 这是人民检察院以立案侦查的方式，对公安机关的立案侦查活动所进行的一种个案监督。但这种方式在具体执行过程中应严格掌握其条件，不能作任意扩大解释。

（四）人民法院直接受理的刑事案件

《刑事诉讼法》第 18 条第 3 款规定："自诉案件，由人民法院直接受理。" 所谓自诉案件，就是指由被害人本人或者其近亲属向人民法院起诉的案件。自诉案件包括以下三类：

1. 告诉才处理的案件

所谓告诉才处理的案件，是指依法应由被害人本人提出控告，人民法院才能受理并进行审判的案件。如果被害人因受强制、威吓等原因无法告诉，或者是限制行为能力人以及由于年老、患病、盲、聋、哑等原因不能亲自告诉的，他的近亲属可以作为代理人代为告诉。被害人因受强制、威吓无法告诉的，人民检察院也可以告诉。这类案件在刑法中有明文规定，具体指：①没有严重危害社会秩序和国家利益的侮辱、诽谤案；②尚未引起被害人死亡的暴力干涉婚姻自由案；③尚未致人重伤、死亡的虐待案；④普通侵占案，即非法占有代为保管财物案和非法占有他人遗忘物、埋藏物案。

2. 被害人有证据证明的轻微刑事案件

这类案件具体包括：①故意伤害案（《刑法》第 234 条第 1 款）；②非法侵入住宅案（《刑法》第 245 条）；③侵犯通信自由案（《刑法》第 252 条）；④重婚案（《刑法》第 258 条）；⑤遗弃案（《刑法》第 261 条）；⑥生产、销售伪劣商品案（刑法分则第三章第一节，但是严重危害社会秩序和国家利益的除外）；⑦侵犯知识产权案（刑法分则第三章第七节，但是严重危害社会秩序和国家利益的除外）；⑧属于刑法分则第四章、第五章规定的，对被告人可能判处 3 年有期徒刑以下刑罚的案件。对上列八项案件，被害人直接向人民法院起诉的，人民法院应当依法受理。对于其中证据不足、可由公安机关受理的，或者认为对被告人可能判处 3 年有期徒刑以上刑罚的，应当移送公安机关立案侦查。

3. 公诉转自诉的案件

这类案件是指被害人有证据证明对被告人侵犯自己人身、财产权利的行为，应当依法追究刑事责任，而公安机关或者人民检察院不予追究被告人刑事责任的，被害人有权直接向人民法院起诉，人民法院应当受理。公诉转自诉的案件有四个特点：一是案件本身依法应当由公安机关或者人民检察院受理；二是公安机关或者人民检察院已经作出不予追究的书面决定；三是被害人有证据证明公安机关或者检察院应当依法追究被告人的刑事责任；四是这类案件侵犯的必须是被害人的人身权利或者财产权利。这类案件的被害人可以直接向人民法院告诉，人民法院可以直接受理。这一规定主要是为了充分保护被害人的合法权益。

三、审判管辖

（一）审判管辖的概念

审判管辖是指普通人民法院之间、普通人民法院与专门人民法院之间以及专门人民法院之间在审判第一审刑事案件权限范围上的分工。也就是说，它所要解决的问题是第一审刑事案件应具体由哪一种、哪一级、哪一个人民法院进行审判。至于第二审案件的管辖，根据刑事诉讼法的规定，只能是第一审人民法院的上一级人民法院；同样，人民检察院根据各级人民法院管辖依法提起公诉和出庭支持公诉。所以，明确人民法院的第一审管辖，人民法院的第二审管辖、人民检察院的起诉管辖范围也便自然确定了。

我国刑事审判管辖可分为普通管辖和专门管辖，而普通管辖由级别管辖、地区管辖和指定管辖组成。刑事诉讼法中只对普通管辖作了具体规定，专门管辖则根据有关的法律进行规定。

（二）级别管辖

级别管辖是上、下级法院之间在审判第一审刑事案件上的分工。刑事诉讼法对级别管辖问题作了具体的规定，主要内容如下：

（1）基层人民法院管辖第一审普通刑事案件，但是依法由上级人民法院管辖的除外。

（2）中级人民法院管辖的刑事案件有以下两类：①危害国家安全、恐怖活动案件。这里所规定的“危害国家安全”案件，主要是指刑法分则第一章规定的危害国家安全罪。“恐怖活动案件”，根据《全国人大常委会关于加强反恐怖工作有关问题的决定》第 2 条的规定，是指以制造社会恐慌、危害公共安全或者胁迫国家机关、国际组织为目的，采取暴力、破坏、恐吓等手段，造成或者意图造成人员伤亡、重大财产损失、公共设施损坏、社会秩序混乱等严重社会危害的行为，以及煽动、资助或者以其他方式协助实施上述活动，构成犯罪的刑事案件。②可能判处无期徒刑、死刑的案件。这类案件是指除危害国家安全案件和恐怖活动案件以外，依照刑法规定，可能判处无期徒刑或者死刑的刑事案件。上述案件，都是性质比较严重，案情重大或者影响较大，处罚较重的刑事案件，在审理时需要更加慎重，确保办案质量。因此，刑事诉讼法列举这两类案件由中级人民法院进行第一审。

（3）高级人民法院管辖全省（直辖市、自治区）性的重大刑事案件。

（4）最高人民法院管辖全国性的重大刑事案件。

（5）上级人民法院在必要的时候，可以审判下级人民法院管辖的第一审刑事案件；下级人民法院认为案情重大、复杂需要由上级人民法院审判的第一审刑事案件，可以请求移送上一级人民法院审判。根据《最高人民法院关于适用〈中华人民共和国刑事诉讼法〉的解释》（以下简称《刑诉解释》）第15条的规定，基层人民法院对可能判处无期徒刑、死刑的第一审刑事案件，应当移送中级人民法院审判。基层人民法院对下列第一审刑事案件，可以请求移送中级人民法院审判：①重大、复杂案件；②新类型的疑难案件；③在法律适用上具有普遍指导意义的案件。

（三）地区管辖

地区管辖是指同级人民法院之间在审判第一审刑事案件权限上的划分。级别管辖是从纵向确定上下级人民法院之间对第一审刑事案件的管辖范围，地区管辖则是从横向确定同一级别不同地区的人民法院之间对第一审刑事案件的管辖范围。换言之，只有级别管辖与地区管辖同时确定，才能解决究竟由哪一个人民法院进行第一审刑事案件审判。根据法律规定，地区管辖的划分如下：

1. 以犯罪地人民法院管辖为主，被告人居住地人民法院管辖为辅

《刑事诉讼法》第24条规定：“刑事案件由犯罪地的人民法院管辖。如果由被告人居住地的人民法院审判更为适宜的，可以由被告人居住地的人民法院管辖。”刑事案件一般应由犯罪地人民法院管辖，这是确定地区管辖的首要原则。所谓犯罪地，一般指实施犯罪的一切必要行为的地点，具体包括犯罪行为预备地、犯罪行为实施地、犯罪结果发生地和销赃地等。

由于我国地域辽阔，人口流动较大，案件情况复杂，犯罪人流窜作案、结伙作案呈现增长趋势，因此，仅规定犯罪地人民法院管辖还是不够的。为此，刑事诉讼法灵活地规定了可以由被告人居住地的人民法院管辖的例外情况。这

些例外情况一般包括：①被告人流窜作案，主要犯罪地难以确定，而居住地群众更为了解其犯罪情况的；②被告人居住地的当地群众强烈要求在居住地进行审判的；③可能对被告人适用缓刑或者判处管制，而应在被告人居住地进行监督改造和考察的。所谓“被告人居住地”，是指起诉审判时被告人的住处所在地，既可以是被告人的户籍所在地，也可以是被告人工作或者学习的地方。

2. 以最初受理的人民法院审判为主，主要犯罪地人民法院审判为辅

《刑事诉讼法》第25条规定：“几个同级人民法院都有权管辖的案件，由最初受理的人民法院审判。在必要的时候，可以移送主要犯罪地的人民法院审判。”几个同级人民法院都有管辖权时，案件由最初受理的人民法院审判，这样，既可以避免因管辖争议或者相互推诿而影响及时审判，又符合诉讼经济原则。但是，最初受理的人民法院如果发现由本院审理不利于查清案情、及时处理案件的，也可以将案件移送主要犯罪地的人民法院审判。移送可在同级人民法院之间直接进行，无需经上级人民法院批准或者指定。

（四）指定管辖

指定管辖，是指上级人民法院依照法律规定，指定其辖区内的下级人民法院对某一案件行使管辖权。《刑事诉讼法》第26条规定：“上级人民法院可以指定下级人民法院审判管辖不明的案件，也可以指定下级人民法院将案件移送其他人民法院审判。”刑事诉讼中的指定管辖有两种情况：

1. 因管辖不明而需要指定管辖的

管辖不明包括两种情况：①地区管辖不明，例如，犯罪案件发生在两个法院管辖范围的交界处，或者犯罪地不能确定、被告人又无固定居住地的，这类案件可以由它们的共同上级人民法院指定某个下级人民法院审判；②级别管辖不明，例如，一个普通刑事案件，基层人民法院认为应判处无期徒刑、死刑，中级人民法院认为不够判处无期徒刑、死刑的，这类案件中级人民法院可以指定基层人民法院审判。

2. 因其他原因而需要指定管辖的

具体包括：

（1）有管辖权的几个同级人民法院因移送案件发生争议的；

（2）有管辖权的人民法院由于特殊原因不能行使管辖权的；

（3）上级人民法院认为由其他人民法院审判更有利于正确、及时处理案件的。

（五）专门管辖

由于有些刑事案件涉及专门业务或技术方面的问题或者与某些专门业务有

密切联系，不便由普通人民法院审判，而交由专门人民法院审判更为便利，因此，刑事诉讼法规定将这些案件交由专门人民法院审理。

军事法院管辖的案件主要是现役军人（含军内在编职工）涉及军职犯罪的案件。军人与非军人共同犯罪的，分别由军事法院和地方人民法院或者其他专门法院管辖；涉及国家军事秘密的，全案由军事法院管辖。此外，军事法院还直接受理下列案件：①遗弃伤病军人案（《刑法》第444条）；②虐待俘虏案（《刑法》第448条）。

铁路运输法院管辖的案件主要是铁路运输系统公安机关和铁路运输检察院负责侦破的刑事案件，如危害和破坏铁路运输和生产的案件，在火车上犯罪的案件以及与铁路运输有关的经济、法纪、涉外等犯罪案件。

森林法院管辖的案件主要是一切违反森林法情节严重的犯罪案件，主要有侵占、盗伐、滥伐林木、聚众破坏森林、蓄意纵火焚毁森林、杀害护林员、抢劫、盗窃林区木材等犯罪的案件。

根据现行法律的规定，海事法院不审理刑事案件。

参考案例

王某故意伤害案

王某是扬中市铁路集团的职工，一天他在菜市场买菜时与迎面走来的刘某碰了一下，王骂了对方一句，刘某反唇相讥，三两句后，便大打出手，王某抄起一块砖头往刘头上狠狠一砸，致使刘某当场休克，送往医院抢救，但最终因脑颅出血，变成终身残疾。这一案件当区人民检察院起诉至区法院时，区法院认为该案的被告可能被判处无期徒刑或死刑，应当由市中级人民法院管辖，但中院认为该案没有可能判无期或死刑，于是退回。此外，被告人的辩护人提出，被告人为铁路工人，应由铁路法院管辖。

【问题】1. 该案应由哪个地方的法院行使审判管辖权？

2. 为什么区法院认为应由市中级人民法院管辖？

3. 对该案中两级法院互相推诿的情况，应如何解决？

4. 被告辩护人的意见有理吗？

【评析】1. 按照《刑事诉讼法》第24条的规定，应由犯罪地——扬中市的人民法院行使审判管辖权。

2. 因为按照《刑事诉讼法》第20条中对中级人民法院的级别管辖的规定，可能判处无期徒刑或死刑的第一审普通刑事案件由中级人民法院管辖。

3. 根据《刑事诉讼法》第26条的规定，区人民法院应当服从中级人民法

院的指定管辖。

4. 铁路运输法院依法管辖涉及铁路运输及生产的案件，因此本案并不能仅因被告系铁路工人的身份而划归铁路法院专门管辖。

案例讨论

张某等三人强奸案

某年3月9日，家住甲市的被告人张某、刘某、王某三人纠合在一起，张提出“弄个小姐玩玩”，刘、王同意。当晚10时许，被告人刘某将本单位一辆面包车开出，三人驾车在通往乙市的公路上，伺机作案。当女青年陈某骑车迎面而来时，刘某突然急刹车，张、王二人跳下车将女青年陈某劫持到车上，汽车朝乙市开去。途中三名被告人轮奸了该女青年，直到车开到乙市辖区后，轮奸行为仍未实施终了。受害人被奸后又被抛出车外，恰遇乙市的治安联防队员及时报案，乙市公安机关当夜将窜至乙市的张某、刘某、王某三名被告人抓获归案。

【问题】 1. 根据人民法院地域管辖原则，分析本案中各法院管辖的可行性问题。

2. 如果本案中，甲市法院与乙市法院对管辖存在争议。甲市法院认为，此案应由乙市法院受理。理由是：①此案被告人的犯罪行为虽始于甲市，但犯罪行为的完成无疑是在乙市境内，乙市也是犯罪地的一部分；②此案是由乙市公安机关侦破，并由乙市检察机关审查起诉的，乙市法院受理更为方便。而乙市法院则认为，此案应由甲市法院受理。理由是：被告人的主要犯罪行为是在甲市实施的，并且被告居住在甲市，根据《刑事诉讼法》第19条的规定，甲市法院应该受理此案。则该案的管辖应如何处理？

项目三 辩护与代理

引例

李某致人重伤、死亡案

李某，男，34岁，黑龙江省依兰县人，原系依兰县印刷厂汽车司机，已停薪留职。某年3月22日被逮捕。

同年3月13日晚7时，李某酒后驾驶自己的“东风”牌140型货车送女友谭某某回家，途中李某违章驾车共造成4人死亡，3人重伤，3人轻伤，一辆小轿车被撞毁报废。

该案侦查终结后，人民检察院以违章驾车的危险方法致人重伤、死亡罪起诉李某。在审查起诉中，犯罪嫌疑人李某委托其在法院工作的父亲李甲为其辩护。检察院认为，李某的案子将来要在李甲所在的法院审判，李甲在法院工作多年，各方面关系都比较熟，如果由李甲担任李某的辩护人，将会影响案件的公正处理。于是要求犯罪嫌疑人李某另行委托辩护人。

【问题】 人民检察院的做法是否正确？为什么？

【评析】 人民检察院的做法是没有依据的，它违反了刑事诉讼法关于辩护制度的规定。《刑事诉讼法》第32条第1款规定，犯罪嫌疑人、被告人除自己行使辩护权以外，还可以委托1～2人作为辩护人。律师，人民团体或者犯罪嫌疑人、被告人所在单位推荐的人，犯罪嫌疑人、被告人的监护人、亲友都可以担任辩护人。

一般来说，司法人员是不宜担任犯罪嫌疑人、被告人的辩护人的。因为司法机关在处理刑事案件时是打击敌人、惩治犯罪的专门机关，尤其是担负侦查、起诉、审判工作的人员，都是代表国家依法追究犯罪行为、运用法律手段处罚犯罪的职能部门的工作人员，他们履行刑事案件各个诉讼程序的职责。而作为被告人或犯罪嫌疑人的辩护人的职责，则主要是从维护其合法权益出发，根据法律和事实，提出有利于犯罪嫌疑人、被告人的事实和主张，以使其从轻、减轻或免除处罚。同一机关的工作人员既讲打击，又去维护，这是不适宜的。因此，司法工作人员一般不宜担任辩护人。但是，在特殊情况下，司法工作人员也可以担任辩护人。这主要是指：犯罪嫌疑人或被告人是司法人员的近亲属或监护人时，该司法人员可以担任其辩护人。

在本案中，犯罪嫌疑人李某要求委托其父亲作为辩护人，应予以支持，尽管李甲是法院工作人员，但他更符合“监护人或亲友”这一条件。因此，人民检察院以“影响案件公正处理”为由拒绝李某委托其父为辩护人是错误的。

一、辩护

（一）辩护与辩护制度

1. 辩护

辩护是指刑事案件的犯罪嫌疑人、被告人及其辩护人反驳对犯罪嫌疑人、被告人的指控，提出有利于犯罪嫌疑人、被告人的事实和理由，以证明犯罪嫌

疑人、被告人无罪、罪轻或者应当从轻、减轻或者免除处罚，维护犯罪嫌疑人、被告人合法权益的诉讼活动。在现代刑事诉讼中，辩护又是与控诉相对应的一种诉讼职能。

2. 辩护权

辩护权是法律赋予犯罪嫌疑人、被告人的一项专属的诉讼权利，即犯罪嫌疑人、被告人针对指控进行辩解，以维护自己合法权益的一种诉讼权利，它在犯罪嫌疑人、被告人的各项诉讼权利中居于核心地位。

3. 辩护制度

辩护制度，是法律规定的关于辩护权、辩护种类、辩护方式、辩护人的范围、辩护人责任、辩护人的权利与义务等一系列规章制度的总称。它是犯罪嫌疑人、被告人有权获得辩护原则在刑事诉讼中的具体体现和保障，是现代国家法律制度的重要组成部分，是保护公民人身权利的有效措施。我国辩护制度概括地讲包括三个方面：①犯罪嫌疑人、被告人有自行辩护的权利；②犯罪嫌疑人、被告人有权获得辩护人的帮助；③司法机关特别是人民法院，有义务保障犯罪嫌疑人、被告人获得辩护，在我国辩护不受诉讼阶段的限制。

（二）辩护的种类

根据刑事诉讼法的有关规定，我国辩护制度中的辩护种类有三种：自行辩护、委托辩护、指定辩护。

自行辩护是指犯罪嫌疑人、被告人自己针对指控进行反驳、申诉、辩解的行为。自行辩护是一种最基本的辩护方式，在刑事诉讼程序中，自行辩护由犯罪嫌疑人、被告人自己完成。

委托辩护是指犯罪嫌疑人或被告人为维护其合法权益，依法委托律师或其他公民协助其进行辩护。分为两种情形：①公诉案件中的犯罪嫌疑人自被侦查机关第一次讯问或者采取强制措施之日起，有权委托辩护人；在侦查期间，只能委托律师作为辩护人，因为律师执业要接受司法行政机关的监督和指导。由于在侦查期间，对案件的专门调查工作正在进行当中，将委托辩护人的人员范围限于律师比较稳妥。这样规定，既能满足犯罪嫌疑人适当地获得法律帮助的要求，也不至于妨碍侦查活动的依法有序进行。②无论公诉案件还是自诉案件中的被告人，均有权随时委托辩护人，根据《刑事诉讼法》第33条第2款的规定，侦查机关在第一次讯问犯罪嫌疑人或者对犯罪嫌疑人采取强制措施的时候，应当告知犯罪嫌疑人有权委托辩护人。人民检察院自收到移送审查起诉的案件材料之日起3日以内，应当告知犯罪嫌疑人有权委托辩护人。人民法院自受理案件之日起3日以内，应当告知被告人有权委托辩护人。犯罪嫌疑人、被告人在押期间要求委托辩护人的，人民法院、人民检察院和公安机关应当及时转达其要求。

《刑事诉讼法》第33条第3款规定："犯罪嫌疑人、被告人在押的，也可以由其监护人、近亲属代为委托辩护人。"这一规定主要是针对实践中有的在押犯罪嫌疑人、被告人因各种原因未委托辩护人，其监护人、近亲属代为委托的法律效力问题。根据这一规定，犯罪嫌疑人、被告人既可以自行委托辩护人，也可以由其监护人、近亲属委托辩护人。犯罪嫌疑人、被告人的监护人、近亲属对辩护人的委托，同样具有法律效力，可以行使法律规定的辩护人的权利。这里之所以规定"监护人"，主要是针对未成年人以及有精神缺陷的人。对于神志正常的成年人，不存在监护人问题。

指定辩护是指司法机关通知法律援助机构指派律师为犯罪嫌疑人、被告人提供辩护，以协助其行使辩护权，维护其合法权益。刑事诉讼法关于指定辩护的规定如下：①犯罪嫌疑人、被告人因经济困难或者其他原因没有委托辩护人的，本人及其近亲属可以向法律援助机构提出申请。对符合法律援助条件的，法律援助机构应当指派律师为其提供辩护。②犯罪嫌疑人、被告人是盲、聋、哑人，或者是尚未完全丧失辨认或者控制自己行为能力的精神病人，没有委托辩护人的，人民法院、人民检察院和公安机关应当通知法律援助机构指派律师为其提供辩护。③犯罪嫌疑人、被告人可能被判处无期徒刑、死刑，没有委托辩护人的，人民法院、人民检察院和公安机关应当通知法律援助机构指派律师为其提供辩护。需要指出的是，这里规定的是"可能"被判处无期徒刑、死刑，是人民法院、人民检察院和公安机关根据案件的事实和证据情况得出的一种可能性的判断，而不是结论。④未成年犯罪嫌疑人、被告人没有委托辩护人的，人民法院、人民检察院、公安机关应当通知法律援助机构指派律师为其提供辩护。

（三）辩护人

辩护人是指受犯罪嫌疑人、被告人的委托或法律援助机构的指派，帮助犯罪嫌疑人、被告人行使辩护权，以维护其合法权益的诉讼参与人。

辩护人的范围，是指哪些人可以接受犯罪嫌疑人、被告人的委托，担任他们的辩护人。根据《刑事诉讼法》第32条和《刑诉解释》第35条的规定，下列人员可以被委托为辩护人：①律师；②人民团体或者犯罪嫌疑人、被告人所在单位推荐的人；③犯罪嫌疑人、被告人的监护人、亲友。但下列人员不得被委托担任辩护人：①被宣告缓刑和刑罚尚未执行完毕的人；②依法被剥夺、限制人身自由的人；③无行为能力或者限制行为能力的人；④人民法院、人民检察院察院、公安机关、国家安全机关、监狱的现职人员；⑤本院的人民陪审员；⑥与本案审理结果有利害关系的人；⑦外国人或者无国籍人。但上述第④～⑦项规定的人员，如果是被告人的近亲属或者监护人，由被告人委托担任辩护人的，人民法院可以准许。

此外，《刑事诉讼法》第32条对辩护人的人数也作了明确限定，即犯罪嫌疑人、被告人可以委托1～2人作为辩护人。由于同案的犯罪嫌疑人、被告人之间存在利害冲突，因此，一名律师不得同时接受同案两个以上（含两个）犯罪嫌疑人、被告人的委托，担任他们的辩护人。

（四）辩护人的诉讼地位

辩护人，包括辩护律师，在刑事诉讼中的法律地位是独立的诉讼参与人，是犯罪嫌疑人、被告人合法权益的专门维护者。他既不受公诉人意见的左右，也不受犯罪嫌疑人、被告人无理要求的约束；既不能成为“第二公诉人”，也不是犯罪嫌疑人、被告人的代言人。辩护律师与出庭公诉的检察人员的诉讼地位应当是平等的，并依法履行各自的诉讼职能。

（五）辩护人的诉讼权利、义务

1. 辩护人的诉讼权利

根据刑事诉讼法和律师法的规定，辩护人的权利主要有：会见通信权、阅卷权、调查取证权、申诉控告权等权利。

(1) 会见通信权。根据《刑事诉讼法》第37条的规定，辩护律师有权与在押的犯罪嫌疑人、被告人会见和通信；辩护律师同在押的犯罪嫌疑人、被告人会见和通信不需要经过任何批准。其他辩护人同在押的犯罪嫌疑人、被告人会见和通信，在侦查和审查起诉阶段需要经人民检察院批准，在审判阶段需经人民法院批准。之所以对其他辩护人设置了批准程序，主要是因为其他辩护人可能是与本案有利害关系的人，允许会见和通信可能会妨害诉讼的顺利进行。但在允许会见和通信不妨害侦查、起诉与审判的情况下，通常应当允许会见和通信。

辩护律师根据《刑事诉讼法》第37条第2款的规定要求会见在押的犯罪嫌疑人、被告人的，只需要持有律师执业证书、律师事务所证明和委托书或者法律援助公函，即可进行会见，而不需要其他任何手续。看守所应当及时安排会见，保证辩护律师在48小时以内见到在押的犯罪嫌疑人。所谓“及时”，就是指当时能够安排会见的，应当立即安排会见。所谓“至迟不得超过48小时”，并不是说只要在48小时之内安排会见就是合法的，而是说万一发生特殊情况不能即刻安排会见，也应当至迟在48小时内安排会见。

对于危害国家安全犯罪、恐怖活动犯罪以及特别重大贿赂犯罪案件，侦查期间会见应当经侦查机关许可。此项例外必须同时满足两个条件：一是案件尚处在侦查期间，审查起诉、审判阶段皆不适用此规定；二是案件特殊，不属于特殊案件的，也不适用此规定。

辩护律师会见在押的犯罪嫌疑人、被告人，可以了解案件有关情况，提供法律咨询等；自案件移送审查起诉之日起，可以向犯罪嫌疑人、被告人核实有关证据。辩护律师会见犯罪嫌疑人、被告人时不被监听。

（2）阅卷权。阅卷权的具体内容：①辩护人有权阅卷的起始时间是人民检察院对案件审查起诉之日，即辩护人在审查起诉和审判阶段均有权阅卷。②辩护人阅卷的具体方法包括查阅、摘抄、复制。③辩护人阅卷的范围是本案的案卷材料。即侦查机关移送人民检察院和人民检察院移送人民法院的案卷中的各种材料，包括其中的证明犯罪嫌疑人、被告人是否有罪、犯罪情节轻重的所有证据材料、诉讼文书等。④其他辩护人经人民法院、人民检察院许可，也可以查阅、摘抄、复制本案的案卷材料。具体来说，其他辩护人阅卷，在审查起诉阶段应当经人民检察院许可，在审判阶段应当经人民法院许可。对辩护律师和其他辩护人作不同的规定，主要是考虑根据律师法的规定，律师是依法取得律师执业证书，接受委托或者指派，为当事人提供法律服务的执业人员，接受司法行政部门的监督、指导，且一般与本案无其他利害关系，而其他辩护人则可能是犯罪嫌疑人的监护人、近亲属，是否能查阅、摘抄、复制本案的案卷材料，需要由人民法院、人民检察院根据案情和辩护人的情况决定。

（3）调查取证权。辩护人的调查取证权包括三种权能：自行调查取证、申请调查取证、参与人民检察院或者人民法院的调查取证。

第一，自行调查取证。辩护律师经证人或者其他有关单位和个人同意，可以向他们收集与本案有关的材料。辩护律师经人民检察院或者人民法院许可，并且经被害人或者其近亲属、被害人提供的证人同意，可以向他们收集与本案有关的材料。辩护律师申请向被害人及其近亲属、被害人提供的证人收集与本案有关的材料，人民法院认为确有必要的，应当准许，并签发准许调查书。

第二，申请调查取证。辩护律师申请调查取证分两种情况：第一种是向人民法院申请收集、调取证据，或者申请人民法院通知证人出庭作证，辩护律师直接申请人民法院收集、调取证据，人民法院认为辩护律师不宜或者不能向证人或者其他有关单位和个人收集、调取，并确有必要的，应当同意。辩护律师也可以在自行调查取证遭拒绝后申请人民法院调查取证。辩护律师向证人或者其他有关单位和个人收集、调取与本案有关的材料，因证人、有关单位和个人不同意，申请人民法院收集、调取，人民法院认为有必要的，应当同意。辩护律师向人民法院申请调查取证时，都应当以书面形式提出，并说明申请的理由，列出需要调查问题的提纲。人民法院根据辩护律师的申请收集、调取的证据，应当及时复制移送申请人。第二种是向人民检察院申请收集、调取证据。辩护律师提出此类申请，人民检察院认为需要调查取证的，应当收集、调取；决定不予收集、调取的，应当书面说明理由。

第三，参与调查取证。根据最高人民检察院和最高人民法院的相关规定，人民检察院和人民法院根据辩护律师的申请收集、调取证据时，申请人可以在场。这实际上是律师实现调查取证权的一种方式。

（4）申诉控告权。辩护人、诉讼代理人认为公安机关、人民检察院、人民法院及其工作人员阻碍其依法行使诉讼权利的，有权向同级或上一级人民检察院申诉或者控告。对于公安机关、人民法院及其工作人员阻碍律师依法履行职务的行为，通常应当向同级人民检察院控告；对于人民检察院自身及其工作人员的行为，既可以向该人民检察院控告，也可以向其上一级人民检察院控告。人民检察院对申诉或者控告应当及时进行审查，情况属实的，应当通知有关机关纠正。

2. 辩护人的诉讼义务

辩护人的主要义务是：①会见在押犯罪嫌疑人、被告人时，要遵守看管场所的规定；②参加法庭审判时要遵守法庭规则；③辩护律师未经人民检察院或者人民法院许可，不得向被害人及被害人提供的证人收集与本案有关的材料；④辩护律师和其他辩护人不得帮助其他犯罪嫌疑人、被告人串供、隐匿、毁灭、伪造证据，不得引诱威胁证人改变证言或者作伪证及其他干扰司法机关诉讼活动的行为，否则应当依法追究刑事责任；辩护人应当向法庭出示物证，让当事人辨认，对未到庭的证人证言笔录、鉴定人的鉴定意见和其他作为证据的文书，应当当庭宣读。

根据律师法的规定，辩护律师的义务还包括：①不得私自接受委托，私自向委托人收取费用，收受委托人的财物；②不得违反规定会见法官、检察官；③不得向法官、检察官和其他工作人员请客送礼或行贿，或者指使、诱导当事人行贿；④不得提供虚假证据，隐瞒事实或者威胁、引诱他人提供虚假证据，隐瞒事实以及妨碍对方当事人合法取得证据；⑤不得干扰法庭秩序、干扰诉讼的正常进行；⑥保守履行辩护人职责中知悉的国家秘密和当事人的商业秘密，不得泄露当事人的隐私；⑦曾担任法官、检察官的律师，从人民法院、人民检察院离任后两年内，不得担任辩护人；⑧必须按照国家规定承担法律援助义务，尽职尽责，为受援人提供法律服务；⑨无正当理由，不得拒绝辩护。

二、代理

(一) 代理的概念

刑事代理是指代理人接受公诉案件的被害人及其法定代理人或者近亲属、自诉案件的自诉人及其法定代理人以及附带民事诉讼的当事人及其法定代理人的委托，以被代理人的名义参加诉讼，进行活动，由被代理人承担代理行为法律后果的一项法律制度。代理有以下特点：①被代理人有限定性，仅限于公诉案件的被害人、自诉案件的自诉人、附带民事诉讼的当事人；②以被代理人的名义进行活动；③只能在代理权限范围内从事活动；④法律后果由被代理人承担。

由于代理产生的根据不同，刑事诉讼中的代理分为法定代理与委托代理。法定代理，是基于法律规定而产生的代理；委托代理，是基于被代理人的委托授权行为而产生的代理。由于代理产生的根据不同，导致代理人的范围、代理人的权限、代理人在刑事诉讼中的权利与义务等也不同。但代理人的共同点是必须在代理权限范围内进行活动，其法律后果由被代理人承担。

可以被委托为诉讼代理人的范围与辩护人的范围相同。

(二) 自诉案件中的代理

自诉案件中的代理是指在刑事自诉案件中，律师或其他公民接受自诉人及其法定代理人的委托作为代理人参加诉讼。自诉案件的自诉人及其法定代理人有权随时委托诉讼代理人。法定代理人委托诉讼代理人应当是为自诉人委托诉讼代理人，而不是为自己委托诉讼代理人。

由于对自诉案件人民法院可以进行调解，自诉人在宣告判决前，可以同被告人自行和解或者撤回起诉。这些都涉及处分自诉人的实体权利问题，代理人不经委托人特别授权无权代理。因此，代理人除代理被代理人进行诉讼外，要经被代理人特别授权，才能代为承认、放弃或者变更诉讼请求、进行和解、提起反诉等。

参考案例

曹某虐待妻子案

曹某，男，39岁，农民。曹某与周某是夫妻，生有一子一女。曹某长期与有夫之妇石某通奸。为了达到与周某离婚、与石某结婚的目的，曹某经常殴打

其妻周某。周某不堪忍受凌辱，跳河自杀。周某被曹某逼死后，其16岁的儿子曹明委托律师张果作为诉讼代理人，到法院控告父亲构成虐待罪，要求追究其刑事责任。法院认为：被害人已经死亡，本案已经没有自诉人；同时，根据《刑事诉讼法》的规定，自诉案件中，自诉人及其法定代理人才能委托诉讼代理人，因此，张律师受曹明的委托是没有依据的。法院对本案不予受理。

【问题】 法院的做法正确吗？

【评析】 本案涉及自诉案件中的代理问题。自诉人是自诉案件中依法直接向人民法院提起刑事诉讼的人。通常情况下，自诉人是被害人。但是，根据《刑事诉讼法》第112条的规定，被害人死亡或者丧失行为能力时，被害人的法定代理人、近亲属有权向人民法院提起诉讼。本案中，被害人周某虽然已死，其儿子曹明作为近亲属，有权向人民法院提起诉讼。在曹明提起的诉讼中，他是自诉人，可以委托律师作为诉讼代理人。

（三）公诉案件中被害人的代理

公诉案件中被害人的代理，是指律师或其他公民接受公诉案件中被害人及其法定代理人或者近亲属的委托，担任诉讼代理人的活动。这里的诉讼，既包括人民检察院提起公诉的活动，也包括人民法院的审判活动。

公诉案件的被害人作为诉讼当事人，与案件的处理结果有直接的利害关系。在实践中，有的被害人由于遭受犯罪行为的侵害，人身健康受到严重损伤或精神上受到强大刺激而无法出庭，或者被害人因法律知识的欠缺，在诉讼中不能有效维护自己的合法权益。因此，需要诉讼代理人协助维护其合法权益。

参考案例

变更被代理人案

被告人张某于某日深夜闯入被害人王某家中，将王某家中电视机搬走并将王某打成重伤。此案在审查起诉中王某的父亲王某某委托律师刘某作诉讼代理人，人民检察院在收到的委托代理书中发现：被代理人是王某某，遂要求王某某变更被代理人为其女儿王某，王某某感到不解，坚持自己是被代理人。

【问题】 王某某的做法对吗？

【评析】 王某某的做法是错误的。他违背了《刑事诉讼法》关于公诉案件中代理的规定。公诉案件，被害人及其法定代理人或者近亲属委托的诉讼代理人，应是被害人的代理人，不是被害人近亲属或其法定代理人的代理人。本案中，虽然律师为王某某所请，但被害人为其女儿王某，所以，刘律师应为王某的诉讼代理人。

（四）附带民事诉讼当事人的代理

附带民事诉讼中的代理，是指律师或其他公民接受附带民事诉讼当事人及其法定代理人的委托，以诉讼代理人的身份进行的活动。

被害人由于被告人的犯罪行为而遭受物质损失的，在刑事诉讼中有权提起附带民事诉讼，以恢复、弥补自己被犯罪行为侵害了的合法权益。附带民事诉讼的实质是在追究被告人刑事责任的同时，就同一犯罪行为追究被告人应当承担的民事责任。因此，附带民事诉讼的代理实质上是民事代理。

附带民事诉讼中的代理分为一般代理和特别授权代理。特别授权代理，要在授权委托书中注明授权内容，如授权诉讼代理人代为承认、放弃或者变更诉讼请求、进行和解、调解等，并在委托协议书中注明。诉讼代理人应当向人民法院提交由被代理人签名或者盖章的授权委托协议书。诉讼代理人应在授权范围内进行活动，超越代理权限的行为是无效的。在法庭审判中，诉讼代理人除有权参与附带民事诉讼部分的审理之外，也有权参与刑事诉讼部分的审理，以便了解附带民事诉讼是否成立及民事赔偿的合理数额等。由于附带民事诉讼中的代理在本质上属于民事代理，因此，关于诉讼代理人在附带民事诉讼中的权利、义务，可以参照民事诉讼代理的有关规定执行。

案例讨论

王某抢劫案

某日深夜，被告人王某闯进李某家中进行抢劫，被李某发现，王某掏出其随身携带的匕首将李刺伤，后来王某被捕归案。该案在移送检察院审查起诉后，检察院通知李某可以委托诉讼代理人参加诉讼。李某是个法盲，不知何为诉讼代理人，就问办案人员可不可以委托其在某大学法律系三年级的堂弟李甲为其诉讼代理人。

【问题】 模拟办案人员回答李某的问题。

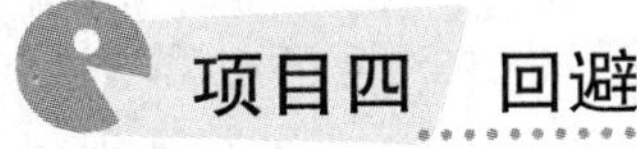

项目四 回避

引例

张某抢夺案

某年底张某因在某市火车站公然抢夺一妇女的手提包，被当地群众合力抓

获并扭送到公安机关。公安机关对该案进行了侦查，负责人是陈某。后该案移送检察机关，检察机关经过审查后，遂向法院提起公诉。次年 3 月法院依法审理该案，张某认出出庭审理的法官是曾经侦查过该案的陈某，原来陈某在同年 2 月调到法院工作。张某遂申请陈某回避，对其申请，法院予以批准。

【问题】 法院批准张某申请的意义何在?

【评析】 回避制度的规定和实行具有重要意义。在该案中，法院批准张某申请的意义就在于增强被告对有关办案人员的信任感，消除其疑虑，进而防止或减少不必要的上诉或申诉，提高办案效率，维护司法机关的权威。同时可以防止陈某先入为主，有利于保障司法公正。

一、回避的概念及意义

（一）回避的概念

回避，是指依照法律规定，与刑事案件有直接利害关系或者有其他关系可能影响对案件公正处理的审判、检察、侦查人员以及书记员、鉴定人、翻译人员等不得参加该案的侦查、起诉、审判工作的一项诉讼制度。

（二）回避的意义

设立回避制度的意义，主要表现在:

1. 有利于防止办案人员先入为主或徇私舞弊，保证其客观、公正地处理刑事案件

侦查人员、检察人员、审判人员等作为国家专门机关的工作人员，处理案件应当做到客观公正。如果他们与案件或案件当事人有利害关系或其他特殊关系，就有可能不自觉地偏袒一方或者徇私偏袒一方，从而影响案件办理的客观公正性；如果他们曾经从事过本案的一些工作，比如作过本案的证人，或者对本案的专门性问题作过鉴定，就可能先入为主，影响他们对案件情况的正确判断。严格执行回避制度，可以避免上述情况的发生，消除案件处理过程中的不公正因素，有利于案件得到客观公正的处理。

2. 有利于消除当事人及其法定代理人的思想顾虑，促进刑事诉讼的顺利进行

侦查、检察、审判人员等如果具有应当回避的情形而没有回避，仍然参加案件的处理，即使案件处理得正确，也难以消除当事人及其法定代理人的怀疑，从而引起不必要的上诉或申诉，增加公安司法机关的工作负担，妨碍刑事诉讼的顺利进行。实行回避制度，有助于消除他们的思想顾虑，增强他们对案件处

理结果的信任，维护公安司法机关的威信，减少不必要的上诉或申诉。

二、回避的种类、人员范围和理由

（一）回避的种类

根据刑事诉讼法的规定和司法实践经验，回避有以下几种：

1. 自行回避

自行回避是指侦查、检察、审判人员等，在自己负责办理的案件中，发现自己有应该回避的法定情形，而主动提出回避的要求。

2. 申请回避

申请回避是指当事人及其法定代理人，认为本案中某办案人员有依法应当回避的情形时，向司法机关提出要求他们回避的申请。申请回避是当事人及其法定代理人的一项重要的诉讼权利，司法机关应当重视并切实保障当事人及其法定代理人依法行使这项权利。

3. 指令回避

指令回避是指审判人员、检察人员、侦查人员等，在自己承办的案件中有依法应当回避的情形，但本人没有提出回避，当事人及其法定代理人也未申请回避，而是在有关负责人发现后，决定令其回避。对于这种回避，刑事诉讼法虽然没有规定，但根据司法实践经验，各地司法机关在刑事诉讼中都已这样做，并且收到了很好的效果。

在司法实践中，上述三种回避中较多的是自行回避和申请回避。自行回避和申请回避都必须讲明理由，依法上报。在回避的要求或申请未经主管领导批准之前，任何人无权决定或者驳回回避的要求或申请。

参考案例

王甲自行回避案

王甲是甲市检察院起诉科的科员。某日，甲市公安局移送王某强奸杀人一案到检察院。王某刚好是王甲的哥哥。王甲遂向检察长请求回避，不参与对王某一案的审查和起诉。

【问题】 王甲的请求是否属于刑事诉讼法中规定的回避？

【评析】 王甲的请求属于刑事诉讼法当中规定的回避的一种。回避的种类包括自行回避、申请回避和指令回避。王甲的行为即为自行回避，即具备法定回避理由之一的有关人员自行主动地提出回避。

（二）回避的人员范围

回避的根本目的在于保证案件能得到客观、公正的处理。因此，只要是对案件的处理有影响的人员都属于回避的范围。根据《刑事诉讼法》第28条、第31条的规定，适用回避的人员为侦查人员、检察人员、审判人员、书记员、翻译人员和鉴定人。《最高人民法院关于审判人员在诉讼活动中执行回避制度若干问题的规定》增加了两种人，即勘验人和执行员。

1. 侦查人员

根据《刑事诉讼法》的规定，侦查权由公安机关、国家安全机关、人民检察院以及军队保卫机关和监狱狱侦部门行使。因此，上述机关承担侦查工作的人员都属于回避的适用人员范围。此外，在侦查阶段，有权参与对案件进行讨论和作出处理决定的侦查机关或部门负责人以及有关成员，也属于适用回避的人员之列。

2. 检察人员

检察人员包括负责案件批准逮捕、审查起诉和出庭支持公诉的检察人员以及有权参加案件讨论和作出处理决定的检察长和检察委员会成员。人民检察院实行承办人员阅卷、调查、集体讨论，检察长决定，重大问题提交检察委员会决定的办案制度。如果仅对承办人员回避，将检察长、检察委员会成员排除在适用回避范围之外，显然与回避制度的立法宗旨相悖，也会影响案件的公正处理。

3. 审判人员

这里所指的审判人员，既包括直接承办案件的审判员、助理审判员、人民陪审员，也包括有权参与案件讨论和作出处理决定的法院院长、庭长以及审判委员会成员。因为，刑事案件的审判，除由合议庭开庭审理、评议及作出判决、裁定外，对于疑难、复杂、重大的案件，由合议庭提请院长决定提交审判委员会讨论决定。对于审判委员会的决定，合议庭必须执行。如果院长、庭长以及审判委员会成员具有法定回避理由而不回避，势必影响案件的公正处理。因此，他们应当是适用回避的对象。

《刑事诉讼法》第228条规定："原审人民法院对于发回重新审判的案件，应当另行组成合议庭，依照第一审程序进行审判……"第245条规定："人民法院按照审判监督程序重新审判的案件，由原审人民法院审理的，应当另行组成合议庭进行……"《最高人民法院关于审判人员在诉讼活动中执行回避制度若干问题的规定》第3条规定："凡在一个审判程序中参与过本案审判工作的审判人员，不得再参与该案其他程序的审判……"根据上述规定，担任过刑事案件某次审判工作的人员不能再次从事该案的审判工作，他们应当回避。如对二审法院发回重审的案件以及法院按审判监督程序重审的案件，一审或二审合议庭成员应当回避；原承担某一案件一审审理工作的法官，因工作原因调至上级法院，他不能成为该案二审合议庭的组成人员。同理，曾参加过本案侦查、起诉的侦查、检察人员，如果调至法院工作，不得担任本案的审判人员。因为他们在前一诉讼阶段所形成的对案件的认识，可能带入后一诉讼阶段，造成先入为主，主观片面，从而妨碍后一阶段诉讼工作的公正进行。但是，根据《最高人民法院关于审判人员在诉讼活动中执行回避制度若干问题的规定》的规定，二审法院发回重审的案件，一审法院重新作出判决，当事人再次上诉的，原二审合议庭成员不必回避。

4. 书记员

书记员，是指在侦查、起诉和审判阶段担任记录工作的人员。记录工作也是一项关系案件质量的重要工作。记录内容应当尽可能真实、全面地反映案件诉讼活动的本来面目，因此，书记员应当实事求是、认真负责地从事记录工作，尽量避免错漏，更不允许有意篡改、歪曲、伪造记录内容。因此，为了保证记录工作的顺利进行，具有法定回避理由的书记员也必须回避，以防止不正常的记录工作对案件公正处理可能造成的不良影响。

5. 翻译人员

翻译人员在案件中承担语言、文字或手势的翻译工作，是侦查、检察和审判人员与当事人和有关诉讼参与人进行意识交流的中介或桥梁。客观、准确的翻译，对于促进案件的公正处理，具有十分重要的作用。不允许翻译人员在诉讼中故意改变、增加或减少所译内容，影响司法公正。因此，翻译人员不能与案件有利害关系，否则，无论其在侦查、起诉和审判的哪一阶段，都应当回避。

6. 鉴定人

在某些刑事案件中，鉴定意见具有十分重要的作用，它是司法人员判断犯罪嫌疑人或被告人是否有罪或罪责大小的关键证据。司法实践表明，鉴定人在诉讼中能否客观公正地进行鉴定，对所形成的鉴定意见的质量有直接影响。鉴定人不能与案件或当事人有利害关系，否则，其所作的鉴定意见可能缺乏或丧失真实性和科学性。错误的鉴定意见必将导致错误的案件处理。因此，具有应当回避的理由时，鉴定人应当回避。

7. 勘验人

在刑事诉讼中，勘验笔录是勘验人依照法定程序并运用一定的设备和技术手段对勘验对象情况的记载。它的主要作用是固定证据及其所表现的各种特征，

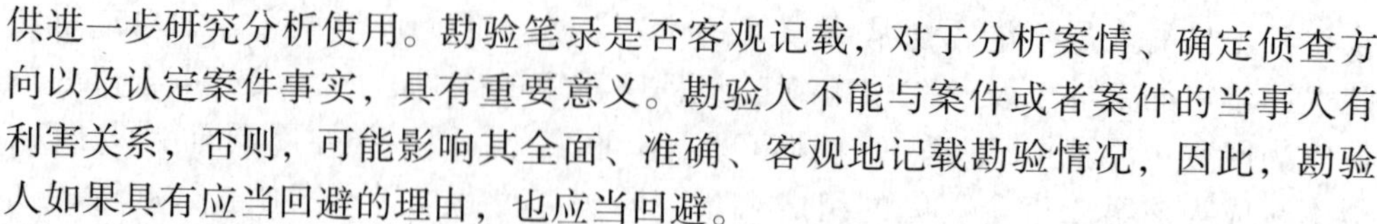

供进一步研究分析使用。勘验笔录是否客观记载，对于分析案情、确定侦查方向以及认定案件事实，具有重要意义。勘验人不能与案件或者案件的当事人有利害关系，否则，可能影响其全面、准确、客观地记载勘验情况，因此，勘验人如果具有应当回避的理由，也应当回避。

8. 执行员

刑事案件判决后的执行是刑事诉讼中的最后一个阶段，也是一个重要的诉讼阶段。因为，只有及时、合法地执行已经生效的判决、裁定，才能有效地发挥刑事裁判惩罚犯罪分子、保护无辜公民、警戒社会上的不稳定分子的作用，从而实现刑事诉讼的任务。如果执行人员与案件或者当事人有利害关系，可能会给正确、及时地执行生效裁判带来某些不利的影响，因此，执行人员如果存在应当回避的情形时，也应当适用回避的规定。

（三）回避的理由

《刑事诉讼法》只规定了有因回避制度，而没有规定无因回避制度，所以，回避必须有法定的理由。根据《刑事诉讼法》的规定，回避的理由如下：

1. 本人是本案的当事人或者是当事人的近亲属的

根据《刑事诉讼法》第28条第1项及《最高人民法院关于审判人员在诉讼活动中执行回避制度若干问题的规定》的规定，本案的当事人或者是当事人的近亲属应当回避。本案的当事人，是指本案的被害人、自诉人、犯罪嫌疑人、被告人、附带民事诉讼的原告人和被告人；当事人的近亲属，是指与当事人有直系血亲、三代以内旁系血亲及姻亲关系的人员，包括当事人的夫、妻、父、母、子、女、同胞兄弟姐妹。由于上述人员与案件的处理结果有着直接或间接的关系，由他们担任本案的侦查、检察、审判人员等，容易从维护自身或者其近亲属的不正当利益出发，歪曲事实、曲解法律，从而不公正地处理案件，或者容易使人们对其是否能够公正执法产生怀疑，因此应当回避。任何人都不得担任自己为当事人的案件的裁判者或者承办人，这是现代诉讼活动的基本要求。

2. 本人或者他的近亲属和本案有利害关系的

该情形是指侦查、检察、审判人员等，虽然不是本案的当事人或者当事人的近亲属，但他们本人或其近亲属与本案有利害关系，如办案人员或其近亲属与犯罪嫌疑人、被告人有恋爱关系。在这种情形下，如果由他们主持或允许他们参加诉讼活动，就有可能从个人私利出发而不能客观、公正地履行职责和处理案件。因此，具备这一情形的办案人员也应当回避。

3. 担任过本案的证人、鉴定人、辩护人、诉讼代理人的

证人、鉴定人、辩护人、诉讼代理人是刑事诉讼中的诉讼参与人，在诉讼

中具有各自的诉讼地位，他们从不同的方面协助公安司法机关办理案件。证人具有不可替代性，办案人员如果事前已了解案件情况，应当作为证人参加诉讼活动。在同一案件中，如果他们既作证人，又作办案人员，两种角色难免会发生冲突。同样，担任过本案鉴定人、辩护人或者诉讼代理人的，基于履行法律赋予的特定职责，对案件已形成自己的特定看法并已向公安司法机关提出，若再从事本案的侦查、起诉、审判工作，可能会使刑事诉讼活动出现“承办人个人说了算”的后果，影响对案件的客观、全面、公正的处理，因此，上述人员也应回避。此外，根据《最高人民法院关于审判人员在诉讼活动中执行回避制度若干问题的规定》第1条第3项的规定，担任过本案勘验人或者翻译人员的，也应当回避。

4. 在本诉讼阶段前曾参与办理此案的

《刑事诉讼法》第228条规定：“原审人民法院对于发回重新审判的案件，应当另行组成合议庭，依照第一审程序进行审判……”第245条规定：“人民法院按照审判监督程序重新审判的案件，由原审人民法院审理的，应当另行组成合议庭进行……”凡在一个审判程序中参与过本案审判工作的合议庭组成人员，不得再参与本案其他程序的审判。《最高人民法院关于审判人员在诉讼活动中执行回避制度若干问题的规定》第3条规定：“凡在一个审判程序中参与过本案审判工作的审判人员，不得再参与该案其他程序的审判……”《人民检察院刑事诉讼规则（试行）》第30条规定：“参加过本案侦查的侦查人员，不得承办本案的审查逮捕、起诉和诉讼监督工作。”根据上述规定，在本诉讼阶段以前曾参加过该案件侦查、起诉、审判工作的，不得参与本诉讼阶段的案件办理工作。因为他们在前一诉讼阶段所形成的对案件的认识，可能带入后一诉讼阶段，造成先入为主、主观片面，从而妨碍后一阶段诉讼工作的公正进行。为了保证案件处理的客观与公正，上述人员应当回避。

5. 与本案当事人有其他关系，可能影响公正处理案件

这里的“其他关系”，是指除上述几种情形以外的，可能影响案件公正处理的关系。例如，是当事人的朋友，与当事人具有近亲属以外的其他亲戚关系，与当事人有过恩怨，与当事人有借贷关系，与当事人的诉讼代理人或者辩护人有其他的亲戚关系或者利益关系，等等。

应当注意的是，有“其他关系”并不一定要回避，侦查、检察、审判人员等与当事人有“其他关系”，只有在“可能影响公正处理案件”的情况下，才适用回避。比如，审判人员是当事人的近亲属的，应当无条件回避，但如果审判人员与当事人是一种远亲关系，则要看其是否可能影响公正处理案件才能决定

其回避与否。该项规定是根据回避制度的立法宗旨，针对可能影响公正处理案件的情况不宜逐一列举所作的一项原则性规定。

6. 与当事人及其委托的人之间存有请客送礼、其他好处的，或者违反规定会见当事人及其委托的人的

《刑事诉讼法》第29条规定："审判人员、检察人员、侦查人员不得接受当事人及其委托的人的请客送礼，不得违反规定会见当事人及其委托的人。审判人员、检察人员、侦查人员违反前款规定的，应当依法追究法律责任。当事人及其法定代理人有权要求他们回避。"根据这一规定，司法人员接受某一方当事人及其委托人的"请客送礼"，违反规定会见某一方当事人及其委托人的，另一方当事人及其法定代理人有权要求他们回避。因此《刑事诉讼法》第29条规定的情形，也构成回避的理由。

《最高人民法院关于审判人员在诉讼活动中执行回避制度若干问题的规定》第2条的规定，是对《刑事诉讼法》第29条规定情形的进一步细化和扩展。该条规定，审判人员有下列情形之一的，当事人及其法定代理人有权要求回避：①私下会见本案一方当事人及其代理人、辩护人的；②为本案当事人推荐、介绍代理人、辩护人，或者为律师、其他人员介绍办理该案件的；③索取、接受本案当事人及其受托人的财物、其他利益，或者要求当事人及受托人报销费用的；④接受本案当事人及其受托人的宴请，或者参加由其支付费用的各项活动的；⑤向本案当事人及其受托人借款，借用交通工具、通讯工具或者其他物品，或者索取、接受当事人及其受托人在购买商品、装修住房以及其他方面给予的好处的；⑥有其他不正当行为，可能影响案件公正审理的。

参考案例

李某交通肇事案

某年5月，李某酒后开车不慎将一位路人撞成重伤。同年10月法院开庭审理该案。负责审理该案的是李某的男朋友黄某。黄某与李某恋爱两年，并打算近期结婚。

【问题】黄某是否应该回避？

【评析】黄某应该回避。因为该情况符合《刑事诉讼法》规定的回避的适用条件之一。黄某是李某的男朋友，说明其与该案被告李某有利害关系，可能从个人私利出发而不能客观、公正地履行职责和处理案件，所以应该回避。

三、回避的程序

（一）回避的提出

所谓回避的提出，是指在刑事诉讼中，回避由谁、在什么时间、通过何种方式提出。根据刑事诉讼法及相关司法解释的规定，回避可以在侦查、审查起诉、审判、执行的各个诉讼阶段提出，有关办案人员应主动告知当事人及其法定代理人有权申请回避。属于回避范围的人员，应在接受案件并了解具有法定应予回避的情形后，立即向本单位领导提出回避的请求，并说明理由以得到谅解和支持。应予回避而故意隐瞒真实情况不予回避，不仅是违纪行为，也是违法行为，相关机关有权追究其法律责任。

当事人及其法定代理人以及辩护人、诉讼代理人都有权要求回避和申请复议，由于当事人及其法定代理人一般并不熟悉法律，对于回避制度的价值甚至如何行使申请回避的权利并不了解，有时无法独立行使要求回避和申请复议的权利。另外，当事人及其法定代理人也可能担心申请回避不成会导致打击报复，因而不敢申请回避。辩护人与诉讼代理人则更为了解回避制度的价值与具体运作，同时也较容易发现是否存在回避事由。法律赋予辩护人和诉讼代理人要求回避和申请复议的权利，有助于严格执行回避制度，更好地实现回避制度的价值，维护当事人合法权益，保障案件公正办理。

（二）回避的审查和决定

侦查、检察、审判人员等自行回避和当事人及其法定代理人以及辩护人、诉讼代理人申请回避的要求提出后，都需要按法律的有关规定，由有关组织或个人审查，作出是否回避的决定，即依法作出批准回避的决定或者依法作出驳回申请回避的决定后，方能予以执行。而并非办案人员主动要求退出诉讼就可以退出诉讼，也不是当事人及其法定代理人以及辩护人、诉讼代理人一旦提出回避申请就一概同意更换办案人员。有关组织或个人要对办案人员提出的“要求”和当事人等提出的“申请”进行审查。审查的内容主要是看其是否具有《刑事诉讼法》第28条、第29条规定的回避理由。

根据《刑事诉讼法》第30条、第31条及其他有关规定，审判人员、检察人员、侦查人员的回避，应当分别由法院院长、检察长、公安机关负责人决定；院长的回避，由本院审判委员会决定；检察长和公安机关负责人的回避，由同级人民检察院检察委员会决定。分别在侦查、起诉、审判活动中担任记录、翻译、鉴定、勘验工作的书记员、翻译人员、鉴定人、勘验人的回避，应当分别由公安机关负责人、检察院检察长、法院院长审查决定。人民检察院办理自侦案件的人员的回避由检察长审查决定。其中的院长、检察长不应包括副职，因为根据《人民法院组织法》和《人民检察院组织法》的有关规定，正职与副职的产生方式及职权明显不同。但在正职缺额或不在岗位而由副职代行正职职权时，得适用正职的回避审查决定程序。根据《公安机关办理刑事案件程序规定》的规定，公安机关负责人是指县级以上公安机关负责人。公安机关负责人的回避，由同级人民检察院检察委员会决定，这主要是因为：公安机关内部没有类似人民法院审判委员会或人民检察院检察委员会的集体性组织，考虑到人民检察院是国家的法律监督机关，对公安机关的侦查是否合法，包括应当回避的是否回避，有权进行法律监督，因此由同级人民检察院检察委员会决定公安机关负责人是否回避，具有合理性。在司法实践中，需要引起注意的是，在审判阶段，书记员、翻译人员、鉴定人的回避，应当由法院院长决定，而不能由审判长决定。

参考案例

书记员庞某请求回避案

庞某是凤凰市中级人民法院的书记员。某年5月，张某走私一案开庭审理，庞某担任法庭的书记员。开庭时，由于庞某是被告人张某的表姐，遂向法庭请求回避。审判长严某当庭批准了庞某的请求。

【问题】 审判长严某的批准是否正确？

【评析】 审判长的批准不正确，是不合法的。根据《刑事诉讼法》第30条和第31条的规定，审判人员、书记员、翻译人员、鉴定人的回避，应当由法院院长审查和决定。严某不是法院院长，没有决定书记员回避的权力。

（三）回避的效力

刑事诉讼中的“决定”，一般一经作出就具有法律效力。但是《刑事诉讼法》第30条第3款规定：“对驳回申请回避的决定，当事人及其法定代理人可以申请复议一次。”申请回避是当事人及其法定代理人的权利，但是提出的申请并不一定会得到批准。有权决定是否回避的组织或个人如果认为回避申请不具有法定的回避理由，有权作出驳回其申请的决定。为保障当事人的合法权益，纠正可能出现的错误，法律允许当事人申请复议一次。因此，驳回申请回避的决定作出后，有关机关应告知当事人及其法定代理人有申请复议一次的权利。法律这样规定，既保障了当事人及其法定代理人申请回避权的充分行使，又可避免因当事人及其法定代理人滥用这项权利而拖延案件的处理。根据《刑事诉讼法》第31条第2款的规定，辩护人、诉讼代理人不仅可以要求回避，还可以申请复议。

在复议期间，县级以上公安机关负责人、侦查人员不能停止对案件的侦查。在其他阶段，则应暂时停止诉讼程序的进行，待有关组织或者个人作出复议决定后，再继续进行诉讼活动。对复议的处理决定，公安司法机关应当及时告知提请复议的当事人及其法定代理人、辩护人、诉讼代理人。

案例讨论

赵某等三人涉嫌抢劫案

某县公安局对一起共同抢劫案件立案侦查，以公安局长韩某为首组成侦破小组，查获犯罪嫌疑人赵某、钱某、孙某涉嫌拦路抢劫。在侦查过程中，孙某聘请的律师李某未与孙某商量，独立提出本案的侦查员张某与被害人是同住一个小区的邻居，关系密切，申请其回避。侦查科的科长立即停止了张某的侦查工作，张某为了避免别人的闲话也立即退出了侦查活动。接着钱某申请公安局长回避，理由是公安局长与犯罪嫌疑人的父亲是老战友，关系密切，上级公安机关作出了回避决定。本案经县检察院起诉至县法院，在审理期间，赵某提出书记员李某原是本案侦查人员，后工作调动至法院，不应担任本案书记员；钱某提出出庭支持公诉的书记员陈某在案件审查起诉过程中曾经和被害人一起吃饭，应当回避；孙某提出陪审员王某相貌凶恶，语气严厉，不应参与案件的审判。审判长武某当庭决定准许陈某回避，驳回赵某、孙某的回避申请。

【问题】指出本案回避程序有何违法之处？

项目五　刑事诉讼证据

引例

汪某涉嫌盗窃案

某晚，某厂财务科保险柜内现金5000多元被盗。其中，有一部分是面额为1元的连号纸币（面额为1元的连号纸币共300张，但被盗前，这300张纸币中，已有30多张被零星抽取付出）。保险柜没有任何损伤和撬压痕迹，只是在其右侧面中部发现并提取一枚完整的指纹。经鉴定，该指纹与犯罪嫌疑人汪某左手拇指指纹相同。进一步侦查，发现：①汪曾因盗窃罪被判处有期徒刑3年，

半年前刑满被释放。②汪在该厂做临时工时，案发前两天曾去财务处领工资，并在保险柜前抽过烟。③从汪去某商店买烟支付的钱中，发现有3张面额1元的纸币的编号属于被盗的连号纸币的范围之内。④商某、纪某、赖某一致证实：汪于案发当日去该厂看过露天电影。

根据上述事实，公安机关拘留了汪某。但是，汪坚决不供认。

【问题】 根据上述证据，能否认定汪某是盗窃某厂财务科现金的犯罪分子？

【评析】 汪虽有作案嫌疑，但证据不确实、充分，不能认定汪是盗窃某厂财务科现金的犯罪分子。理由是：

1. 保险柜无损伤和撬压痕迹，因此盗窃的手段还不清楚，可能是用钥匙开的保险柜，但汪没有取得钥匙的条件。

2. 汪有前科，有作案基础，但不能由此认定就是他作的案。

3. 汪买烟支付的3张面额1元的纸币虽然属于连号的300张纸币的范围之内，但是这既可能是被盗的纸币，也可能是已经作为工资支付给他的纸币，不能肯定地说这就是被盗的纸币。

4. 现金被盗的当晚汪去厂里看过电影，这表明汪可能有作案时间，但并不能证明案发时汪去过被盗现场。

5. 保险柜上有汪的指纹，这可能是汪作案时留下的，也可能是他在领工资时留下的，无法确定。

据此，上述证据无法确定就是汪某作的案。

一、刑事诉讼证据的概念和特征

刑事诉讼证据是指可以用于证明案件事实的材料。这一概念可以从三个方面来理解：①证据是材料，包括物证、书证等客观性较强的材料和证言、供述等主观性较强的材料；②证据可以用于证明案件事实，即证据与案件事实有着一定程度的关联性，可以用于揭示、推断案件事实。但某一证据是否真实地反映了案件事实，需要经过司法机关的审查判断；③证据既包括证明犯罪嫌疑人、被告人有罪的材料，也包括证明犯罪嫌疑人、被告人无罪的材料；既包括证明犯罪嫌疑人、被告人罪重的材料，也包括证明犯罪嫌疑人、被告人罪轻或者可以从轻、减轻、免除处罚的材料。

刑事诉讼中的证据，具有客观性、相关性和合法性三个特征：

1. 客观性

客观性是刑事诉讼证据的本质属性，所谓客观性，是指证据事实必须是伴随着案件的发生、发展的过程而遗留下来的、不以人们的主观意志为转移而存在的事实。具体包括三层含义：①证据是一种客观存在的事实，而不是一种理论、学说，也不是一种观点和看法。以证人证言为例，能够成为刑事诉讼证据内容的，只能是其所叙述的耳闻目睹或听他人说的有关案件的事实和情节，而不能是其对案件事实的分析和推断。②证据是伴随着刑事案件的发生而出现的各种物品、物质痕迹和反映现象。这就意味着：其一，证据不是凭空产生的，不是人们随意捏造的，而是从刑事案件这个母体中派生出来的；其二，能否作为证据被采用，要以案件发生时的情况而定，而不能根据案件发生以后的人为变化而定。③证据是不依赖于司法人员的主观意志而独立存在的客观事实，司法人员不能用自己的想象和推测来代替刑事诉讼证据，更不允许办案人员任意改变或替换收集到的证据材料。

2. 相关性

证据的相关性，是指证据必须同案件事实存在某种联系，并因此对证明案情具有实际意义。刑事诉讼证据仅有客观性还不够，还必须具有相关性，并非所有的客观事实都能成为刑事诉讼证据，有些事实虽然其本身是客观的、真实的，但因其同案件没有联系，也就不能最终取得刑事诉讼证据的资格。例如，在杀人案件的现场发现一把刀，只有通过鉴定，认定此刀就是作案的工具时，这把刀才同案件有联系，才能对证明案件发挥实际作用，才能成为刑事诉讼证据。正是由于证据的相关性，才使证据具有证明力。

在刑事诉讼中强调证据的相关性，要求司法人员在实际办案过程中，要注意把两种情况排除在刑事诉讼证据体系之外：一是类似行为，即犯罪嫌疑人、被告人在其他场合的类似行为，不得作为证明犯有本案所控罪行的证据；二是品格事实，即证明犯罪嫌疑人、被告人或被害人的品格是否善良的事实。这类证据之所以不能作为证据，是因为行为人或被害人品格的好坏不是犯罪构成的必备要件，犯罪嫌疑人的邪恶和被害人的善良抑或相反，对认定案件事实均无影响，同刑事案件事实之间没有相关性。

3. 合法性

证据的合法性，是指刑事诉讼证据必须符合有关法律规定的要求，包括：收集、运用证据的主体要合法，每个证据来源的程序要合法，证据必须具有合法的形式，证据必须经法定程序查证属实。证据的合法性是证据客观性和相关性的重要保证，也是证据具有法律效力的重要条件。证据必须是客观事实，且必须是与案件事实有联系的客观事实。但是，并不是所有与案件事实有联系的客观事实都可以作为刑事诉讼证据。刑事诉讼证据必须是通过法定程序纳入到

刑事诉讼领域的事实，否则，既无法律效力，也无证明作用，不能作为定案的根据。

总之，刑事诉讼证据的客观性、相关性和合法性是互相联系、缺一不可的。客观性和相关性关系到刑事诉讼证据的内容，合法性关系到刑事诉讼证据的形式。刑事诉讼证据的内容需要通过诉讼程序来审查、检验和鉴定，合法性是刑事诉讼证据真实性和相关性的法律保证。客观性、相关性和合法性说明了刑事诉讼证据的基本属性，表明了刑事诉讼证据内容和形式的统一。证据的三个基本特征，是收集、审查和判断每一个证据的基本标准，掌握了这三项标准，判明整个案件事实真相就有了可靠的基础。否则，就可能出错，甚至导致冤假错案的发生。

二、刑事诉讼证据的种类

刑事诉讼证据的种类是指证据的存在和表现形式。我国刑事诉讼中的证据包括八种：①物证；②书证；③证人证言；④被害人陈述；⑤犯罪嫌疑人、被告人供述和辩解；⑥鉴定意见；⑦勘验、检查、辨认、侦查实验等笔录；⑧视听资料、电子数据。

（一）物证

1. 物证的概念及表现形式

物证是指与案件相关联，可以用于证明案件情况和犯罪嫌疑人、被告人情况的实物或者痕迹。这些物品和痕迹包括作案的工具、行为所侵害的客体物、行为过程中所遗留的痕迹和物品，以及其他能够揭露和证明案件发生的物品和痕迹等。具体表现形式有：

（1）犯罪使用的工具。例如，犯罪人杀人时所用的凶器、毒药，盗窃时使用的钳子、改锥、万能钥匙等。

（2）犯罪遗留下来的物质痕迹。即犯罪人在作案过程中留在某些物体上的犯罪痕迹。例如，犯罪人在犯罪现场留下的指纹、脚印、血迹，强奸案件中的精斑，使用犯罪工具留下的犯罪痕迹，等等。

（3）犯罪行为侵犯的客体物。例如，被犯罪人杀害的被害人的尸体，抢劫的财物，盗窃的赃款、赃物，窃取的机密文件，等等。

（4）犯罪现场留下的物品。例如，犯罪人留在犯罪现场的衣服、帽子、手绢、纽扣、烟头、火柴棒、票证、纸屑，等等。

（5）犯罪行为产生的物品。如非法制造的枪支、弹药，非法出版的出版物、非法制造的货币，等等。

(6) 其他可以用来发现犯罪行为和查获犯罪分子的存在物。例如人体的特征，物体的位置、大小、颜色、气味，等等。

2. 物证的特点

(1) 客观实在，自然性强。由于物证是因犯罪行为的实施而造成或留下的物品、痕迹，故其不依人的主观意志而变化，即使有人对其作了歪曲的反映，只要这些物证还存在，真相总是能够被揭露的。

(2) 量大、面宽、较易收集。由于物证的范围极其广泛，种类繁多，对司法工作人员发现和收集证据提供了较宽的面；对于犯罪分子来说，则不易毁灭干净，尤其是有些微量物质和痕迹，犯罪分子很难将其毁灭或隐藏。

(3) 物证是“哑巴证据”，它不能自明其义。它所含的证据意义只有通过人的认识才能发挥出来，从而在诉讼中起到证据作用，因此，物证无论何时何地都只能作为间接证据使用。

物证在整个证据体系或证据制度中的地位和作用，可谓举足轻重。物证是防止被告人翻证、翻供的有力武器，由于物证具有客观性和直观性，因而同各种言词证据相比，特别是同可变性较大的犯罪嫌疑人、被告人的口供相比，或者同双方当事人的陈述相比，其证明力往往更强。当今社会，我们要确立物证是“证据之王”的观念。有了确实可靠的物证，不管双方当事人如何巧言善辩，也不管证人如何见风使舵，更不管犯罪嫌疑人、被告人口供是真是假，甚至翻供，都可以认定案件事实。

(二) 书证

书证是指能够以其内容证明案件事实的文字、图案等资料。在诉讼中通常使用的书证有：①反映行为人主体身份的书证。如出生证、工作证、身份证、护照、营业执照、户口本、任职免职的文件，等等。②反映人们各种经济关系的书证。如与犯罪嫌疑人、被告人有关的账册、票据、收据、经济合同，等等。③诬告陷害案件的诬告信、大字报、小字报，等等。④反映人与人之间关系的车票、船票、飞机票、个人日记，等等。⑤产品质量的认证书、检验文书，乃至各种文字广告，等等。⑥各种公证文书、裁判文书，等等。

书证与物证既有联系又有区别。其相互联系表现在：书证是广义的物证，因为它也是实物证据。同时，有的书证还具备物证和书证的两种特征，既可以作书证，又可以作物证，其证明力的共同特点是客观真实性比言词证据强。书证与物证的主要区别表现在：书证是以其内容来证明案情的，物证则是以其外部特征、形状、性质及其存在的方式和状态等证明案情的。

使用书证的条件主要表现在以下三个方面：①书证所表达的思想内容和意图同案件事实有联系；②书证所记载的内容可以被认知；③书证有明确的制作者。

书证不仅可以在定案处理时用来证明案件的事实，而且可以在诉讼过程中用来审查、鉴别其他证据的真伪，揭穿犯罪分子的狡辩和虚假的供述，为进一步获取其他证据提供条件。

参考案例

某甲被人杀死在一山坡上，侦查人员在杀人现场收集到一封信和一个字条。信的内容与案件无关，但根据通信双方的姓名和地址查到了犯罪分子；而字条的内容也与案件无关，但根据笔迹鉴定找到了字条的书写人，从而发现了犯罪分子。

【问题】 在杀人现场收集到的信件和字条各是什么证据？

【评析】 杀人现场上的信件，以其文字内容（通信双方的姓名、地址）查到了犯罪分子，是书证；字条以笔迹即字的外形特征发现了犯罪分子，是物证。

（三）证人证言

1. 概念

证人证言是指知道案件真相的当事人以外的第三人，向办案人员所作的有关案件部分或全部事实真相的陈述。证人证言应当用口头形式提供，以便办案人员经过询问全面了解证人所提供的情况，从而对证言作出正确的判断。在口头陈述的基础上，证人请求书写证言的，办案人员应当允许。必要时，办案人员也可以要求证人亲笔书写证言。

证人证言的优点是生动、形象、具体，但客观性较差，特别是在社会风气不正的情况下，证人会受到各种客观因素的影响。此外，由于每个证人的情况不同，对案件事实的感知能力、记忆能力、表达能力等千差万别，证人提供的情况与案件事实可能会有出入。因此，在办案过程中，司法工作人员、当事人及其辩护人、诉讼代理人必须认真审查判断。

2. 证人资格

《刑事诉讼法》第60条规定：“凡是知道案件情况的人，都有作证的义务。生理上、精神上有缺陷或者年幼，不能辨别是非、不能正确表达的人，不能作证人。”据此，应从以下几个方面把握证人的资格：

（1）凡是知道案件情况并有作证能力的人，都可以作为证人。“知道案件情况”，能够“辨别是非”，能够“正确表达”，是证人资格的绝对条件。只要符合证人的条件，都可以作为证人。对案件的同一事实，如果有几个人同时知道，那么他们都可以作为证人，而不能互相代替。

（2）生理上、精神上有缺陷或者年幼，不能辨别是非、不能正确表达的人，不能作证人。必须明确，“生理上、精神上有缺陷或者年幼”只是丧失作证资格的相对条件，而不是绝对条件。这些人能否作为证人，关键要看他们对客观事物能否分清是非、正确表达。

（3）证人只能是当事人以外知道案件情况的人。证人是与案件没有直接利害关系而知道某一案件或某些案件情况的第三人。案件的当事人由于与案件有直接的利害关系，因此不能作证人。

（4）证人优先，具有不可代替性。凡是在刑事诉讼开始以前知道案件情况的人，都应当优先地作为证人参加诉讼，而不应当作为本案的侦查人员、检察人员、审判人员、辩护人、鉴定人、翻译人员参加诉讼。证人是由其知道案件事实的性质决定的，因此，证人必须是特定的人，具有不可代替性。

（5）证人必须是能承担法律责任的自然人。证人只能是公民个人，法人和非法人团体不具有证人资格，这是因为只有公民才能凭借感官感知案件事实，而法人和非法人团体本身并无这种感知能力。实践中，机关、团体、企事业单位等所提供的档案材料、证明文件和其他书面材料，属于书证的范围，而不是证言。

3. 对证人的保护

根据《刑事诉讼法》第62条第1款的规定，对证人采取特殊保护措施的案件，包括危害国家安全犯罪、恐怖活动犯罪、黑社会性质的组织犯罪、毒品犯罪等案件。对证人采取特殊保护措施的前提是证人、鉴定人、被害人本人或其近亲属的人身安全面临危险。

对证人采取特殊保护的方式包括：①不公开真实姓名、住址和工作单位等个人信息；②采取不暴露外貌、真实声音等出庭作证措施；③禁止特定的人员接触证人、鉴定人、被害人及其近亲属；④对人身和住宅采取专门性保护措施；⑤其他必要的保护措施。

证人、鉴定人、被害人认为因在诉讼中作证，本人或者其近亲属的人身安全面临危险的，可以向人民法院、人民检察院、公安机关请求予以保护。人民法院、人民检察院、公安机关依法采取保护措施的，有关单位和个人应当配合。

（四）被害人陈述

被害人陈述，是指被害人就其遭受犯罪行为侵害的事实以及有关犯罪分子的情况向司法机关所作的叙述。

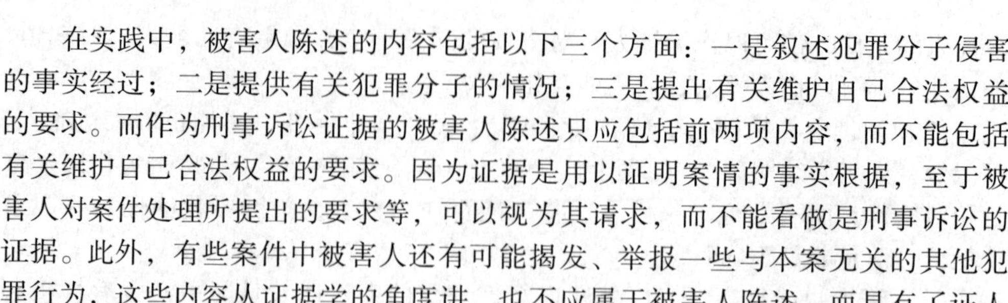

在实践中，被害人陈述的内容包括以下三个方面：一是叙述犯罪分子侵害的事实经过；二是提供有关犯罪分子的情况；三是提出有关维护自己合法权益的要求。而作为刑事诉讼证据的被害人陈述只应包括前两项内容，而不能包括有关维护自己合法权益的要求。因为证据是用以证明案情的事实根据，至于被害人对案件处理所提出的要求等，可以视为其请求，而不能看做是刑事诉讼的证据。此外，有些案件中被害人还有可能揭发、举报一些与本案无关的其他犯罪行为，这些内容从证据学的角度讲，也不应属于被害人陈述，而具有了证人证言的特点。

被害人陈述具有不可代替性，这是被害人陈述区别于被害人诉讼请求的关键点之一。如果被害人属于无诉讼行为能力或者限制诉讼行为能力的人，其法定代理人可以代理其提出诉讼请求。而被害人陈述则只能由被害人本人提出，如果被害人年幼、死亡或因伤残而丧失表达能力，被害人的近亲属可以转述被害人遭受侵害的事实，但是他们的转述，就只能以证人证言的形式出现，而不属于被害人陈述的范畴。

（五）犯罪嫌疑人、被告人的供述和辩解

1. 犯罪嫌疑人、被告人的供述和辩解的概念和种类

犯罪嫌疑人、被告人的供述和辩解，是指犯罪嫌疑人、被告人就有关案件情况所作的陈述，既包括承认自己有罪的人对自己犯罪情况的供述，也包括声称自己无罪或者罪轻的辩解，即通常所说的口供。口供通常包括三种：①犯罪嫌疑人、被告人承认自己犯罪并就有关事实所作的供述；②犯罪嫌疑人、被告人说明自己无罪或罪轻的辩解；③犯罪嫌疑人、被告人揭发、举报他人犯罪行为的陈述，也叫攀供。

2. 犯罪嫌疑人供述和辩解的特点

由于犯罪嫌疑人、被告人是刑事诉讼中的中心人物，与案件的处理结果有着切身的利害关系，由此，犯罪嫌疑人、被告人的供述和辩解具有以下主要特点：①犯罪嫌疑人、被告人的供述和辩解可能是真实的，有可能全面、直接地反映案件事实情况；②犯罪嫌疑人、被告人的供述和辩解虚假的可能性较大，往往真假混杂。

由于犯罪嫌疑人、被告人的供述和辩解具有上述特点，司法机关在诉讼中就要正确对待这一诉讼证据，务必保持清醒的认识，既不能对其一概不信，也不能盲目相信，一定要同其他证据互相对照，互相印证，经过查证属实，才能作为定案的根据。

口供是一种重要的诉讼证据，通过口供可以了解犯罪嫌疑人、被告人的内

心活动、主观动机和犯罪目的；可以更全面地认识案情，防止偏听偏信，防止冤枉好人；可以获得其他证据材料和线索。

（六）鉴定意见

鉴定意见是指受司法机关聘请或指派，具有专门知识或技能的人对刑事案件中某些专门性问题进行鉴定后提出的书面意见。实践中常见的鉴定意见有：法医鉴定、司法精神病鉴定、毒物分析鉴定、痕迹检验鉴定、文书检验鉴定、物品检验鉴定、会计鉴定和工程技术鉴定等。

鉴定意见既不同于证人证言、被害人陈述，也不同于书证、物证。鉴定意见的内容是鉴定人对案件中某些专门性问题的看法，鉴定意见的形成过程是鉴定人对被鉴定的专门性问题进行分析、鉴别和判断的过程，这与上述其他证据在内容和形成方式上都有重大区别，因此鉴定意见是一种独立的证据。

鉴定意见是一种重要的诉讼证据，它可以补充司法人员在某些专门性问题上认识能力的不足，同时也是使其他一些证据发挥实际证明作用的必要条件，有些证据如果不通过鉴定意见，其证据信息便无法揭示。但是，鉴定意见也是一种证据，而不是判决，因此鉴定意见并不具有高于其他证据的效力，对鉴定意见同样需要进行审查判断，查证属实以后才能作为定案的根据。

参考案例

失火责任鉴定意见

在一起失火责任事故案件的法庭审判中，审判长宣读了一份鉴定意见：

……被告人梁某在生产中一贯不负责任。2014 年 3 月 31 日晚，梁在锅炉房值班时，竟擅离职守，上街吃面条，买香烟，长达一个半小时不在生产岗位，致使锅炉温度失去控制，因而引起火灾。

鉴定人：某公安局消防科

2014 年 4 月 15 日

【问题】如果你是被告人的辩护律师，你将如何反驳这份鉴定意见？

【评析】应当这样反驳这份鉴定意见：这份鉴定意见不能作为刑事诉讼证据使用。

因为鉴定意见是指公安机关、人民检察院、人民法院指派或聘请具有专门知识的人，对案件中的某些专门性问题进行鉴定后作出的书面意见。也就是说，鉴定意见必须具备两个条件：一是必须是就案件中的专门问题进行鉴定；二是必须是由具有解决有关问题的专门知识的人，通过鉴定后写出书面意见，并由其本人签名。

上面这份鉴定意见，不符合上述两个条件：

1. 鉴定人不合法。根据法律规定，鉴定人必须是解决本案专门问题有专门知识的自然人，而不是单位，单位可以为鉴定提供条件，但其鉴定意见必须由鉴定人制作并由其个人签名。而本案的鉴定人是“某公安局消防科”，显然不合法。

2. 鉴定意见只能就案件中的某些专门性问题提出意见，不应就法律问题进行判断。本案的鉴定意见并没有从科学上回答起火原因这个专门性问题，而只是从规章制度上对被告人的行为一般地进行法律评断。如鉴定意见中所谓的“一贯不负责任”等，显然超出了鉴定意见内容应有的范围。可见，这份鉴定意见违反了《刑事诉讼法》第144、145条的规定，不具有证据能力和证明力，不能作为认定本案事实的根据。

（七）勘验、检查、辨认、侦查实验等笔录

勘验、检查笔录是指侦查人员对与犯罪有关的场所、物品、人身、尸体等进行现场勘验、检查所作的记录。辨认笔录是指侦查人员让被害人、犯罪嫌疑人或者证人对与犯罪有关的物品、文件、尸体、场所或者犯罪嫌疑人进行辨认所作的记录。侦查实验等笔录是指侦查人员在必要的时候按照某一事件发生时的环境、条件，进行实验性重演的侦查活动形成的笔录。勘验、检查、辨认、侦查实验等笔录的作用在于固定勘验、检查、辨认、侦查实验的过程。

（八）视听资料、电子数据

视听资料是指以录音带、录像带、光盘、电脑和其他科学技术设备储存的音像或者电子信息证明案件事实的证据。

电子数据，是指以电子形式表现出来的证据，它主要表现为与案件事实有关的电子邮件、网上聊天记录、电子签名、访问记录等电子形式的证据。

视听资料和电子数据是一种独立的证据形式。视听资料和电子数据具有其他证据所没有的三大优点：①具有高度的科学技术性。②具有较强的直观性和动态连续性。③使用方便、可靠。

视听资料和电子数据虽然具备较大的准确性和可靠性，但是，它也易于被伪造、删节、剪辑。例如，录音带、录像带或其他软件容易被冲洗、消磁或剪辑；有时候由于技术设置本身不科学、不准确，视听资料和电子数据的证明力也易受到破坏，等等。因此，对视听资料和电子数据的运用，司法工作人员、当事人及其辩护人、诉讼代理人也必须进行认真审查判断。

三、非法证据排除和证据保密

（一）非法证据排除

侦查人员、检察人员、审判人员必须依照法定程序收集各种证据。《刑事诉讼法》规定，严禁刑讯逼供和以威胁、引诱、欺骗以及其他非法方法收集证据，不得强迫任何人证实自己有罪。采用刑讯逼供等非法方法收集的犯罪嫌疑人、被告人供述和采用暴力、威胁等非法方法收集的证人证言、被害人陈述，应当予以排除。对于非法言词证据和非法收集的实物证据，法律采取了不同的态度和不同的排除方式。

非法言词证据的排除范围与方式。法律将非法言词证据分为三大类：一是犯罪嫌疑人、被告人供述，二是被害人陈述，三是证人证言。对于以刑讯逼供等非法方法获得的犯罪嫌疑人、被告人供述，以及以暴力、威胁等方法获得的被害人陈述、证人证言，法律采取了强制排除的立场，也就是说法官对排除还是不排除不享有自由裁量权。

非法实物证据的排除。对于收集物证、书证不符合法定程序、从而可能严重影响司法公正的，首先必须允许侦查机关补正，在无法补正的情况下，应当允许侦查机关作出合理解释；只有在既不能补正，也不能作出合理解释的情况下，才予以排除。

（二）证据保密

根据《刑事诉讼法》第 52 条第 3 款的规定，对涉及国家秘密、商业秘密、个人隐私的证据，应当保密。办案机关及其工作人员对在办案过程中接触到的涉及国家秘密、商业秘密、个人隐私的证据，应当妥善保管，不得遗失、泄露，不得让不该知悉的人知悉。

参考案例

徐某被杀案

徐某，女，26 岁，公司职员。1999 年夏天的某日深夜，徐某被人杀死在一个公园里。侦查人员在杀人现场收集到一封信。信封上的寄信人姓名是佟某。经调查，佟某是徐某的同事。与此同时，徐某单位的另一同事陈某作为证人证明徐某与佟某在案发前一天曾发生过激烈争吵，并认为佟某就是杀人凶手。侦查人员据此认为佟某有重大嫌疑，于是对佟某进行了拘留。在拘留期间，佟某最初什么也不说，后来侦查人员对佟某实施了刑讯逼供。佟某在刑讯下只好供

认是其杀害了徐某。据此，侦查机关很快将此案移送起诉。

【问题】 佟某的口供和陈某的证言能否作为证据采信?

【评析】 首先，佟某的口供不能作为证据采信。因为佟某的口供是在刑讯逼供的情况下作出的，刑讯逼供是我国法律明文禁止的非法收集证据的方法之一，所以佟某的口供不符合证据基本特征中的合法性。其次，陈某的证言可以作为证据。尽管陈某通过自己的主观判断认为佟某是杀人凶手，所陈述的证言具有主观性，但就证明佟某有杀人动机而言，陈某的证言仍符合证据的三个基本特征，包括证据的客观性特征。事实上，任何证据在具有客观性的同时，也一定具有主观性。因为证据是客观和主观的统一。任何证据要发挥其证明作用，都必须经过人的主观认识来加以推理。

四、证明

（一）证明的概念

刑事诉讼中的证明是指国家司法机关及有关的诉讼参与人在刑事诉讼中依照法定程序，运用证据来查明和确定案件事实的诉讼活动。刑事诉讼证明的基本内容包括证明责任、证明对象和证明标准，其中核心问题是证明责任。

（二）证明责任

证明责任，是指司法机关或者某些当事人对应予认定或者阐明的案件事实或者自己所主张的事实，应当收集或者提供证据予以证明的责任；否则，将承担其认定或主张事实有不能成立的危险后果。

证明责任是在疑难案件中确定诉讼后果的一项证据规则，所以在古罗马诉讼中对证明责任就形成了两条古老的规则：①诉讼中的证明责任由主张的一方承担，否定方不承担证明责任；②在双方都提不出证据证明案件事实的情况下，负证明责任的一方败诉。

依据这两个基本规则，刑事诉讼法中对证明责任进行了如下分担：①在自诉案件中，证明责任由自诉人承担。如果自诉人提不出证据证明被告人有罪，法院将作出驳回自诉的裁定。②在公诉案件中，证明责任应当由人民检察院承担（实际上公安机关也承担着证明责任），如果人民检察院提不出充分、确实的证据证明被告人有罪，法院应当作出证据不足、指控罪名不能成立的无罪判决。③被告人在一般情况下不承担证明自己无罪的责任，但在巨额财产来源不明犯罪以及某些持有型犯罪中，被告人也应承担部分证明责任。

（三）证明对象

证明对象，又称为待证事实或要证事实，是指司法机关和当事人在诉讼证明活动中需要运用证据加以证明的事实。它决定着案件调查研究的范围，也就是说，决定着公安司法机关和当事人应搜集、研究哪些证据，应舍弃哪些事实材料而不作为证据。研究证明对象，对明确查明案件事实的范围，集中司法人员的办案精力，提高诉讼效率具有重要的意义。刑事诉讼中的证明对象应当包括两个方面：

1. 实体法事实

实体法事实是指对解决刑事案件的实体处理即定罪量刑问题具有法律意义的事实。这是刑事诉讼中基本的、主要的证明对象，案件的实体法事实，由刑法规范所规定。具体内容包括：

（1）犯罪构成要件的诸事实，这是证明对象的核心部分。为便于在实践中掌握，这类事实往往概括为“七何”要素，即何人、基于何种动机和目的、何时、何地、用何种手段、实施了何种犯罪行为、产生了何种危害后果。

（2）影响量刑轻重的事实情节。量刑轻重，包括从重、从轻、减轻及免除处罚等情节。这些事实情节分为法定情节和酌定情节。法定情节如主犯、从犯、胁从犯和教唆犯；犯罪预备、犯罪未遂、犯罪中止和犯罪既遂；自首、立功以及是否累犯等。酌定情节如动机、手段是否恶劣，认罪与否等。凡对量刑有影响的事实情节均应举证证明。

（3）排除行为的违法性和可罚性的事实。排除行为违法性的事实，如正当防卫、紧急避险以及行使职权等。排除行为可罚性的事实，指法律规定的犯罪已过追诉时效期限的，经特赦令免除刑罚的，依照刑法告诉才处理的犯罪没有告诉或者撤回告诉的，被告人死亡的等。

（4）犯罪嫌疑人、被告人的个人情况。包括姓名、性别、年龄、籍贯、民族、文化程度、职业、住址以及有无前科等。确定被告人身份，对案件处理具有一定意义。

2. 程序法事实

程序法事实是指对于解决案件的诉讼程序问题具有法律意义的事实。由于程序问题对案件的实体处理产生重大影响，而且诉讼过程中，司法机关有责任正确解决案件的程序问题，因此，关系程序法适用的事实也是证明对象。在刑事诉讼中视案件的具体情况需要加以证明的程序法事实主要有：

（1）关于应否审理和管辖的事实；

（2）关于申请回避的事实；

(3) 关于对犯罪嫌疑人和被告人采取强制措施是否符合法定条件的事实;

(4) 关于对案件采取搜查、查封、扣押等强制性侦查措施是否合法的事实;

(5) 关于其他取证程序合法性的事实;

(6) 关于诉讼期间延长或被延误的事实;

(7) 其他关于程序法的事实,如延期审理是否符合法律规定等。

(四) 证明要求

刑事诉讼中的证明要求,是指法律规定的公安司法人员和某些当事人运用证据证明案件事实所要求达到的程度。根据刑事诉讼法的规定,应当以“案件事实清楚、证据确实、充分”为确认要证事实并据以作出裁判的证据标准。

犯罪事实清楚,是指凡是与定罪量刑有关的事实和情节,都必须查清,至于那些不影响对被告人定罪量刑的细枝末节,则不必都要查清。证据确实、充分,应当符合以下条件:

1. 定罪量刑的事实都有证据证明

即作为认定犯罪嫌疑人、被告人犯罪、犯何种罪,决定是否对其判处刑罚,判处何种刑罚的依据的事实,包括构成某种犯罪的各项要件和影响量刑的各种情节,都有办案机关经法定程序收集的证据证明。这是认定“证据确实、充分”的基础。

2. 据以定案的证据均经法定程序查证属实

即经过侦查机关、人民检察院、人民法院按照法律规定的程序,包括非法证据排除程序的查证,作为定案根据被认定属实。这一条件侧重认定证据“确实”的方面。

3. 综合全案证据,对所认定事实已排除合理怀疑

即办案人员在每一证据均查证属实的基础上,经过对证据的综合审查,运用法律知识和逻辑、经验进行推理、判断,对认定的案件事实达到排除合理怀疑的程度。“排除合理怀疑”是指对于认定的事实,已没有符合常理的、有根据的怀疑,实际上达到确信的程度。“证据确实、充分”具有较强的客观性,但在司法实践中,这一标准是否达到,还是要通过侦查人员、检察人员、审判人员的主观判断,以达到主客观相统一。只有对案件已经不存在合理的怀疑,形成内心确信,才能认定案件“证据确实、充分”。

案例讨论

莫某涉嫌杀人案

某日，在一路边发现一女尸。经查死者陆某，22岁，是邻市某厂的技术员，被该厂派到某市出差，尸检证明其曾被强奸，头部有39处伤，死亡不到24小时。经过侦查收集到以下材料：

1. 尸体附近只有很少量血迹，没有搏斗痕迹，说明现场是抛尸现场而不是原始现场。死者头部被铁锤打击39处才死，证明凶手受到环境限制，举锤不高，符合在小汽车内作案的特征。此外，现场留有几个长28厘米的男式尖嘴皮鞋鞋印。

2. 有人反映，案发前一天下午见过死者在火车站上了一辆丰田小汽车，司机是一个中年男子，有点驼背。

3. 公安局有警察反映：去年12月曾有一名外市的妇女也在火车站被一驼背中年男子骗上一辆丰田小汽车，后在途中发现了司机的罪恶企图，机警地下了车并报案。

4. 某单位有群众反映：该单位司机莫某的衣着、面貌、身高与去年那位受骗的妇女提供的情况相符合，莫某开的正是丰田小汽车。

5. 侦查人员乘莫某回家探亲期间对莫某的车和房间进行侦查，发现车内有大量血迹，经鉴定与死者的血型吻合。在莫某的房间里找到一个铁锤，锤孔里遗留的血迹经鉴定也与死者的血型吻合。莫某床底下的一双皮鞋的鞋印也与现场的鞋印吻合。

【问题】如何运用收集到的证据认定该案？

项目六 强制措施

引例

杨某被逮捕案

杨某，17岁，是三山市职业中学学生。某年3月，杨某与少女方某（16岁）相识，并很快确定恋爱关系。10月，方某应邀来到杨某家，杨某提出要与方某发生性关系，方某不置可否，杨某见此，便与方发生了性关系。此事发生后，两人又多次发生了两性关系。次年5月，方某有了身孕，在父母的追问下，

方某说出了一切，其父母便向公安机关提出对杨某的控告，要求追究杨某的刑事责任。侦查人员谢某做了笔录后，深感气愤，对方某的父母说："为了防止杨某继续骚扰你们的女儿，我们公安机关决定将杨某逮捕归案。"并立即填发一张逮捕证，由于人手不够，就由一人执行了对杨某的逮捕。

【问题】 对杨某的逮捕措施合法吗？为什么？

【评析】 首先，我们从是否应对杨某采取逮捕措施说起。根据《刑事诉讼法》第79条的规定，逮捕必须同时符合有证据证明有犯罪事实、可能判处徒刑以上刑罚和采取取保候审尚不足以防止发生社会危险性三个条件。在本案中，犯罪嫌疑人杨某与方某的性行为只能是少年男女在恋爱中的不正当性行为。因此，杨某的行为根本就不是一种犯罪行为，当然更说不上对其适用逮捕等强制措施。其次，我们讨论一下本案中逮捕的程序问题。根据《宪法》第37条和《刑事诉讼法》第78条的规定，我国对逮捕的权限作了明确划分，只有人民检察院和人民法院才拥有逮捕决定权，公安机关只拥有逮捕执行权，若公安机关认为需要逮捕犯罪嫌疑人的，应当提请人民检察院审查批准。逮捕时应当向被逮捕人出示由公安机关负责人签名的逮捕证，并且逮捕必须由两名以上的公安人员执行。本案中的逮捕措施未经检察院批准，侦查员谢某自填逮捕证以及独自一人执行都是违反逮捕的法定程序的，因此，是不合法的。

一、强制措施的概念

刑事诉讼法规定的强制措施又称刑事强制措施，是指侦查、检察和审判机关为保证刑事诉讼的顺利进行，依法对犯罪嫌疑人、被告人所采取的在一定期限内暂时限制或剥夺其人身自由的法定的强制方法。刑事诉讼法规定了五种强制措施，按照强制力度从轻到重的顺序排列依次为：拘传、取保候审、监视居住、拘留、逮捕。

二、拘传

（一）拘传的概念和特征

拘传，是指公安机关、人民检察院和人民法院对于未被羁押的犯罪嫌疑人、被告人，依法强制其到案接受讯问的一种强制方法，它是刑事诉讼强制措施体系中最轻的一种。拘传具有如下特征：①拘传是强制犯罪嫌疑人、被告人到案接受讯问的强制方法；②拘传的适用对象是未被羁押的犯罪嫌疑人、被告人，对已经在押的犯罪嫌疑人、被告人进行讯问，可随时进行，不需要拘传，对被害人、证人等其他诉讼参与人不能采用拘传；③经过合法传唤，无正当理由拒不到案并不是拘传的必要条件。从《刑事诉讼法》第64条的规定看，适用拘传并没有这一前提性条件的要求。所以，公检法机关在没有经过传唤的情况下直接适用拘传并不违法。当然，按通常情况应是先合法传唤，在犯罪嫌疑人、被告人无正当理由拒不到庭的情况下，再实施拘传。在实践中，是先传唤，还是直接进行拘传，由公检法机关根据案件的具体情况和诉讼的需要决定。

（二）拘传的程序

1. 填写《拘传证》(法院称拘传票)，并报负责人审批

办案人员根据办案情况，认为需要采用拘传措施的，应首先填写《拘传证》，然后报人民法院、人民检察院、公安机关的负责人审批。

2. 拘传的执行

拘传应当由两名以上的执行人员执行。拘传时，应当向被拘传人出示拘传证，并责令其在拘传证上签名、盖章或摁指印。对抗拒拘传的，可以使用械具，强制其到案。犯罪嫌疑人到案后，应当责令其在拘传证上填写到案时间；讯问结束后，应当由其在拘传证上填写讯问结束时间；犯罪嫌疑人拒绝填写的，侦查人员应当在拘传证上注明。

3. 拘传的次数与时间

对犯罪嫌疑人、被告人的拘传次数，法律没有明确规定，但不得以连续拘传的方式变相拘禁被拘传人。传唤、拘传持续的时间不得超过12小时；案情特别重大、复杂，需要采取拘留、逮捕措施的，传唤、拘传持续的时间不得超过24小时。如果在12小时或24小时内讯问不能结束，要立即放回。如果需要，可再次拘传。两次拘传之间的间隔时间，应当保证犯罪嫌疑人的饮食和必要的休息时间。

4. 拘传的地点

根据《公安机关办理刑事案件程序规定》第74条和《人民检察院刑事诉讼规则（试行)》第81条的规定，拘传的地点，应在犯罪嫌疑人、被告人所在的市、县以内。如果犯罪嫌疑人的工作单位与居住地不在同一市、县的，拘传应当在犯罪嫌疑人的工作单位所在的市、县进行；特殊情况下，也可以在犯罪嫌疑人居住地所在的市、县内进行。

5. 拘传的结果

公检法机关将犯罪嫌疑人、被告人拘传到案后，应当立即讯问。讯问结束后，应根据案件的情况作出不同的处理：认为依法应当限制或剥夺其人身自由

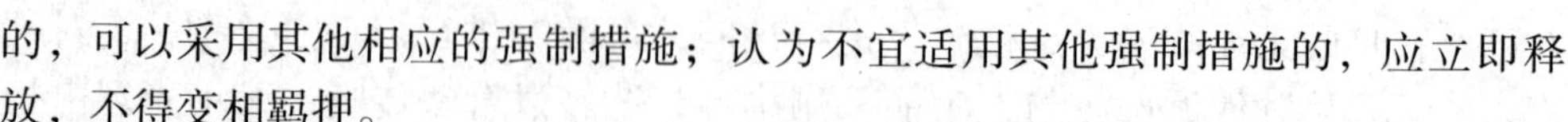

的，可以采用其他相应的强制措施；认为不宜适用其他强制措施的，应立即释放，不得变相羁押。

参考案例

王某被拘传案

被告人王某，男，26岁，某厂工人。由于不满自己的妻子叶某生下一个女儿，经常对其打骂。终于，叶某不堪忍受丈夫对自己的虐待和羞辱，向区人民法院提起自诉，要求追究王某的刑事责任，并判决双方离婚。区法院受理后，依法将起诉书副本送达给王某。王某恼羞成怒，更是变本加厉。无奈之下，叶某跑到法院寻求保护。承办此案的审判员谢某见状，十分气愤，于是决定立即拘传王某，对其进行批评教育，发出警告。为此，谢某填发了拘传票，由法警将王某拘传到法院，然后关在法院的被告候审室内。第二天下午，审判员谢某对王某某进行了审问、批评，在王某承认了错误，并保证不再殴打妻子后，将其释放。

【问题】 审判员谢某对王某采取的拘传措施是否合法？为什么？

【评析】 审判员谢某对王某采取的拘传措施是不合法的。拘传是强制措施的一种。根据《刑事诉讼法》第64条和第117条的规定，此案中的拘传，严重违反了法定程序。首先，审判员谢某作出的拘传决定，是为了对王某进行批评、教育，而不是为了使未被羁押的王某到案接受讯问，不符合拘传的目的。其次，拘传要经人民法院院长批准，审判员谢某未经批准自行填写拘传票，并交法警执行，违背了拘传的法定程序。最后，本案不属于案情特别重大、复杂，需要采取拘留、逮捕措施的情形，因此，拘传被告人的时间最长不得超过12小时，讯问后应当立即释放被拘传人，不能加以关押。在本案中，审判员谢某将王某拘传到法院后，将他关押在候审室内，第二天才进行讯问，违背了法律的规定。

三、取保候审

（一）取保候审的概念

刑事诉讼中的取保候审，是指公、检、法机关责令犯罪嫌疑人、被告人提出保证人或者交纳保证金，并出具保证书，以保证其不逃避和妨碍侦查、起诉和审判，并随传随到的一种强制方法。

根据取保候审方式的不同，刑事诉讼法规定了两种取保候审：一种是保证人保证方式的取保候审；另一种是保证金保证方式的取保候审。保证人保证的特点是以保证人的信誉等来保证，不涉及金钱。一方面可以通过保证人和犯罪嫌疑人、被告人之间的关系，对犯罪嫌疑人、被告人实行精神上和心理上的强制，使其不致逃避或妨碍侦查、起诉和审判；另一方面，可以利用保证人监督犯罪嫌疑人、被告人的活动，监督、教育犯罪嫌疑人、被告人遵纪守法，履行应当履行的诉讼义务。保证金保证的特点是，利用经济利益来制约犯罪嫌疑人、被告人，促使其遵守取保候审的规定，促使出资人对被取保候审的犯罪嫌疑人、被告人实施有效的监督，从而保证被取保候审的犯罪嫌疑人、被告人自觉地履行自己在刑事诉讼中的义务。

保证人保证和保证金保证是选择关系，而不是集合关系，只能根据案件的具体情况，诸如涉嫌犯罪或被指控犯罪的性质，保证人的情况，犯罪嫌疑人、被告人的经济状况等因素来决定择其一而用之，而不能同时使用。

（二）取保候审的适用对象

取保候审是一种限制人身自由的强制措施，其适用对象是符合一定条件的犯罪嫌疑人、被告人。根据《刑事诉讼法》第64、65条的规定，下列犯罪嫌疑人、被告人可以取保候审：

（1）可能判处管制、拘役或者独立适用附加刑的。管制是不剥夺人身自由的刑罚，拘役的关押期限在6个月以下。可能独立适用罚金、剥夺政治权利等附加刑的也都是较轻的罪行。可能判处这些刑罚的犯罪嫌疑人、被告人涉嫌的罪行较轻，通常情况下，不羁押不会发生社会危险性。

（2）可能判处有期徒刑以上刑罚，采取取保候审不致发生社会危险性的。主要是考虑到有些人虽然涉嫌罪行比较严重，可能会被判处有期徒刑以上刑罚，但其涉嫌的犯罪可能是过失犯罪，如交通肇事罪、玩忽职守罪等；有些虽然是故意犯罪，但主观恶性较小，如初犯、偶犯等。对这些犯罪嫌疑人、被告人如果采取取保候审不致发生社会危险性的，也可以取保候审，无需进行羁押。这里所说的“社会危险性”，主要是指《刑事诉讼法》第79条规定的可能实施新的犯罪，有危害国家安全、公共安全或者社会秩序的现实危险，可能毁灭、伪造证据，干扰证人作证或者串供，可能对被害人、举报人、控告人实施打击报复，企图自杀或者逃跑等情形。

（3）患有严重疾病、生活不能自理，怀孕或者正在哺乳自己婴儿的妇女，采取取保候审不致发生社会危险性的。具体包括三种情况：一是患有严重疾病；二是因为年老、残疾等原因生活不能自理；三是怀孕或者正在哺乳自己婴儿的妇女。有这三种情况之一，采取取保候审不致发生《刑事诉讼法》第79条规定的社会危险性的犯罪嫌疑人、被告人，可以取保候审，体现了人道主义精神和对犯罪嫌疑人、被告人合法权利的保护。

（4）羁押期限届满，案件尚未办结，需要采取取保候审的。犯罪嫌疑人、被告人被羁押的案件，不能在刑事诉讼法规定的侦查羁押、审查起诉、一审、二审期限内办结，需要继续查证、审理的，对犯罪嫌疑人、被告人可以取保候审。

（5）对已被依法拘留的犯罪嫌疑人，经过讯问、审查，认为需要逮捕但证据不足的，而需继续收集证据的情形，可以取保候审。

（6）对持有有效护照或者其他有效出境证件，可能出境逃避侦查，但不需要逮捕的犯罪嫌疑人，可以取保候审。

对累犯、犯罪集团的主犯，以自伤、自残办法逃避侦查的犯罪嫌疑人，危害国家安全的犯罪、暴力犯罪，以及严重危害社会治安的犯罪嫌疑人，其他犯罪性质恶劣、情节严重的犯罪嫌疑人不得取保候审。

（三）保证人和保证金

保证人保证是指公安机关、人民检察院和人民法院责令犯罪嫌疑人、被告人提出保证人并出具保证书，由其以个人身份保证被保证人在取保候审期间不逃避和妨碍侦查、起诉和审判，并随传随到的保证方式。根据《刑事诉讼法》第67条的规定，保证人必须符合下列条件：①与本案无牵连；②有能力履行保证义务；③享有政治权利，人身自由未受到限制；④有固定的住处和收入。不符合这些法定条件的不能成为保证人。同时，公检法三机关还应当审查犯罪嫌疑人、被告人所提出的人是否愿意作保证人，不愿意作保证人的不能确定为保证人。另外，如果保证人在取保候审期间不愿继续担保或者丧失担保条件的，应当责令犯罪嫌疑人重新提出保证人或者变更为保证金担保方式。

公安司法机关对于保证人的这四个方面的条件要严格审查，只有经审查合格的，才有资格作保证人。被确定为犯罪嫌疑人、被告人的保证人应当保证承担监督被保证人遵守《刑事诉讼法》第69条的规定，发现被保证人可能发生或者已经发生违反该规定的行为的，应当及时向执行机关报告。保证人应当填写《保证书》，并在《保证书》上签名或者盖章。

保证金保证是指公安机关、人民检察院和人民法院责令犯罪嫌疑人、被告人交纳保证金并出具保证书，保证在取保候审期间，不逃避和妨碍侦查、起诉和审判，并随传随到的保证方式。实行财产保，符合我国的国情，适应我国市场经济条件下与犯罪分子作斗争的需要，有利于促使犯罪嫌疑人、被告人自觉地履行义务，保证取保候审强制措施的实施。

财产保是以交纳保证金的形式担保。目前对保证金的形式，仅规定为“应当以人民币交纳”。按照这一规定，除人民币之外的其他货币形式和财产就不能作为保证金交纳。关于保证金的数额，《刑事诉讼法》第 70 条第 1 款规定：“取保候审的决定机关应当综合考虑保证诉讼活动正常进行的需要，被取保候审人的社会危险性，案件的性质、情节，可能判处刑罚的轻重，被取保候审人的经济状况等情况，确定保证金的数额。”《关于取保候审若干问题的规定》第 5 条第 1 款规定：“采取保证金形式取保候审的，保证金的起点数额为 1000 元。”

（四）被取保候审人在取保候审期间应遵守的规定

1. 未经执行机关批准不得离开所居住的市、县

这是对被取保候审人在取保候审期间活动地域的限制。这里所说的“市”，是指直辖市、设区的市的城市市区和县级市的辖区，在设区的同一市内跨区活动的，不属于离开所居住的市、县。法律作这样的规定，主要是考虑到犯罪嫌疑人、被告人在案件没有终结以前，公安机关、人民检察院、人民法院随时有可能对被取保候审的犯罪嫌疑人、被告人进行讯问、核实证据、对案件开庭审理等。为了保证刑事诉讼活动的正常进行，规定被取保候审人不得离开所居住的市、县是非常必要的。应当注意的是，如果是人民检察院、人民法院决定的取保候审，在执行期间犯罪嫌疑人申请离开所居住的市、县的，公安机关应当征得人民检察院、人民法院的同意。

2. 住址、工作单位和联系方式发生变动的，在 24 小时以内向执行机关报告

掌握犯罪嫌疑人、被告人的住址、工作单位和联系方式等个人信息是执行机关通知犯罪嫌疑人、被告人参加诉讼，落实日常管理的基本前提。因而，在相关信息发生变动后，被取保候审犯罪嫌疑人、被告人应及时向执行机关报告。应当注意的是，这种住址、工作单位和联系方式的变动，不需要经过决定机关的批准。但是，如果变动后的住址、工作单位不在其原来所居住的市、县之内，这种变动就需要先经决定机关的批准。对于住址、工作单位离开原来所居住的市、县，办案机关认为对犯罪嫌疑人、被告人不宜再取保候审的，可以采取其他强制措施，保障诉讼的顺利进行。

3. 在传讯的时候及时到案

犯罪嫌疑人、被告人由于不在押，因此，司法机关多用传讯方式通知他们到案，被取保候审人在接到传讯后应当及时到案，保证刑事诉讼活动的顺利进行。这里所说的“到案”，是指犯罪嫌疑人、被告人根据司法机关的要求，主动到司法机关或者其指定的地点接受讯问、审判等。

4. 不得以任何形式干扰证人作证

被取保候审的犯罪嫌疑人、被告人，在取保候审期间，仍有一定的人身自由，但不能利用这些自由实施干扰证人作证的行为，诸如对有关证人采取威胁、

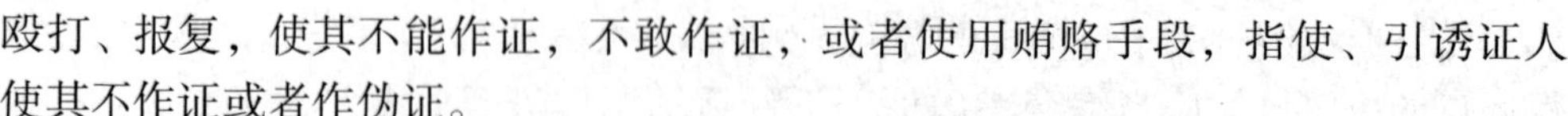

殴打、报复，使其不能作证，不敢作证，或者使用贿赂手段，指使、引诱证人使其不作证或者作伪证。

5. 不得伪造、毁灭证据或者串供

被取保候审人不得利用未被羁押的便利条件与其他同案人订立攻守同盟，统一口径，隐藏、销毁、伪造与案件有关的证据材料。

上述规定是所有被取保候审的犯罪嫌疑人、被告人均须遵守的义务。除此之外，人民法院、人民检察院和公安机关可以根据个案情况，责令被取保候审的犯罪嫌疑人、被告人遵守以下一项或者多项规定：①不得进入特定的场所；②不得与特定的人员会见或者通信；③不得从事特定的活动；④将护照等出入境证件、驾驶证件交执行机关保存。该规定赋予了公安司法机关自由裁量适用的权力，三机关“可以根据案件情况”灵活予以适用。强化了取保候审的效果，有效保障了取保候审措施诉讼保障功能的正常发挥。

（五）取保候审的程序

1. 取保候审的申请

有权提出取保候审申请的人员包括：犯罪嫌疑人、被告人及其法定代理人、近亲属和犯罪嫌疑人聘请的律师。提出取保候审的申请，一般应以书面形式提出，只是在特殊情况下，才允许使用口头形式。

2. 取保候审的决定

公安机关、人民检察院、人民法院决定对犯罪嫌疑人、被告人取保候审时，由办案人员提出《取保候审意见书》，经办案部门负责人审核后，由县级以上公安机关负责人、人民检察院检察长或者人民法院院长审批。

批准取保候审的程序是，由办案人员填写《取保候审决定书》和《执行取保候审通知书》，经办案部门负责人审核后，由县级以上公安机关负责人、人民检察院检察长或者人民法院院长签发。

3. 取保候审的执行

根据《刑事诉讼法》第65条的规定，取保候审由公安机关执行。所以，如果是人民检察院和人民法院决定的取保候审，应当将《取保候审决定书》和《执行取保候审通知书》送达公安机关，由公安机关执行。以保证人方式保证的，还应当将保证人的《保证书》同时送达公安机关。

公安机关在执行取保候审时，应当向取保候审的犯罪嫌疑人、被告人宣读《取保候审决定书》，由犯罪嫌疑人、被告人签名或者盖章。责令被取保候审的人应当遵守《刑事诉讼法》第69条的规定，并告知其违反规定应负的法律责任。

4. 取保候审的期间

根据《刑事诉讼法》第77条的规定，取保候审的期限最长不超过12个月，在此期限内不得中断对案件的侦查、起诉和审判。取保候审期限届满的，应当及时解除取保候审，并及时通知被取保候审人和有关单位。犯罪嫌疑人、被告人及其法定代理人、被告人委托的律师及其他辩护人，有权向作出取保候审决定的人民法院、人民检察院和公安机关提出申诉，要求解除取保候审。经审查确实期限届满的，应当解除取保候审。

四、监视居住

（一）监视居住的概念和适用对象

监视居住是指公检法三机关责令犯罪嫌疑人、被告人在一定期限内未经批准不得离开住处或指定居所，并对其行动加以监视和控制的强制方法。它是比取保候审更严厉地限制犯罪嫌疑人、被告人人身自由的强制措施。

根据《刑事诉讼法》第72条的规定，人民法院、人民检察院和公安机关对符合逮捕条件，有下列情形之一的犯罪嫌疑人、被告人，可以监视居住：①患有严重疾病、生活不能自理的；②怀孕或者正在哺乳自己婴儿的妇女；③系生活不能自理的人的唯一扶养人；④因为案件的特殊情况或者办理案件的需要，采取监视居住措施更为适宜的；⑤羁押期限届满，案件尚未办结，需要采取监视居住措施的。

犯罪嫌疑人、被告人，虽然符合取保候审条件，但由于不能提出保证人，也不交纳保证金，因此无法对其采取取保候审，如果不采取一定的强制措施，对犯罪嫌疑人、被告人又没有任何约束，很难保证其不发生社会危险性。从保障诉讼顺利进行，维护社会秩序出发，《刑事诉讼法》第72条第2款规定："对符合取保候审条件，但犯罪嫌疑人、被告人不能提出保证人，也不交纳保证金的，可以监视居住。"

可以适用监视居住的前提条件是犯罪嫌疑人、被告人符合逮捕条件，如果犯罪嫌疑人、被告人不符合逮捕条件，那么即使具有上述五种情形之一，也不适用监视居住。

（二）监视居住的方式

《刑事诉讼法》第73条第1款规定："监视居住应当在犯罪嫌疑人、被告人的住处执行；无固定住处的，可以在指定的居所执行。对于涉嫌危害国家安全犯罪、恐怖活动犯罪、特别重大贿赂犯罪，在住处执行可能有碍侦查的，经上

一级人民检察院或者公安机关批准，也可以在指定的居所执行。但是，不得在羁押场所、专门的办案场所执行。”根据这一规定，监视居住可采用两种方式：

1. 住处监视居住

所谓住处，是指犯罪嫌疑人、被告人在办案机关所在的市、县内生活的合法住处。监视居住比逮捕措施程度轻缓的重要体现之一，就是犯罪嫌疑人、被告人可以居住在自己熟悉的环境中，与家人自由沟通，获得精神支持。因而，如果无特殊情况，监视居住一般应在犯罪嫌疑人、被告人的住处执行。

2. 指定居所监视居住

所谓指定的居所是指办案机关根据案件情况，在办案机关所在的市、县内为犯罪嫌疑人、被告人指定的生活居所。这主要适用于两类情形：①犯罪嫌疑人、被告人无固定住处，无法在住处监视居住的；②涉嫌危害国家安全犯罪、恐怖活动犯罪、特别重大贿赂犯罪，在住处执行可能有碍侦查的。这几类犯罪涉及利益重大，往往涉嫌共同犯罪，牵连人员较多，极易通风报信，在住处执行难以保障诉讼正常进行。因而，对这几类犯罪，经上一级人民检察院或者公安机关批准，可以在指定的居所执行。

监视居住不得在羁押场所、专门的办案场所执行。在羁押场所执行，就使监视居住与逮捕差异不大，失去了监视居住这一措施设置的本意，同时，也可能导致一些执法人员利用监视居住变相延长逮捕期限。实务中，也不能在留置室或者其他的工作场所执行监视居住，不得在监视居住期间将该犯罪嫌疑人、被告人置于房间内派人看守。

（三）监视居住的程序

1. 监视居住的决定

人民法院、人民检察院和公安机关对犯罪嫌疑人采取监视居住，应当由办案人员提出《监视居住意见书》，经办案部门负责人审核后，由县级以上公安机关负责人、人民检察院检察长、人民法院院长批准，制作《监视居住决定书》和《执行监视居住通知书》。

2. 监视居住的执行

监视居住由公安机关执行。对于人民法院和人民检察院决定的监视居住，人民法院和人民检察院应当将《监视居住决定书》和《执行监视居住通知书》及时送达公安机关。公安机关开始执行监视居住，应当向被监视居住的犯罪嫌疑人、被告人宣读《监视居住决定书》，由犯罪嫌疑人、被告人签名或盖章，并告知被监视居住对象应当遵守的法律规定，以及违反法律规定应负的法律责任。

指定居所监视居住的，除无法通知的以外，应当在执行监视居住后24小时以内，通知被监视居住人的家属。这有利于家属了解被监视居住的犯罪嫌疑人、被告人的去向，避免造成不必要的社会不安定。“无法通知”应指由于客观原因造成无法联系到犯罪嫌疑人、被告人家属，如犯罪嫌疑人、被告人拒不讲真实姓名、地址，发生自然灾害等。

被监视居住的犯罪嫌疑人、被告人，在监视居住期间应当遵守《刑事诉讼法》第75条的规定。

3. 监视居住的期限

根据《刑事诉讼法》第77条的规定，监视居住期间不得超过6个月，在监视居住期间，不得中断对案件的侦查、起诉和审判工作。对犯罪嫌疑人、被告人监视居住期限届满的，应当及时解除监视居住，并及时通知被监视居住人和有关单位。犯罪嫌疑人、被告人及其法定代理人、近亲属或者犯罪嫌疑人、被告人委托的律师及其他辩护人，有权向人民法院、人民检察院、公安机关提出申诉，要求撤销监视居住。经审查情况属实的，应对犯罪嫌疑人、被告人撤销监视居住。

指定居所监视居住的期限应当折抵刑期。被判处管制的，监视居住1日折抵刑期1日；被判处拘役、有期徒刑的，监视居住2日折抵刑期1日。

五、刑事拘留

（一）刑事拘留的概念和特征

刑事拘留是指公安机关、人民检察院在案件的侦查当中，遇到法定的紧急情况，对现行犯或者重大嫌疑分子依法暂时剥夺其人身自由的强制方法。刑事拘留具有如下特征：

1. 拘留是剥夺人身自由的强制措施

与拘传、取保候审、监视居住等限制人身自由的措施相比较，拘留的突出特点在于剥夺人身自由，拘留是一种相当严厉的强制措施。

2. 适用拘留的机关具有特定性

依照法律规定，有权决定拘留的机关是公安机关、人民检察院等对刑事案件具有侦查权的机关。除此之外，其他任何机关（包括人民法院）、团体和个人都没有拘留的权力。

3. 适用对象的紧急性

《刑事诉讼法》第80条规定：“公安机关对于现行犯或者重大嫌疑分子，如果有下列情形之一的，可以先行拘留：①正在预备犯罪、实行犯罪或者在犯罪

后即时被发觉的；②被害人或者在场亲眼看见的人指认他犯罪的；③在身边或者住处发现有犯罪证据的；④犯罪后企图自杀、逃跑或者在逃的；⑤有毁灭、伪造证据或者串供可能的；⑥不讲真实姓名、住址，身份不明的；⑦有流窜作案、多次作案、结伙作案重大嫌疑的。”

可见，拘留必须符合两个条件：①拘留的对象是现行犯或者是重大嫌疑分子；②具有法定的紧急情形之一，即《刑事诉讼法》第 80 条规定的 7 种情形之一。两者应当同时具备。

4. 期间的短暂性

刑事诉讼法对被拘留的犯罪嫌疑人的羁押期限作了严格的规定，拘留通常不得超过 14 日，特殊情况下也不得超过 37 日。如果公安机关和检察院违反有关规定，被拘留的人及其法定代理人、近亲属或其委托的律师等有权要求释放被拘留的人，公安机关、人民检察院应当立即释放。

（二）拘留的程序

1. 拘留的决定

公安机关、检察机关的办案人员认为需要拘留犯罪嫌疑人时，应填写《呈请拘留报告书》，注明有关情况和理由，经部门领导审核，分别由公安机关负责人或检察长决定。

2. 拘留的执行

拘留一律由公安机关执行。人民检察院决定拘留的案件，应当将拘留的决定书送交公安机关，由公安机关负责执行。在紧急情况下，人民检察院可以向犯罪嫌疑人宣布拘留决定，送交公安机关执行。公安机关执行拘留时，应持县级以上公安机关签发的《拘留证》，向被拘留人出示《拘留证》，并宣布对其实行拘留。然后责令被拘留人在拘留证上签名或盖章或按指印。被拘留人拒绝签名或盖章的，应加以注明。对符合《刑事诉讼法》第 80 条规定的情形之一，因情况紧急，来不及办理拘留手续的，可以先将犯罪嫌疑人带至公安机关，再补办拘留手续。公安机关依法执行拘留时，任何人不得抗拒或阻拦。执行拘留的人员遇到抗拒时，可以依法使用械具和武器。

根据《刑事诉讼法》第 83 条第 2 款的规定，拘留后，应当立即将被拘留人送看守所羁押，至迟不得超过 24 小时。这有利于对被拘留人员的规范管理，防止违法讯问的发生。“至迟不得超过 24 小时”，是指如果有特殊情况，送往看守所的时间最长也不得超过此时限；如无特殊情况，必须即时送往看守所羁押。并不是说公安机关在执行拘留以后，只要不超过 24 小时，就可以任意拖延。

县级以上各级人民代表大会代表因现行犯被拘留的，执行机关应当立即向该级人民代表大会主席团或者人民代表大会常务委员会报告。公安机关在异地执行拘留的时候，应当通知被拘留人所在地的公安机关，被拘留人所在地的公安机关应当予以配合。

3. 拘留后的通知

《刑事诉讼法》第83条第2款规定，除无法通知或者涉嫌危害国家安全犯罪、恐怖活动犯罪通知可能有碍侦查的情形以外，应当在拘留后24小时以内，通知被拘留人的家属。有碍侦查的情形消失以后，应当立即通知被拘留人的家属。有碍侦查包括：其他共同犯罪嫌疑人闻讯后有可能逃跑，隐匿、毁弃或者伪造证据的；可能互相串通，订立攻守同盟的；其他犯罪有待查证及还未采取相应措施的，等等。但在上述情形消除后，应当立即通知被拘留人的家属。对没有在24小时内通知的，应当在拘留通知书中注明原因。无法通知的情况包括：被拘留人不讲真实姓名、住址的；被拘留人无家属的，等等。人民检察院决定拘留的案件，由人民检察院负责通知。

4. 及时讯问

《刑事诉讼法》第84条规定："公安机关对被拘留的人，应当在拘留后的24小时以内进行讯问。在发现不应当拘留的时候，必须立即释放，发给释放证明。"人民检察院决定拘留的案件，由检察院人员进行讯问。尽快讯问的目的在于：一是及时收集证据。犯罪嫌疑人被拘留初期，心理不稳定，及时讯问有利于突破其心理防线，取得口供。否则，被拘留人可能形成反侦查的心理准备，给侦查活动带来困难。二是防止可能发生的不应当拘留的情况。不应当拘留的情况包括：犯罪行为没有发生，或被拘留人的行为不构成犯罪；虽有犯罪行为，但依法不应当追究刑事责任；虽有犯罪行为，但不是被拘留人所为；犯罪行为是被拘留人所为，但不符合《刑事诉讼法》第80条规定的拘留条件而不需要拘留，等等。对不需要拘留的，应当立即释放，并发给释放证明。

5. 羁押期限

根据《刑事诉讼法》第89条的规定，公安机关对被拘留的犯罪嫌疑人，认为需要逮捕的，应当在拘留后的3日以内，提请人民检察院审查批准逮捕，在特殊情况下，提请审查批捕的时间可以延长1～4日。人民检察院应当自接到公安机关提请批准逮捕书后的7日内作出批准逮捕或者不批准逮捕的决定。因此，正常情况下，拘留羁押的期限为10日以内，特殊情况下为14日。所谓特殊情况，是指案件比较复杂或者交通不便的边远地区，调查取证困难等情形。在更为特殊的情形下，提请批捕的时间可以延长至30日。这是针对流窜作案、多次作案、结伙作案的重大嫌疑分子，才将提请批捕的时间延长至30日，加上检察

机关审查批捕的7日，羁押的最长期限为37日。所谓流窜作案，是指跨市、县管辖范围连续作案，或者在居住地作案后逃跑到外省、市、县继续作案；多次作案是指3次以上作案；结伙作案是指2人以上共同作案。

根据《刑事诉讼法》第165条的规定，人民检察院对直接受理的案件的犯罪嫌疑人拘留后认为需要逮捕的，应当在14日以内作出决定，即此种情况下羁押的期限为14日以内；在特殊情况下，决定逮捕的时间可以延长1~3日，即羁押的最长期限为17日。

六、逮捕

（一）逮捕的概念和条件

逮捕是指公安机关、人民检察院和人民法院在一定期限内依法剥夺犯罪嫌疑人、被告人的人身自由并进行审查的强制措施，是刑事诉讼强制措施中最为严厉的方法。

逮捕的羁押期限较之拘留的羁押期限要长得多，公检法三机关在逮捕期间不仅可以随时讯问，而且还能有效地防止串供、毁灭证据、逃跑、自杀等妨害刑事诉讼顺利进行的情况发生。但是，由于它是在较长时期内剥夺人身自由，很容易导致犯罪嫌疑人、被告人的合法权益遭受侵犯。根据《刑事诉讼法》第79条的规定，逮捕应当具备以下三个条件：

1. 有证据证明有犯罪事实

这是逮捕的前提条件。这一条件包括如下内容：①有证据证明发生了犯罪事实，即犯罪事实已经发生，并有证据能够证明。②有证据证明犯罪事实是犯罪嫌疑人、被告人实施的，如果仅仅是一种推测、怀疑，就不能实施逮捕。③证明犯罪嫌疑人、被告人实施犯罪行为的证据已经查证属实。应当指出的是，在把握逮捕这一条件时，应当注意有证据证明与证据充分是有区别的，前者的证明程度显然低于后者。但“有证据证明”中的证据也必须是查证属实的。以上三点是构成有证据证明有犯罪事实的必备条件，否则，不能认为有证据证明有犯罪事实。这一条件是案件事实方面的要求。

2. 可能判处徒刑以上刑罚

这是采用逮捕时在刑事实体法方面的要求，是根据已经证明的犯罪事实，依照刑法的规定所作的一种判断，逮捕只能适用于那些可能判处的最低刑罚为有期徒刑以上刑罚的犯罪嫌疑人、被告人。刑罚的轻重，反映犯罪嫌疑人、被告人的主观恶性、社会危险性，也与其逃避或者妨碍诉讼的可能之间存在很大的正相关关系。当执法机关在判断一名犯罪嫌疑人、被告人是否符合逮捕的刑罚条件时，实际上需要对该犯罪嫌疑人、被告人所涉犯罪的事实细节予以考量，并对该犯罪嫌疑人、被告人经审判后法庭可能宣告的刑罚进行预测，只有在预测到该犯罪嫌疑人、被告人可能被人民法院判处徒刑以上刑罚的时候，才能决定予以逮捕。另外，对可能判处有期徒刑但适用缓刑的犯罪嫌疑人、被告人，一般也不适用逮捕。以刑罚为标尺可以有效衡量犯罪嫌疑人、被告人妨碍诉讼、逃避刑罚执行的可能性。如果所犯罪行可能连徒刑都判不了，即表明所犯罪行的社会危害性较小，就没有必要逮捕。

3. 采取取保候审方法尚不足以防止社会危险性

这一条件说明，即使具备了前两个条件，也不一定要逮捕。只有在取保候审尚不能防止社会危险性而有逮捕必要时，才采取逮捕措施。刑事诉讼法将社会危险性细化为五个方面：①可能实施新的犯罪的；②有危害国家安全、公共安全或者社会秩序的现实危险的；③可能毁灭、伪造证据，干扰证人作证或者串供的；④可能对被害人、举报人、控告人实施打击报复的；⑤企图自杀或者逃跑的。

以上三个逮捕条件，必须同时具备，缺一不可。

此外，对有证据证明有犯罪事实，可能判处10年以上有期徒刑刑罚的，或者有证据证明有犯罪事实，可能判处徒刑以上刑罚，曾经故意犯罪或者身份不明的，应当予以逮捕。主要包括三种情况：一是有证据证明有犯罪事实，可能判处10年有期徒刑以上刑罚的情况。根据刑法的规定，判处10年有期徒刑以上刑罚的都是严重的犯罪，有必要对这些犯罪嫌疑人、被告人予以逮捕。二是有证据证明有犯罪事实，可能判处徒刑以上刑罚，曾经故意犯罪的犯罪嫌疑人、被告人。从刑法上来说，再犯一般都表明罪犯具有较强烈的反社会心理属性和较大的社会危险性，曾经故意犯罪的情况本身就已经表明了这种社会危险性的存在。三是有证据证明有犯罪事实，可能判处徒刑以上刑罚，身份不明的犯罪嫌疑人、被告人。

被取保候审、监视居住的犯罪嫌疑人、被告人违反取保候审、监视居住规定，情节严重的，可以予以逮捕。根据《刑事诉讼法》第79条第3款的规定，被取保候审、监视居住的犯罪嫌疑人、被告人违反了《刑事诉讼法》第69条、第75条的规定，就表明犯罪嫌疑人、被告人具有社会危险性。如果存在《刑事诉讼法》第79条第1款规定的五种社会危险性情形，给司法机关的诉讼活动造成了干扰或者增加了困难，或者严重妨碍了审判活动的正常进行，就属于“情节严重”，应当对其予以逮捕，如果违反规定情节较轻，可以继续对其取保候审

或监视居住。

（二）逮捕的程序

1. 提请、批准逮捕

（1）公安机关提请逮捕。《刑事诉讼法》第85条规定："公安机关要求逮捕犯罪嫌疑人的时候，应当写出提请批准逮捕书，连同案卷材料、证据，一并移送同级人民检察院审查批准。必要的时候，人民检察院可以派人参加公安机关对于重大案件的讨论。"可见，公安机关需要逮捕时，应当向同级人民检察院报批逮捕，并移送提请批准逮捕书和案卷材料、证据。提请批准逮捕书应当写明犯罪嫌疑人的姓名、性别、年龄、籍贯、职业、民族、住址、简历、所犯罪行和主要证据，认定的罪名、逮捕的法律依据。人民检察院在必要的时候，可以派人参加公安机关对重大案件的讨论，这样可以提前了解案情，为审查批捕作一定准备。

（2）人民检察院审查批准逮捕。人民检察院对公安机关提请批准逮捕的，由审查批捕部门办理。审查批捕部门应当指定办案人员审查。办案人员审查后，提出审查意见，审查批捕部门负责人审核后，报请检察长批准或决定，重大案件应当经检察委员会讨论决定。审查批准逮捕时，除阅读案卷材料外，根据《刑事诉讼法》第86条的规定，检察人员还可以讯问犯罪嫌疑人；有下列情形之一的，应当讯问犯罪嫌疑人：①对是否符合逮捕条件有疑问的；②犯罪嫌疑人要求向检察人员当面陈述的；③侦查活动可能有重大违法行为的。同时，检察人员还可以询问证人等诉讼参与人，听取辩护律师的意见；辩护律师提出要求的，应当听取辩护律师的意见。这有利于检察人员全面了解案情，作出正确的决定。审查后根据具体情况，分别作出两种处理：①对符合《刑事诉讼法》第79条规定的逮捕条件的，依法作出批准逮捕的决定，并制作批准逮捕决定书，连同案卷材料等移送公安机关，公安机关应当立即执行，并将执行情况及时通知人民检察院；②对不符合逮捕条件的，作出不批准逮捕的决定，并制作不批准逮捕决定书，说明不批准逮捕的理由，连同案卷材料等送达公安机关。

对于证据不足，需要补充侦查的，人民检察院应当在作出不批准逮捕决定的同时，通知提请批准逮捕的公安机关补充侦查，并附补充侦查提纲，列明需要查清的事实和需要收集、核实的证据。对人民检察院补充侦查提纲中所列的事项，公安机关应当及时进行侦查、核实，并逐一作出说明。公安机关补充侦查完毕，认为符合逮捕条件的，可以重新提请批准逮捕，但不能未经侦查和说明，以相同材料再次提请批准逮捕。应当注意的是，人民检察院对公安机关报请批准逮捕的案件，在审查批捕中如果认为报请批准逮捕的证据存有疑问的，可以复核有关证据，讯问犯罪嫌疑人、询问证人，以保证批捕案件的质量，防止错捕或漏捕，但不另行侦查。

公安机关如果认为人民检察院不批准逮捕的决定有错误的，可以要求复议，但必须将已拘留的人释放。人民检察院应当另行指派审查批捕部门的办案人员进行复议，并将复议结果通知公安机关。如果复议不被接受，公安机关还可以向上一级人民检察院申请复核，上级人民检察院应当进行复核，复核后作出是否变更的决定，并通知下级人民检察院和公安机关执行。上级人民检察院的复核决定是最终决定，公安机关或下级人民检察院即使有不同意见，也必须执行。

2. 决定逮捕

人民检察院和人民法院在办理案件的过程中，对符合法定逮捕条件的犯罪嫌疑人、被告人都有权作出逮捕决定。人民检察院办理其直接受理的案件时，需要逮捕犯罪嫌疑人的，由侦查部门填写逮捕犯罪嫌疑人意见书，连同案卷材料一并送交本院审查批捕部门审查。审查批捕部门在接到逮捕犯罪嫌疑人意见书后，应当在法定期限内提出意见，经检察长或检察委员会决定逮捕或者不予逮捕。决定逮捕的，应当制作逮捕决定书，交由公安机关执行，必要时人民检察院可以协助执行。决定不逮捕的，应当制作不予逮捕决定书，并将已被拘留的犯罪嫌疑人立即释放，需要继续侦查的，可以采取其他强制措施。

人民法院在办案过程中，对自诉案件的被告人和公诉案件的被告人，只要符合逮捕条件，认为应当逮捕时，都有权决定逮捕。决定逮捕应制作决定逮捕书，并送交公安机关执行。

3. 逮捕的执行

根据《刑事诉讼法》第 78 条的规定，逮捕犯罪嫌疑人、被告人，不论是批准逮捕，还是决定逮捕，一律由公安机关执行。《刑事诉讼法》第 91 条规定，公安机关逮捕人的时候，必须出示逮捕证。逮捕后，应当立即将被逮捕人送看守所羁押。除无法通知的以外，应当在逮捕后 24 小时以内，通知被逮捕人的家属。逮捕证必须由县级以上公安机关负责人签发。执行逮捕必须由两名以上的公安人员进行。在执行逮捕时，必须向被逮捕人出示逮捕证，并宣布对其依法逮捕。然后责令被逮捕人在逮捕证上签名或盖章。被逮捕人拒绝签名或盖章的，执行逮捕的人员应当予以说明。被逮捕人如果拒捕，执行人员必要时可以使用械具、武器。公安机关执行逮捕，如果因被逮捕人死亡、逃跑或其他原因，不能执行逮捕或逮捕未获的，应当立即通知原批准逮捕的人民检察院或决定逮捕的人民检察院或人民法院，以便采取相应的处置措施。

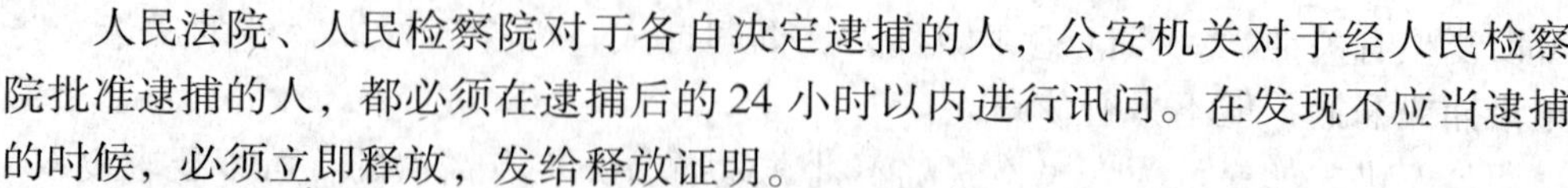

人民法院、人民检察院对于各自决定逮捕的人，公安机关对于经人民检察院批准逮捕的人，都必须在逮捕后的24小时以内进行讯问。在发现不应当逮捕的时候，必须立即释放，发给释放证明。

公安机关异地执行逮捕的，应当通知被逮捕人所在地的公安机关；被逮捕人所在地的公安机关应当予以配合。

4. 对人大代表适用的特别程序

根据《全国人民代表大会和地方各级人民代表大会代表法》的规定，如果被逮捕的犯罪嫌疑人、被告人是县级以上人大代表，无论是批准逮捕，还是决定逮捕，都应办理相关手续，即应当报请该人大代表所在的人民代表大会主席团或者常务委员会许可。被逮捕的犯罪嫌疑人、被告人是乡、镇一级人大代表时，应当向乡、镇人民代表大会报告。

5. 对羁押的必要性进行审查

人民检察院是法律监督机关，根据《刑事诉讼法》第93条的规定，对羁押的必要性进行审查是人民检察院的法定职责，也是保障被羁押人人权的需要。人民检察院对羁押的必要性进行审查后有两种法律后果：一是人民检察院认为有继续羁押必要性的，应对犯罪嫌疑人、被告人继续羁押；二是人民检察院认为不需要继续羁押的，应当建议有关机关予以释放或者变更强制措施。有关机关对于人民检察院的建议应当处理，并且应在10日内将处理情况通知人民检察院。

案例讨论

李某涉嫌盗窃案

某年3月6日晚21时许，一小偷窜入唐某的家，盗取了人民币8000元。第二天唐某发现自家被盗，急忙来到派出所报案，并提交了罪犯遗留在现场的一件衬衣。公安机关根据这一线索，找到了这件衬衣的主人李某。经询问，李某承认衬衣是自己的，但说这件衬衣在宿舍阳台上晾干时丢失了，不承认自己有任何犯罪行为。侦查人员拘留了李某，并对李某说："现在没带《拘留证》，回去补一张给你。鉴于案情比较复杂，你没可能很快放出来，交代一下家里的事吧。"周围群众深感不平："公安机关怎么就这样拘留人了？同村的小李上次在法庭上也被拘留了。"

【问题】公安机关的拘留对吗？如何解答群众的疑惑？

项目七 附带民事诉讼

引例

邓某被绑架杀害案

某年6月2日，某市某中学学生邓某被人绑架，邓某家人没有报警，歹徒收钱后却杀人灭口。后来，邓某家人才报警，警方迅速展开了大范围侦查，逮捕了绑架杀人的以章某为首的犯罪集团成员。该案后来被依法提起公诉。该市中级人民法院依法开庭审理。邓某的父母提起附带民事诉讼，要求被告人赔偿自己的损失。

【问题】 邓某的父母是否可以提起附带民事诉讼？如果可以，他们在附带民事诉讼中的诉讼地位是什么？

【评析】 邓某的父母可以提起附带民事诉讼。在诉讼中，他们的诉讼地位是原告人。根据刑事诉讼法的规定，已死亡被害人的近亲属有权提起附带民事诉讼。原告人就是有权提起附带民事诉讼的人。

一、带附民事诉讼的概念和成立条件

（一）附带民事诉讼的概念

附带民事诉讼是指公安司法机关在刑事诉讼过程中，在解决被告人刑事责任的同时，附带解决因被告人的犯罪行为所造成的物质损失的赔偿问题而进行的民事诉讼活动。

附带民事诉讼实质上是一种特殊的民事诉讼，当被告人的犯罪行为触犯了刑法，并且使被害人遭受了物质损失的时候，被告人的这一犯罪行为在刑法上即构成犯罪，应当追究刑事责任；在民法上又属于民事侵权行为，应当承担民事赔偿责任。这就导致了源于同一行为的两种不同性质的诉讼的出现，这种同源却不同性质的诉讼在同一诉讼程序中的解决，即在刑事诉讼中解决与被告人刑事责任有关的民事责任问题的诉讼就构成了刑事附带民事诉讼。因此，附带民事诉讼本质上是一种民事诉讼，它需要适用民事实体和程序的法律规范。但它又不等同于一般的民事诉讼，它必须在刑事诉讼过程中提起并且同刑事案件一并解决，其成立与解决都依附于刑事诉讼，和刑事诉讼密不可分。

参考案例

李某等人屋盗窃案

某市某住宅小区发生一起入屋盗窃案件，章姓住户在深夜熟睡之时被惯偷李某、陈某从窗口潜入室内，盗走价值3万元的现金和物品。经过侦查人员连日的侦查，终于抓获李某和陈某，但是赃物已经被两人挥霍了大半。章某就自己遭受的物质损失向公安机关提出赔偿要求，公安机关将此要求记录在案。该案被起诉后，人民法院审查案卷时看到章某的赔偿请求书。

【问题】 人民法院对章某的赔偿请求应该怎么处理？

【评析】 人民法院应当按照附带民事诉讼案件受理。附带民事诉讼是指公安司法机关在刑事诉讼过程中，在解决被告人刑事责任的同时，附带解决由遭受物质损失的被害人或者人民检察院所提起的、因被告人的犯罪行为所引起的物质损失的赔偿而进行的诉讼。

（二）附带民事诉讼的成立条件

1. 被害人因被告人的犯罪行为而遭受的物质损失

被害人所遭受的损失是物质性的，所谓物质损失，是相对于精神损失而言的，它是指可以用金钱计算的损失。《刑事诉讼法》第99条第1款规定“被害人由于被告人的犯罪行为而遭受物质损失的”，用的是“物质损失”；同条第2款规定“如果是国家财产、集体财产遭受损失的”，用的是“财产损失”；《刑法》第36条规定“由于犯罪行为而使被害人遭受经济损失的，对犯罪分子除依法给予刑事处罚外，并应根据情况判处赔偿经济损失”，用的是“经济损失”。由此可见，我国刑事法律规定的附带民事诉讼的请求范围只限于“物质损失”，而不包括“精神损失”。

参考案例

周某抢劫其姨妈案

周某是一个无业青年，喜好赌博，欠债很多。为了筹到钱，周某打起了自幼疼爱自己的姨妈的主意。但是他知道姨妈不会借钱给他赌博的。某日晚，他把姨妈反绑起来，拿走了姨妈家里的1万元。后来其姨妈被人发现并解救出来。姨妈报案后，公安机关很快就抓获了周某，1万元被追回。该案以抢劫罪被提起公诉。周某的姨妈因为周某的行为伤心至极，于是提起附带民事诉讼，请求法院判决周某赔偿自己的精神损失。

【问题】法院是否应该受理周某姨妈的请求？

【评析】附带民事诉讼的成立条件之一是被害人的物质损失是由被告人的犯罪行为所造成的。也就是说，在附带民事诉讼中，损失是指物质损失或者能够用物质损失的形式计算的，而不是精神损失。本案中被害人没有物质损失，而且以精神损失为由提起附带民事诉讼，不符合附带民事诉讼成立条件。因此，法院不应受理周某姨妈的请求。

2. 被害人遭受的物质损失是由被告人的犯罪行为直接造成的

也就是说，被告人的犯罪行为与被害人所遭受的物质损失之间必须存在因果关系，存在着内在的联系。被告人的犯罪行为在这里是指被告人在刑事诉讼中被指控为犯罪的行为，而不是实际上确已构成犯罪的行为。只要被告人的行为被公安机关认为“构成犯罪需要追究刑事责任”予以立案，那么该行为即为此处的“犯罪行为”，该行为所造成的损害赔偿便属于附带民事诉讼的范围。

非直接因被告人的犯罪行为而遭受的损失应排除在附带民事诉讼的赔偿范围之外，如被害人因伤害住院治疗，花在医治其他与伤害无关的病症上的费用等。直接因被告人的犯罪行为而遭受的损失应包括积极损失和消极损失。所谓积极损失是指犯罪行为已经给被害人造成的物质损失，如被害人已经支付的医疗费；所谓消极损失是指犯罪行为使被害人将来必然要遭受的物质损失，如被害人因伤在今后的生活中需要继续治疗的费用。具体来说，一般的直接物质损失主要有四类：①因犯罪行为直接损毁的财物；②用于被害人本身的费用，如医疗费、营养费、误工费、鉴定费、就医交通费、残疾用具费；③因陪护被害人或料理被害人死亡后果而产生的费用，如陪护人员的误工费、护理费、住宿费、车船费、运尸费、丧葬费、亲属的奔丧费等；④原由被害人抚养和赡养的人的必要生活补助。至于在犯罪过程中由被害人自己的过错造成的损失，则不应由被告人承担。此外，因民事上的债权债务关系纠纷而引起的刑事犯罪，在刑事诉讼过程中，也不能就刑事犯罪之前的债权债务问题提起附带民事诉讼。

3. 以刑事诉讼的成立为前提条件

附带民事诉讼的性质决定了它与刑事诉讼密不可分，即必须在刑事诉讼过程中提起，又在刑事诉讼中解决。因此，只有刑事诉讼已经进行，才有可能进行附带民事诉讼；如果刑事诉讼不成立，附带民事诉讼就失去了存在的基础，就谈不上附带民事诉讼。但要注意的是，刑事诉讼的成立并不等同于对被告人判处刑罚。因为刑事诉讼的审判结果有可能是疑罪从无，或被告人的行为虽然构成犯罪，但根据法律规定却不需要判处刑罚或可以免除刑罚。

二、附带民事诉讼当事人

（一）附带民事诉讼的原告人

附带民事诉讼的原告人是指在刑事诉讼进行过程中，向人民法院提起附带民事诉讼，要求被告人赔偿因其犯罪行为而遭受物质损失的人，他是附带民事诉讼的一方当事人。

《刑事诉讼法》第99条规定："被害人由于被告人的犯罪行为而遭受物质损失的，在刑事诉讼过程中，有权提起附带民事诉讼。被害人死亡或者丧失行为能力的，被害人的法定代理人、近亲属有权提起附带民事诉讼。如果是国家财产、集体财产遭受损失的，人民检察院在提起公诉的时候，可以提起附带民事诉讼。"在被害人死亡的情况下，被害人的近亲属（夫、妻、父、母、子、女、同胞兄弟姐妹）有权提起附带民事诉讼。被害人的近亲属与被害人之间具有血缘关系或者婚姻关系，而且是被害人的法定继承人，依法享有继承被害人财产的权利。被害人因被告人的犯罪行为而遭受经济损失，作为继承人的近亲属也间接地成为犯罪行为的受害人。因此，近亲属为了挽回所受到的经济损失，有权向人民法院提起附带民事诉讼，请求得到赔偿。

被害人是无行为能力人或者限制行为能力人时，被害人的法定代理人有权提起附带民事诉讼。需要注意的是，上述有权提起附带民事诉讼的人放弃诉讼权利的，应当准许，并记录在案。如果是国家财产、集体财产遭受损失，受损失的单位未提起附带民事诉讼，人民检察院在提起公诉时提起附带民事诉讼的，人民法院应当受理。

（二）附带民事诉讼的被告人

附带民事诉讼的被告人是指对犯罪行为造成的物质损失依法负有赔偿责任，而被附带民事诉讼的原告人起诉要求赔偿经济损失的人。他是附带民事诉讼的一方当事人，附带民事诉讼的被告人包括以下几类：

（1）附带民事诉讼的被告人通常为刑事诉讼的被告人（公民、法人和其他组织），即可能实施了犯罪行为、依法应被追究刑事责任的人。

（2）由于对社会的危害较小、行为轻微或具有其他法定的原因而没有被追究刑事责任的其他共同致害人，也负有赔偿责任，应当成为附带民事诉讼的被告人。

（3）未成年人、精神病人实施危害社会的行为给被害人造成物质损失的，附带民事诉讼的被告人为未成年人、精神病人的法定代理人或者监护人。

（4）刑事被告人被判处死刑并且已经被执行死刑的，附带民事诉讼的被告人应当为已被执行死刑的罪犯的遗产继承人。

（5）共同犯罪案件中，案件审结以前被告人死亡的，附带民事诉讼的被告人应当是已死亡刑事被告人的遗产继承人。根据《刑事诉讼法》第15条的规定，犯罪嫌疑人、被告人死亡的，不追究刑事责任。但是其犯罪行为给被害人造成的物质损失，仍然需要赔偿。刑事诉讼的被告人虽然死亡无法承担赔偿责任，但其遗产继承人继承了刑事被告人的遗产，根据法律规定自然应当承担被告人应当承担的赔偿责任，因而其应为附带民事诉讼的被告人。

除了上述几类应当依法负有赔偿责任的人以外，其他对刑事被告人的犯罪行为依法应当承担民事赔偿责任的单位和个人，也负有赔偿责任。

参考案例

小刚参与抢劫案

某年3月5日，某市发生一起入屋抢劫案件。后来抢劫的犯罪集团成员被全部抓获，该案被依法提起公诉。不过案中犯罪嫌疑人小刚由于未满14周岁，免于追究刑事责任，公诉机关对其未予起诉。在法庭审理阶段，被害人提出附带民事诉讼，要求包括小刚在内的参与抢劫的所有人都要赔偿其受到的损失。

【问题】 小刚是被免于追究刑事责任的人，是否应该承担民事赔偿责任呢？

【评析】 根据《刑事诉讼法》的规定，附带民事诉讼中的被告人包括了刑事被告人以及没有被追究刑事责任的其他共同致害人等，他们都依法负有民事赔偿责任。在本案中，小刚虽然被免于追究刑事责任，但仍要承担民事赔偿责任，不过由于小刚是限制行为能力人，此赔偿责任应由其监护人承担。

三、附带民事诉讼的程序

（一）附带民事诉讼的提起

1. 提起附带民事诉讼的期间

关于提起附带民事诉讼的期间包括两个问题：一是提起附带民事诉讼的起始时间；二是提起附带民事诉讼的终结时间。

提起附带民事诉讼的起始时间，应当是刑事案件立案以后即可提起附带民事诉讼。为此，存在以下几种情况：

（1）被害人是公民个人的，可以直接向人民法院提起附带民事诉讼；

（2）公诉案件中，也可以在侦查、起诉阶段通过侦查、起诉机关提起；

（3）国家、集体财产遭受损失的，遭受损失的法人或其他组织既可以直接

向人民法院提起附带民事诉讼，也可以在侦查、起诉阶段通过侦查、起诉机关提起；

（4）如果遭受损失的单位未提起诉讼的，人民检察院在提起公诉的时候，可以提起附带民事诉讼。

其中，在侦查、审查起诉阶段，有权提起附带民事诉讼的人提出诉讼请求的，人民检察院应当记录在案，并将原告人的诉讼请求和有关材料，在提起公诉的同时，一并移送人民法院。

只有在一审判决宣告前才能提起附带民事诉讼，一旦一审刑事判决已经宣告，便不能再提起附带民事诉讼，原告人只有在刑事判决生效以后另行提起正式的民事诉讼，按照民事诉讼法的规定进行，不属于附带民事诉讼的范畴。

总之，附带民事诉讼，应当在刑事案件立案以后第一审判决宣告之前提起。如果刑事案件尚未立案，意味着刑事诉讼能否成立尚不确定，附带民事诉讼的前提条件也就不存在；如果刑事案件的第一审判决已经宣告，再允许提起附带民事诉讼，既会造成刑事审判的过分迟延，带来审判秩序的混乱，又因已经失去合并审理的机会，而使附带民事诉讼变得没有意义，但可以在刑事判决生效后另行提起民事诉讼。

2. 提起附带民事诉讼的方式

提起附带民事诉讼一般应当提交附带民事诉状，书写诉状确有困难的，可以口头起诉，审判人员应当对原告人的口头诉讼请求详细询问，并制作笔录，向原告人宣读；原告人确认无误后，应当签名或者盖章。无论以书面方式还是口头方式，都应当说明附带民事原告人、被告人的姓名、年龄、职业、住址等个人基本情况，控告的犯罪事实，由于犯罪行为而造成的物质损失及相关证据，具体赔偿请求等。

人民检察院在提起公诉时一并提起附带民事诉讼的，只能以书面方式，即制作附带民事诉状，应当写明被告人的基本情况，被告人的犯罪行为给国家、集体财产造成损失的情况，代表国家、集体要求被告人赔偿损失的诉讼请求和适用的法律根据。

参考案例

甄某提起附带民事诉讼案

某县银行营业员甄某在银行当班的时候，一伙歹徒闯进银行抢劫，并把甄某打成重伤。该案后来被侦破。不久，法院依法审理了该案，在一审判决宣告后，甄某向法庭当庭提出附带民事诉讼，要求被告人赔偿其医疗费、误工费等。

【问题】法庭应否受理甄某提出的附带民事诉讼？

【评析】法庭不应受理甄某的请求。因为根据刑事诉讼法的规定，附带民事诉讼应当在刑事案件立案以后第一审判决宣告以前提起，否则，不能再提起附带民事诉讼。但甄某可以向法院提起民事诉讼。

(二) 刑事附带民事诉讼的审判

1. 对起诉的审查受理和庭前准备工作

人民法院收到附带民事诉状后，应当进行审查，并在7日内决定是否立案。符合刑事诉讼法关于附带民事诉讼起诉条件的，应当受理；不符合条件的，应当裁定驳回起诉。

人民法院受理附带民事诉讼后，应当在5日内向附带民事诉讼的被告人送达附带民事起诉状副本，或者将口头起诉的内容及时通知附带民事诉讼的被告人，并制作笔录。被告人是未成年人的，应当将附带民事起诉状副本送达其法定代理人，或者将口头起诉的内容通知其法定代理人。

人民法院送达附带民事起诉状副本时，应当根据刑事案件审理的期限，确定被告人或者其法定代理人提交民事答辩状的时间。

2. 审理适用的法律和采取的必要措施

人民法院审判附带民事诉讼案件，除适用刑法、刑事诉讼法外，还应当适用民法通则、民事诉讼法的有关规定。

《刑事诉讼法》第100条规定："人民法院在必要的时候，可以采取保全措施，查封、扣押或者冻结被告人的财产。附带民事诉讼原告人或者人民检察院可以申请人民法院采取保全措施。人民法院采取保全措施，适用民事诉讼法的有关规定。"附带民事诉讼中的查封、扣押、冻结是人民法院依法采取的诉讼保全措施，是为了保证刑事附带民事诉讼判决的执行，防止因为被告人或者其亲属为逃避承担民事赔偿责任，在诉讼期间转移、隐匿财产，或者防止被告人的财产因其他原因而毁损灭失，导致将来作出的附带民事判决难以执行，被害人一方合法权益得不到保护的情况。有权申请人民法院采取保全措施的，包括附带民事诉讼的原告人和人民检察院。人民法院受理附带民事诉讼案件后，附带民事诉讼原告人和人民检察院申请财产保全的，人民法院根据案件的具体情况，认为有必要由申请人提供担保的，可以要求提供。对案件尚处于侦查或者审查起诉阶段的，申请财产保全应当提供担保。

3. 审理中的调解

《刑事诉讼法》第101条规定："人民法院审理附带民事诉讼案件，可以进行调解，或者根据物质损失情况作出判决、裁定。"由于附带民事诉讼在本质上

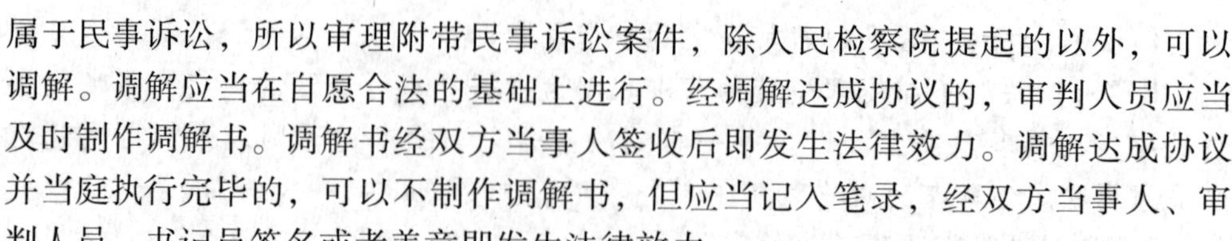

属于民事诉讼，所以审理附带民事诉讼案件，除人民检察院提起的以外，可以调解。调解应当在自愿合法的基础上进行。经调解达成协议的，审判人员应当及时制作调解书。调解书经双方当事人签收后即发生法律效力。调解达成协议并当庭执行完毕的，可以不制作调解书，但应当记入笔录，经双方当事人、审判人员、书记员签名或者盖章即发生法律效力。

《刑事诉讼法》第 101 条的规定表明，组织调解并非附带民事诉讼的必经程序，人民法院对于附带民事诉讼，可以组织调解，也可以直接根据物质损失情况作出判决、裁定。但是该条将“调解”放在“判决、裁定”之前，从构建和谐社会、追求公正效率的角度出发，人民法院对于具有调解结案可能的案件应当努力尝试调解。经调解无法达成协议或者调解书签收前当事人反悔的，附带民事诉讼应当同刑事诉讼一并判决。

4. 审理上的其他规定

附带民事诉讼的原告人经人民法院传票传唤，无正当理由拒不到庭，或者未经法庭许可中途退庭的，应当按自行撤诉处理。人民法院审理刑事附带民事诉讼案件，不收取诉讼费。

5. 判决作出后的上诉、抗诉

附带民事诉讼的当事人和他们的法定代理人，对判决或者裁定中的附带民事部分不服的，可以提出上诉。人民检察院认为第一审人民法院对附带民事部分的判决或者裁定确有错误的，也可提出抗诉。

第二审人民法院受理的上诉和抗诉案件，必须是在法定期限内提出的。不服判决的上诉和抗诉的期限为 10 日；不服裁定的上诉和抗诉的期限为 5 日。上诉和抗诉的期限，从接到判决书、裁定书的第二日起计算。对附带民事判决或者裁定的上诉、抗诉期限，应当按照刑事部分的上诉、抗诉期限确定。如果原审附带民事部分是另行审判的，上诉期限应当按照民事诉讼法规定的期限执行。

附带民事诉讼的上诉、抗诉不影响刑事判决部分的生效，但是二审法院应当对第一审判决中的刑事和民事部分进行全面审查，审查后仅对附带民事诉讼部分作出终审判决。

（三）附带民事诉讼的审判原则

审理附带民事诉讼应当以一并审判为原则，先刑后民为补充。在一般情况下，人民法院应当将附带民事诉讼与刑事案件一并审理作出判决。在刑事诉讼过程中，合并审理因被告人的同一犯罪行为而同时引起的刑事案件和民事案件，可以全面地查明被告人是否有罪及其罪行是否造成了物质损失、损失的程度等。在某些情况下，被告人的行为所造成的物质损失程度，也是衡量其罪行是否严重或特别严重的情节。因此，在刑事诉讼中，及时、全面地查明上述种种情况，对案件审理意义重大。同时，通过一个诉讼程序，合并审理由被告人的犯罪行为所引起的彼此密切相关的刑事、民事两种案件，避免司法机关在刑事、民事分别审理时所必然产生的调查和审理上的重复，从而大大节省人力、物力和时间。因此，原则上附带民事诉讼应当同刑事案件一并审判，只有为了防止刑事案件审判的过分迟延，才可以在刑事案件审判后，由同一审判组织继续审理附带民事诉讼案件。

"为了防止刑事案件审判的过分迟延"主要是指以下两种情况：①根据刑事政策的要求，必须尽快作出刑事判决的；②附带民事诉讼复杂，有原被告人数众多、涉及面广或物质损失数额巨大等情况，举证困难，如果一并审理附带民事诉讼会大大推迟刑事案件的审判的。在分别审判刑事部分与民事部分时要注意以下几点：①只能先审理刑事部分，后审理附带民事部分，而不能先审理附带民事部分，后审理刑事部分；②如果同一审判组织的成员确实无法继续参加审判的，才可以更换审判组织的成员；③附带民事诉讼部分的判决对案件事实的认定不得同刑事判决相抵触；④附带民事诉讼部分的延期审理，一般不影响刑事判决的生效。

案例讨论

附带民事诉讼审理中被告人提出调解案

某市中级人民法院正在审理一件刑事附带民事诉讼案件，被告人的辩护律师经被告人授权后向法庭提出与被害人调解的请求。法庭认为刑事审判不可以进行调解，即使是刑事附带民事诉讼也不行，于是当庭驳回被告人的请求。

【问题】 法庭的做法正确吗？为什么？

学习单元二 立案、侦查和提起公诉

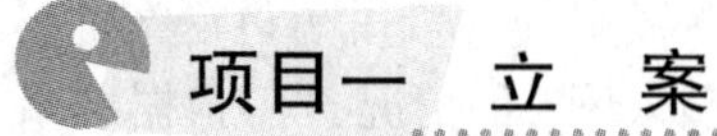

项目一 立 案

引例

常某故意杀人案

2007年5月16日凌晨5时许，某大学家属院的李先生起床时，看见对面家属楼有个单元着火了，他拨打了报警电话，警方在现场发现一具女尸。烧焦的尸体被确认是住在该楼3层的某大学42岁的女教师马某。

经检验，死者气管内未见异物，右侧舌骨骨折，心血中未检出乙醇和一氧化碳。结论为：不排除是被扼压或掐勒颈部致机械性窒息死亡；死后被焚尸。此外，消防部门调查显示，起火点就是尸体被发现的位置，初步认定为有人故意纵火。

警方调查发现，马某的丈夫——某报社副总编辑常某在火灾发生当天曾到过现场。常某说，他在失火前一天晚上11时30分回家，妻子马某在家。次日凌晨5时许，他听见有人喊着火了，就叫醒妻子一起跑出家门。跑到二层和三层之间拐角的地方，他发现火很大，就慌忙跑到了五层一邻居家躲避，对于妻子如何被烧死他一概不知。

警方在调查中了解到，常某夫妻经常争吵；常某还有一个情人程某。警方因此认为，常某有重大作案嫌疑，遂于2007年6月29日将其传唤并对其监视居住。

【评析】1. 本案中警方接到报警后到案发现场进行了初查，认定这是一起刑事案件，就按照管辖范围，办理立案手续，然后迅速进行侦查。立案是刑事诉讼的第一个程序，办理立案手续是刑事诉讼活动的必经程序，有利于各方当事人的合法权益。

2. 根据《刑事诉讼法》第108条的规定，公民李先生有向警方报案的权利及义务，公安机关受案后，应当就李先生提供的案件情况，根据《刑事诉讼法》第110条规定的立案条件，确定是否立案。很显然此案应由公安机关立案侦查。

一、立案的概念

（一）概念

立案是指公安机关、人民检察院或者人民法院，对报案、控告、举报和犯罪嫌疑人的自首材料进行审查后，认为有犯罪事实发生，依法需要追究刑事责任的时候，决定将该犯罪事件确立为刑事案件进行追究，以开始侦查或者审判的一种诉讼活动。

立案是一个完整的诉讼程序，不仅包括对报案、控告、举报和自首材料的接受，而且包括对材料的审查和作出立案与否的决定及相应的移送和通知程序，还包括立案与不立案这两种不同的处理结果。可见，公安、司法机关对有关犯罪材料的接受、审查和决定，是立案程序的三个最基本的步骤。

（二）立案与立案决定

立案与立案决定既有联系，也有区别。立案决定是在立案阶段中，对经过审查后认为具备立案条件的案件作出的决定审判或侦查的结论。立案决定是立案阶段的一个组成部分，也是经过立案阶段的一系列活动后才能作出的结论。

（三）立案阶段的任务

立案是司法机关接受报案或自首材料，并对其进行审查，确认是否有犯罪事实，作出是否立案侦查或立案审判的决定。公安机关、人民检察院、人民法院在刑事诉讼活动中担负着对刑事案件的侦查、起诉、审判工作，肩负着打击犯罪，维护社会治安，维护社会稳定的职责。这些特定的司法机关在立案阶段的任务有：

（1）接受材料并审查材料。

（2）作出是否立案的决定。立案与司法实践中的破案不同。立案是刑事诉讼的开始，只要确认是否有追究刑事责任的犯罪事实，就可决定是否立案。立案阶段任务就完成了，破案则不同，它是侦查阶段的任务，是立案后，经过侦查收集的证据证明了有犯罪事实，查获了犯罪嫌疑人，并将犯罪嫌疑人抓捕归案。所以不能将立案、破案混为一谈。也要纠正实践中一些有案不立、先破后立、不破不立的错误做法。

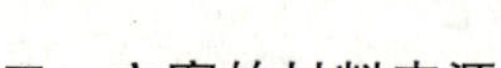

二、立案的材料来源

（一）公安机关或人民检察院发现的犯罪事实或犯罪嫌疑人

刑事案件的案源来自多种渠道，实践中许多犯罪事实或者犯罪嫌疑人是公安机关、检察院直接发现，并由公安机关、人民检察院依法立案而启动刑事诉讼程序的。

（二）单位、个人和被害人报案、控告和举报

报案是指任何单位和个人发现犯罪事实后，或者被害人对侵犯其人身、财产权利的犯罪事实，向公安机关、人民检察院、人民法院报告，提请予以侦破或者查处的行为。报案人一般是偶然发现犯罪现场或者犯罪行为的人，其并不知晓犯罪嫌疑人是谁。在报案人是被害人的情况下，被害人也是仅知发生了侵犯自己人身、财产权利的犯罪行为，而没有提出明确的犯罪人。

所谓举报，是指与案件无直接利害关系的其他知情人向公安机关、人民检察院、人民法院机关检举、揭发犯罪嫌疑人的犯罪事实或者犯罪线索的行为。

所谓控告，是指被害人或者其法定代理人、近亲属为了维护被害人的权益而向公安机关、人民检察院、人民法院指控犯罪嫌疑人及其犯罪事实，请求追究犯罪嫌疑人刑事责任的行为。

报案与控告、举报的区别是：报案仅是报告发生了犯罪行为，而不知晓犯罪嫌疑人是谁，报案人既可以是被害人，也可以是被害人以外的个人或单位。控告人只能是被害人或其法定代理人、近亲属，他们既报告了犯罪事实，同时也要求追究明确的犯罪嫌疑人的刑事责任。举报是被害人及其法定代理人、近亲属以外的其他知情人为维护国家、社会或其他公共利益而进行的。

区别报案、控告和举报的意义：一是报案人、控告人、举报人的诉讼权利不同；二是对报案、控告、举报的要求不同。由于控告、举报都有明确的犯罪嫌疑人，因此，《刑事诉讼法》第109条第2款规定，接受控告、举报的工作人员，应当向控告人、举报人说明诬告应负的法律责任，而对报案则没有这种要求。从诉讼权利上讲，《刑事诉讼法》第110条规定，公安司法机关对报案、控告、举报材料经过审查，认为没有犯罪事实或者犯罪事实显著轻微，不需要追究刑事责任，不予立案的，应当将不立案的原因通知控告人；控告人如果不服，可以申请复议。而报案人和举报人则没有对不立案决定申请复议的权利。

（三）犯罪人的自首

公安司法机关在接受犯罪人自首后，应立即按照管辖范围确定主管机关，

对不属于自己管辖而又必须采取紧急措施的，应先采取紧急措施，然后移送主管机关。

三、立案的条件

立案的条件是指决定立案所必须具备的基本要件。它是判明立案决定是否正确的依据。《刑事诉讼法》第110条规定："人民法院、人民检察院或者公安机关对于报案、控告、举报和自首的材料，应当按照管辖范围，迅速进行审查，认为有犯罪事实需要追究刑事责任的时候，应当立案；认为没有犯罪事实，或者犯罪事实显著轻微，不需要追究刑事责任的时候，不予立案，并且将不立案的原因通知控告人。控告人如果不服，可以申请复议。"这一规定说明，立案必须具备两个条件：

（一）认为有犯罪事实存在

这是立案的首要条件，也是立案的事实条件，即已有的材料能够说明存在危害社会的犯罪行为，包括犯罪的预备、中止、未遂、既遂。

根据《刑事诉讼法》第110条的规定，司法机关对立案材料审查后"认为"有犯罪事实存在，是司法工作人员主观对客观案件的反映，如果经过审查，认为不构成犯罪则不能立案追究刑事责任。所以"认为有犯罪事实存在"包含两个方面的意思：其一，要立案追究的，必须是依照刑法的规定构成犯罪的行为。如果不是犯罪行为，就不能立案。不能把一些属于违反道德规范的行为，违反党纪、政纪的行为，或者一般的违法行为当作犯罪，立案追究。其二，要有一定的事实材料证明犯罪事实确已发生。就是说，要立案追究的犯罪行为，必须是有证据证明的客观存在的事实。但是，在立案阶段不必要也不可能掌握证实犯罪事实和犯罪人的全部证据，因此，只要掌握了足以证明犯罪事实已经发生的一定证据材料就可以了。所以立案首先是要划清罪与非罪的界限。

（二）依法需要追究刑事责任

这是立案的法律条件，即行为人的行为已经触犯法律，并应给予刑罚处罚。立案以追究刑事责任为直接目的。如果行为人具有法定不追究刑事责任情形的，就缺少了立案的法律条件，就不应当立案。

"需要追究刑事责任"的对立面是不需要追究刑事责任，那么什么是不需要追究刑事责任的情况呢？根据《刑事诉讼法》第15条的规定，对于以下情况，均不追究刑事责任：虽有犯罪事实发生，但犯罪已过追诉时效期限的；经特赦令免除刑罚的；依照刑法告诉才处理的犯罪，没有告诉或者撤回告诉的；犯罪

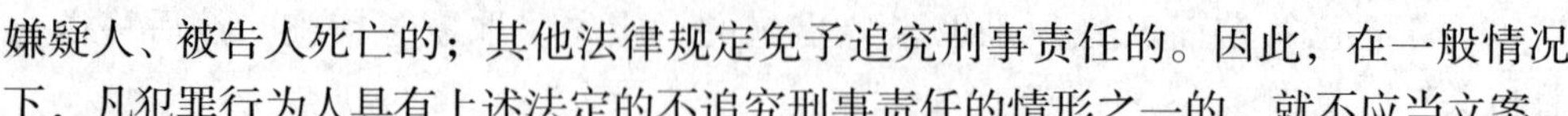

嫌疑人、被告人死亡的；其他法律规定免予追究刑事责任的。因此，在一般情况下，凡犯罪行为人具有上述法定的不追究刑事责任的情形之一的，就不应当立案。

参考案例

某县公安机关接到有关陈某、刘某、卞某合伙拐卖妇女的举报，依法对举报材料进行立案前的审查。

【问题】 县公安机关决定立案的条件是什么？

【评析】 县公安局决定立案的条件是：①陈某、刘某、卞某等人有拐卖妇女的犯罪事实；②应当追究陈某、刘某、卞某等人的刑事责任。

四、立案的程序

（一）对立案材料的接受

《刑事诉讼法》第108条第3款规定："公安机关、人民检察院或者人民法院对于报案、控告、举报，都应当接受。对于不属于自己管辖的，应当移送主管机关处理，并且通知报案人、控告人、举报人；对于不属于自己管辖而又必须采取紧急措施的，应当先采取紧急措施，然后移送主管机关。"因此公安机关、人民检察院、人民法院在接受立案材料时要注意以下规定：

（1）公安机关、人民检察院和人民法院对报案、控告、举报和自首，都应当接受，接受这些立案材料是司法机关的职责，对不属于自己管辖的，应当移送主管机关处理，并且通知报案人、控告人、举报人；对不属于自己管辖而又必须采取紧急措施的，应当先采取紧急措施，然后移送主管机关。"紧急措施"是指保护现场、依法先行拘留嫌疑人、扣押证据等。

（2）报案、控告和举报可以用书面或口头形式提出。接受口头报案、控告和举报的工作人员，应当写成笔录，经宣读无误后，由报案人、控告人、举报人签名或者盖章。单位的书面报案、控告、举报，应当盖单位公章，并由单位负责人签名或盖章，以防事后无人负责和诬告陷害。

（3）接受控告、举报的工作人员应当告知控告人、举报人必须实事求是、客观地反映情况，如果诬告陷害他人的，要承担相应的法律责任。但是同时也应鼓励群众大胆揭露犯罪，只要不是捏造事实，伪造证据，即使控告、举报的事实有出入，甚至是错告，也绝不能当作诬告予以处理。

（4）公安机关、人民检察院和人民法院应当保障报案人、控告人、举报人及其近亲属的安全。报案人、控告人、举报人如果不愿公开自己的姓名和报案、控告、举报的行为，应当为其保守秘密。如果报案人、举报人等在法庭上作为证人出庭时，则不能对其姓名等保密。

在接受案件的程序上，根据《公安机关办理刑事案件程序规定》的规定，公安机关接受案件时，应当制作受案登记表，并出具回执。同时，对接受的案件，或者发现的犯罪线索，公安机关应当迅速进行审查。经过审查，认为有犯罪事实，但不属于自己管辖的案件，应当立即报经县级以上公安机关负责人批准，制作移送案件通知书，移送有管辖权的机关处理。对于不属于自己管辖又必须采取紧急措施的，应当先采取紧急措施，然后办理手续，移送主管机关。

（二）对立案材料的审查

1. 对材料所反映的事实进行审查

所谓审查事实，首先要审查有无案件发生，然后审查已经发生的案件是否属于犯罪案件。如果属于犯罪案件，还要审查对行为人是否需要追究刑事责任。

2. 对材料所反映的犯罪事实有无证据或证据线索进行审查

对这方面的审查，通常的方法有：向报案人、控告人、举报人或自首人进行询问或讯问；向有关的单位或组织调阅与犯罪事实及犯罪嫌疑人有关的证据材料；委托有关单位或组织对某些问题代为调查，对重大、复杂案件或线索，根据需要和可能，还可以商请派员协助调查；对特殊案件在紧急情况下可以采取必要的专门调查措施；对自诉案件，人民法院的告诉申诉庭应当认真进行审查，认为证据不充分的，告知自诉人提出补充证据，在立案前法院一般不再进行调查。

（三）对立案材料审查后的处理

公安司法机关对立案材料进行审查和必要的调查后，应区分不同情况予以处理：

1. 决定立案并办理相应的法律手续

公安机关对于需要立案的案件，先由承办人员填写《立案报告表》，包括：填报单位、案别、编号、发案时间和地点、伤亡情况及财物折款、案情概述、承办人员姓名及填表时间等。然后制作《立案请示报告》，经本部门负责人审批后，制作《立案决定书》。最后，由负责审批人签名或盖章。

属于人民检察院直接受理的案件，还要报请上级人民检察院备案。上级人民检察院认为不应当立案的，以书面形式通知下级人民检察院撤销案件。

人民法院受理的自诉案件，经审查认为具备立案条件的，应当在收到自诉状或口头告诉的第二日起15日以内立案，并书面通知自诉人。

2. 决定不立案并办理相应的法律手续

公安机关认为没有犯罪事实，或者犯罪事实显著轻微不需要追究刑事责任，或者具有其他依法不追究刑事责任情形的，经县级以上公安机关负责人批准，不予立案。对于决定不立案的，由工作人员制作《不立案通知书》，将不立案的原因通知控告人，并告知控告人如果不服，可以申请复议。主管机关应当认真复议，并将复议结果通知报案、控告、举报的单位或者个人。

自诉案件不符合立案条件的，人民法院应当在15日以内作出不立案决定，书面通知自诉人并说明不予立案的理由。对于那些虽然不具备立案条件，但需要其他部门给予一定处分的，应当将报案、控告或举报材料移送主管部门处理，并通知控告人。

五、对不立案的监督

对不立案的监督是指人民检察院和控告人（被害人）对公安机关应当立案而未依法立案的活动进行督促和采取相应措施的行为。

对不立案实行的监督，包括控告人（被害人）对公安机关、人民检察院和人民法院应当立案而未立案实行的监督，人民检察院对公安机关应当立案而未立案实行的监督两种情况。

1. 控告人对不立案的监督

根据《刑事诉讼法》第110条规定的精神，人民法院、人民检察院或者公安机关决定不立案的，应当将不立案的原因通知控告人。如果控告人对不立案不服，可以申请原决定机关复议。原决定机关接到申请后应当对案件进行复查和评议，以接受控告人的监督。但是，法律没有规定原决定机关在接到复议申请后多长时间内应当将复议结果通知控告人，实践中应尽快通知，不能无故拖延。

2. 人民检察院对不立案的监督

这实际上是检察机关立案监督的主要内容。《刑事诉讼法》第111条规定："人民检察院认为公安机关对应当立案侦查的案件而不立案侦查的，或者被害人认为公安机关对应当立案侦查的案件而不立案侦查，向人民检察院提出的，人民检察院应当要求公安机关说明不立案的理由。人民检察院认为公安机关不立案理由不能成立的，应当通知公安机关立案，公安机关接到通知后应当立案。"根据上述规定，公安机关在收到人民检察院《要求说明不立案理由通知书》后7日内应当将说明情况书面答复人民检察院。人民检察院认为公安机关不立案理由不能成立，发出《通知立案书》时，应当将有关证明应该立案的材料同时移送公安机关。公安机关在收到《通知立案书》后，应当在15日内决定立案，并将立案决定书复印件送达人民检察院。

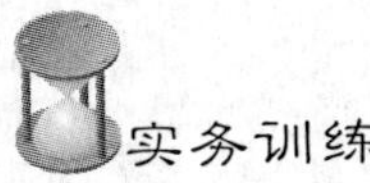

实务训练

特大校车事故案

1. 实训材料

2011年11月16日，甘肃省庆阳市正宁县发生特大校车事故，该县榆林子镇某幼儿园一辆核载9人实载64人的改装金杯牌校车与一辆货车正面相撞，造成21人死亡，其中幼儿19人，另有43人受伤，重伤11人。事故发生后，国务院安全生产委员会办公室通报了这起事故，指出这起事故暴露出一些地区存在车辆违法严重超载、非法擅自改装车辆等诸多问题。2012年7月20日，甘肃正宁“11·16”特大校车事故中的幼儿园董事长李某，被正宁县法院以交通肇事罪一审判处有期徒刑7年。

2. 实训目的

通过对刑事案件立案的模拟实训，使学生了解公安机关、人民检察院如何接待报案人、控告人、举报人和犯罪人的自首；法律关于受理刑事案件的基本要求；掌握刑事立案的条件、基本步骤及程序；引导学生规范地填写和制作刑事案件立案的相应法律文书。

3. 实训方法

选定6名学生分为三组，根据“特大校车案”模拟立案，学生两人一组，分别扮演公安机关值班民警、人民检察院检察员、人民法院法官。由任课教师扮演报案人。学生明确各自的角色及职责。

报案人根据提供的案件向扮演值班民警、检察员、法官的学生报案，扮演值班民警、检察员、法官的学生分析该案件是否属于本机关管辖，能否作为刑事案件立案，并按法律规定的程序进行模拟实训。模拟结束后，学生们谈自己的体会并互相交流，总结本次模拟的成功与不足之处。教师进行评析、总结。

项目二 侦 查

引例

张某某故意伤害案

被告人张某某，系某工厂工人，在厂内优化组合中，因平时表现懒散被优化掉，因此张某某对本厂厂长林某一直怀恨在心，伺机报复，屡次在厂内贴大字报，造谣林某有生活作风问题，致使林某工作受到很大影响。张某某仍不解气，于某日晚趁林某独自外出之机悄悄尾随其后，趁其不备，抽出早已准备好的一把牛角尖刀刺向林某后背，致林某重伤。张某某正要逃跑，公安局侦查员黄某及其妻子正巧路过此地，一把将其抓住并扭送到公安机关，并向当晚值班人员作了简单交代，张某某随后被立案侦查。

在预审中，由黄某担任讯问人，他对张某某说："你干的事我都亲眼看见了，交代不交代都得对你定罪判刑，态度好的话，说不定可以少判你几年，你最好学乖点。"于是，张某某便如实做了交代。

本案经过审查起诉，检察机关对张某某以故意伤害罪提起公诉，林某同时提起了附带民事诉讼。案件在审理过程中，张某某为了争取宽大处理，主动交代了张贴大字报一事。法院经过审理，认为被告人张某某犯故意伤害罪判有期徒刑7年；犯诽谤罪判有期徒刑2年，合并执行有期徒刑8年，赔偿被害人林某医疗费及其他有关费用3000余元。林某嫌赔偿数额太少，向二审法院提出上诉。二审法院对一审判决在认定事实和适用法律上进行了全面审查，认为原判过轻，改判被告人张某某有期徒刑15年，赔偿林某1万余元。

【评析】 1. 本案中黄某虽然是公安机关人民警察，但是，他目击了案发过程，所以他应当作为证人参加刑事诉讼活动，不应该再以侦查员的身份进行侦查活动。

2. 本案中黄某对犯罪嫌疑人张某某的审讯也不符合刑事诉讼法的规定。《刑事诉讼法》第118条第1款规定："侦查人员在讯问犯罪嫌疑人的时候，应当首先讯问犯罪嫌疑人是否有犯罪行为，让他陈述有罪的情节或者无罪的辩解，然后向他提出问题。犯罪嫌疑人对侦查人员的提问，应当如实回答。但是对与本案无关的问题，有拒绝回答的权利。"所以，黄某对张某某说："你干的事我都亲眼看见了，交代不交代都得对你定罪判刑，态度好的话，说不定可以少判你几年，你最好学乖点。"这些做法违背了《刑事诉讼法》第118条的规定。

一、侦查的概念

侦查是指法定侦查机关在为证实犯罪和查获犯罪嫌疑人而依照法律进行的专门调查工作和采取的有关强制性措施。侦查是刑事诉讼程序中的一个独立诉讼阶段，是国家专门机关同犯罪作斗争的强有力手段。因为刑事案件立案以后，侦查机关为查明案情，抓获犯罪嫌疑人，必须依法开展侦查活动，收集确实、充分的证据，以证明被缉拿的犯罪嫌疑人有罪或者无罪、罪重或者罪轻，从而为检察机关提起公诉和人民法院进行审判作好充分的准备和奠定坚实的基础。

刑事诉讼中的侦查主体具有特定性，侦查权只能由法定的侦查机关行使。侦查权是进行刑事追究的权力，有一定的强制性，它是否由专门机关行使，直接关系到国家安全、社会稳定、个人合法权益的保护。所以侦查权只能由专门机关行使。在我国，享有侦查权的机关有公安机关、检察机关、国家安全机关、军队保卫部门和监狱。

侦查内容具有法定性。侦查活动的内容是专门调查工作和有关的强制性措施。其中专门调查工作是指刑事诉讼法所规定的讯问犯罪嫌疑人、询问证人、勘验、检查、搜查、扣押物证书证、鉴定、通缉等活动。应当注意的是，这种专门的调查工作与人民法院在庭审过程中，在调查核实证据时，依照刑事诉讼法的有关规定所进行的勘验、检查、扣押、鉴定、查询、冻结等活动具有截然不同的法律性质。后者属于审判中的调查活动，而不属于侦查活动的范畴。所谓有关的强制性措施，是指为保证专门调查工作的顺利进行，侦查机关在必要时采取的诸如强制搜查、强制扣押等强制性方法，以及为防止犯罪嫌疑人逃跑、毁灭罪证、串供等而采取的限制或剥夺其人身自由的强制措施，如监视居住、拘留、逮捕等。

侦查活动必须具有合法性。侦查活动必须严格依法进行，这是对其合法性的要求。合法性具有两方面的功能：一是为了实现侦查的目的，保证侦查机关能够发现和收集与案件有关的各种证据，查明案件事实，查获犯罪嫌疑人，防止其继续犯罪或逃避侦查、起诉或审判，保证诉讼活动的顺利进行。二是防范侦查权的滥用，以防止程度不同的带有强制性的侦查活动在开展过程中侵犯公民的合法权益。

二、侦查的任务

侦查的基本任务就是揭露、证实犯罪，查获犯罪行为人，打击和预防犯罪分子的破坏活动，为提起公诉提供可靠的证据，对公民进行社会主义法制教育，保护国家财产、集体财产，保护公民的人身权利、财产权利、民主权利和其他权利，维护社会主义法制。简而言之，侦查的任务就是收集证据，查明案情，查获犯罪行为人，预防和减少犯罪。具体来说，侦查的任务主要有：

1. 收集证据

证据是查明案件事实的依据，收集证据是侦查工作的头等重要任务。收集证据，是指要收集能证明犯罪嫌疑人有罪与无罪、犯罪情节轻重的各种证据。如果属于犯罪案件，则应当查明属于何种性质的犯罪，以及犯罪的目的、动机、手段，造成的危害后果等基本案情。

2. 查获犯罪行为人

在侦查过程中，对于已经查获的犯罪行为人，一般要采取强制措施以防止其逃避刑事追究或继续犯罪。刑事诉讼在实体方面的目的是为了对犯罪行为人进行处罚，如果侦查机关在刑事诉讼过程中不能有效查获犯罪行为人，那么即使最终查明犯罪嫌疑人、被告人的行为构成犯罪，也无法对其进行处罚。

3. 制止和预防犯罪

侦查中，如果发现犯罪嫌疑人继续进行犯罪活动，必须坚决予以制止。对具有社会危险性，可能继续进行犯罪活动的重大嫌疑人，要依法限制或剥夺其人身自由。同时，还要注意发现并堵塞某些管理制度方面存在的漏洞，加强法制教育，以减少和预防犯罪。

4. 保护国家、集体和个人的合法权益不受侵犯

侦查活动是刑事诉讼的重要组成部分，通过调查取证，查明案情，对犯罪者进行刑事追究，达到保护国家、集体和公民的合法权益的目的；同时，通过对无罪的公民及时解脱，不冤枉一个好人，同样保护了他们的合法权益。

参考案例

陈某调查耕牛被盗案

某村经常发生夜晚耕牛被盗事件，村民陈某认为同村的吴某有很大作案嫌疑，便经常暗中监视吴某的行动，并暗中偷听吴在家中的话。一天深夜，吴某独自一人踱步到别人的牛棚，正在偷牛时，被陈某抓个正着，送到了派出所。

此事发生后，同村的群众议论纷纷，大部分人赞扬陈某敢于同犯罪作斗争；也有群众认为，法律规定只有公安机关、检察机关的侦查人员才有权侦查，陈某暗中跟踪监视他人的行为违反了法律的规定，非法行使了侦查权。

【问题】陈某是在行使侦查权吗？

【评析】村民陈某不是在行使侦查权，其行为是合法的、正确的。根据刑事诉讼法的规定，刑事侦查是指国家专门机关为了收集证据，查明案件事实，捕获犯罪人，而依法进行的专门调查工作和有关的强制性措施。可见，刑事案件的侦查权只能由国家专门机关行使。根据《刑事诉讼法》第3、4、290条的规定，可以行使侦查权的国家机关包括公安机关、人民检察院、国家安全机关、军队保卫部门和监狱。陈某不是上述国家机关的成员，不属于可以行使侦查权的法定主体。另外，陈某对吴某的监视、跟踪等行为既不是按法律规定的程序进行的，也没有强制性地限制吴某的人身自由。因此，陈某的行为不是侦查行为。但他的这种行为实际上是与犯罪作斗争的积极行为，有利于刑事侦查任务的顺利完成和意义的实现，因此其行为是合法、正确的。另外，也要把陈某的偷听行为与刑事诉讼法明文规定的侦查机关的监听区别开来。

三、侦查行为

（一）讯问犯罪嫌疑人

1. 讯问犯罪嫌疑人的概念

讯问犯罪嫌疑人是指侦查人员依照法定程序以言词的方式对犯罪嫌疑人进行提问并要求回答的一种侦查活动。

犯罪嫌疑人通常情况下就是犯罪行为的实施者，如果犯罪嫌疑人能够如实陈述，就会对查清案情起着重要作用。另一方面，犯罪嫌疑人中总有一些人是无辜的，对犯罪嫌疑人进行讯问，可以同时收集无罪的证据，使无罪的人在讯问中获得申述自己无罪的机会，从而防止冤假错案。

2. 讯问犯罪嫌疑人的程序

须注意：侦查阶段被依法追查的人不叫被告人，叫犯罪嫌疑人。侦查阶段没有被告人，对犯罪嫌疑人的问话叫“讯问”，而不是“询问”。“讯问”是审问的意思，“询问”是征求意见、打听的意思。

根据《刑事诉讼法》的规定，讯问犯罪嫌疑人应当遵守下列程序：

（1）讯问犯罪嫌疑人，应当由侦查人员进行，其人数不得少于2人。

（2）犯罪嫌疑人已被羁押的，侦查人员对其进行讯问，应当在看守所内进

行。对于不需要逮捕、拘留的犯罪嫌疑人，可以传唤到犯罪嫌疑人所在市、县的指定地点或者到他的住处进行讯问，但是，应当出示侦查人员所在机关的证明文件。

(3) 侦查人员在讯问犯罪嫌疑人的时候，应当首先讯问犯罪嫌疑人是否有犯罪行为，让他陈述有罪的情节或者无罪的辩解，然后向他提出问题。犯罪嫌疑人对侦查人员的提问应当如实回答。但是对于与本案无关的问题，有权拒绝回答。侦查人员在讯问犯罪嫌疑人的时候，应当告知犯罪嫌疑人如实供述自己罪行可以从宽处理的法律规定。

(4) 讯问聋、哑犯罪嫌疑人时，应当有通晓聋、哑语手势的人参加，并且将这种情况记入笔录。

(5) 讯问犯罪嫌疑人必须依照法定程序进行，严禁以刑讯逼供和以威胁、引诱、欺骗以及其他非法的方法逼取供述。

(6) 讯问犯罪嫌疑人，应当制作笔录，并将笔录交给犯罪嫌疑人阅读，或者在其没有阅读能力时向其宣读，犯罪嫌疑人对于笔录有权要求修改或者补充，直到其认为没有错误后，让其在笔录上签名，按手印。

(7) 侦查人员在讯问犯罪嫌疑人的时候，可以对讯问过程进行录音或者录像；对于可能判处无期徒刑、死刑的案件或者其他重大犯罪案件，应当对讯问过程进行录音或者录像。录音或者录像应当全程进行，保持完整性。

(二) 询问证人、被害人

1. 询问证人的概念

通过言词对被害人、证人取证的侦查活动叫询问。对这两种人询问的规则和程序是一致的，所以刑事诉讼法将询问被害人和询问证人的程序规定在一节中。

询问证人，是指侦查人员依照法定程序以言词的方式就案件情况向证人进行查询并取得证词的一种侦查活动。

证人是了解案件情况的第三人，证人证言是刑事诉讼中的重要证据。询问证人是侦查活动中比较常用的侦查手段，对于查明案情、收集证据、正确认定案件事实具有非常重要的意义。

2. 询问证人的程序

根据刑事诉讼法的规定，询问证人应当遵守下列程序：

(1) 侦查人员询问证人，可以在现场进行，也可以到证人所在单位、住处或者证人提出的地点进行，在必要的时候，可以通知证人到人民检察院或者公安机关提供证言。在现场询问证人，应当出示工作证件，到证人所在单位、住处或者证人提出的地点询问证人，应当出示人民检察院或者公安机关的证明文件。

（2）询问证人应当个别进行。这是指同一案件有多个证人需要询问的时候，应当对每个证人分别进行询问，并分别制作询问笔录。不能同时询问几个证人，更不能用开座谈会或集体讨论的方式进行。

（3）询问证人，应当首先问明证人的身份，并告知他应当如实地提供证据、证言和有意作伪证或者隐匿罪证要负的法律责任。

（4）询问未成年的证人，应当通知其法定代理人到场。未成年人遇到不熟悉的环境或人员，容易紧张。针对这种特点，在询问的时候，应选择在他们所习惯的场所，如学校或他们的家里。询问时，应当通知他的法定代理人到场；必要时也可以请他们帮助询问。

（5）询问证人应当制作笔录，笔录要如实记载。笔录制成后应交证人阅读，没有阅读能力的应当向其宣读。如果证人认为记载有错误或者有遗漏的地方，应当允许改正或补充。证人认为无误后，应当让其在笔录上签名、盖章。询问的侦查人员也应当签名。证人要求自己书写证言的应当允许。在必要的时候，侦查人员可以要求证人自己书写证言。

3. 询问被害人

询问被害人是指侦查人员向直接遭受犯罪行为侵害的人就其受害及犯罪嫌疑人的有关情况进行调查询问的一项侦查活动。

询问被害人注意事项：及时正确地询问被害人，有利于全面收集证据，准确地查明案情。但是由于被害人与案件有直接的利害关系，其陈述可能存在不客观的地方。因此，询问被害人时，既要认真听取，又要注意方式方法，做好被害人的思想工作。对特殊被害人进行询问，则要注意采用适当方法及相应的措施。例如：询问生命垂危的被害人，既要设法抢救，又要及时进行询问。对被害人的个人隐私情况，应当为他保守秘密，对被害人的人身安全，应当给予保护等。

询问被害人时，应告知其有提起附带民事诉讼的权利。

（三）勘验、检查

1. 勘验、检查的概念

勘验、检查是指侦查人员对与犯罪有关的场所、物品、尸体或者人身进行勘查、检验、检查，以发现和固定犯罪活动所遗留下来的各种痕迹、物品的一种侦查活动。

勘验、检查的任务是发现、收集和研究犯罪的痕迹和物证，分析研究犯罪

嫌疑人的作案情况、作案手段和动机，判断案件的性质，确定侦查的方向和范围，揭露和证实犯罪分子。

勘验和检查的相同点是：①二者的主体相同；②二者的性质相同；③二者的任务相同。勘验与检查的区别是：勘验的对象是现场、物品和尸体；检查的对象是人的身体，主要是被害人、犯罪嫌疑人的身体，有时也对证人的视觉、听觉等进行检查。

2. 勘验、检查的种类和程序

根据《刑事诉讼法》第126～133条的规定，勘验、检查的种类可分为现场勘验、物证检验、尸体检验、人身检查和侦查实验。

（1）现场勘验是指侦查人员对发生刑事案件的地点和留有犯罪痕迹的场所，进行专门调查的活动。刑事案件的犯罪现场是指犯罪分子实施犯罪的地点或其他遗留有与犯罪有关的痕迹和物品的场所。犯罪现场是罪证比较集中的地方，直接关系到能否收集到充分的证据材料，及时准确地侦破案件。公安机关接到报案后，应立即派人赶赴现场保护现场并进行现场勘验。现场勘验主要包括以下几项工作：对现场及其周围的事主、被害人、证人进行现场调查；实地勘验犯罪场所；制作勘验笔录；对现场进行处理；发现和提取犯罪证据；等等。

侦查人员进行现场勘验，必须持有刑事犯罪现场勘查证。勘验现场，可以邀请有关专业人员参加。勘验现场，应当制作勘验笔录、拍摄现场照片和绘制现场图。重大案件的现场，还应当录像。在笔录中应当记明勘验的时间，现场所在的地点、位置及其周围的环境，现场物品变动、破坏的情况，犯罪分子遗留的各种痕迹和物品及其存留的位置和特征，以及进行提取的情况等。现场勘验笔录应当由侦查人员、其他参加勘验的人员和见证人签名或者盖章。

（2）物证检验是指侦查人员对已经收集到的物品和痕迹进行检查和验证，以确定其与案件有无关系的一种侦查活动。物证检验应当制作笔录，记明检验的过程、物证或者痕迹的特征（如物品的大小、形状、重量、颜色、商标等，痕迹的位置、大小、深度、长度、形态等）。参加检验的人员和见证人应在笔录末尾签名或者盖章，并记明年月日。

（3）人身检查，为了确定被害人、犯罪嫌疑人的某些特征、伤害情况或者生理状态，可以对人身进行检查，可以提取指纹信息，采集血液、尿液等生物样本。

进行人身检查必须注意：①人身检查只能由侦查人员进行。必要时，可以指派或聘请有专门知识的人员在侦查人员主持下进行，也可以聘请法医或医师检查，但必须按侦查人员根据案情提出的要求进行。②犯罪嫌疑人如果拒绝检查，侦查人员认为必要的时候，可以强制检查。③检查妇女的身体，应当由女工作人员或者医师进行。④人身检查应当依法制作笔录，详细记载检查的情况和结果，参加检查的人员和见证人应当在笔录上签名或盖章。

（4）尸体检验是指通过对尸表进行检验或者对尸体进行解剖，确定死亡的原因、时间，判明致死的工具、手段和方法，为侦查破案提供线索和根据的一种侦查活动。检验尸体，应当在侦查人员的主持下，由法医或医师进行。《刑事诉讼法》第129条规定："对于死因不明的尸体，公安机关有权决定解剖，并且通知死者家属到场。"在解剖尸体前，应由侦查人员查明死者的年龄、面貌、体格特征和尸体的来源等。解剖后，应就其死因提出尸体解剖报告，由参加检验的法医或者医师签名、盖章。

（5）侦查实验是指在侦查中为了查明案件在某种条件下的某种情况或者某种行为能否发生，而按照原来的条件进行模拟实验的一种侦查行为。侦查实验应当注意以下问题：①侦查实验应经县级以上公安机关负责人批准。②进行侦查实验应当尽量与原来的条件相同。③禁止一切足以造成危险、侮辱人格或者有伤风化的行为。④侦查实验应当邀请见证人在场，必要时也可以商请人民检察院派员参加和邀请具有专门知识的人员参加。⑤侦查实验的情况应当写成笔录，由参加实验的人签名或者盖章。

参考案例

李某勘验、检查程序不合法案

前进村村民张某在路经村口树林时，发现草丛中有一具尸体，立即向公安机关报案。当地公安机关接报后立即组织侦查人员赶赴现场，作实地勘验。侦查人员李某以周围群众会破坏现场妨碍勘验为由要求清场，只留下自己和其他侦查人员。在现场查看后，发现除一具尸体、一双手套外，没有其他证据，便用拍照的手段记录下现场的情况，并通知法医解剖检验尸体。

【问题】公安机关的侦查人员在勘验过程中的程序合法吗？

【评析】勘验是侦查机关取得第一手证据材料的一个重要途径。公安机关对任何犯罪现场，都应派员现场勘验。本案中存在的问题是：其一，根据《刑事诉讼法》第131条的规定，在现场勘验过程中，不能以妨碍勘验为由而下令清场，相反，还应邀请2名与案件无关的见证人在场。现场勘验应制作笔录，并由侦查人员、见证人和其他参加人员签名，而不能以照相了事。其二，对现场收集到的手套，应作物证检验，不能主观臆测是罪犯留下的犯罪证据。其三，根据《刑事诉讼法》第129条和公安部有关尸体检验的有关规定，对死因不明

的尸体，要经县级以上公安机关负责人批准，才能解剖尸体以确定死因。

(四) 搜查

1. 概念

搜查是指侦查人员为了收集犯罪证据、查获犯罪人，依法对犯罪嫌疑人以及可能隐藏罪犯或者罪证的人的身体、物品、住处和其他有关地方进行搜索、检查的一种侦查行为。

搜查作为一种重要的侦查手段，若依法运用得当，可以获得重要证据，及时查获犯罪嫌疑人，及时查明案情。但若运用得不好，不仅不能达到搜查的目的，还可能会侵犯公民的合法权益，所以刑事诉讼法规定了严格的搜查条件和程序。

2. 搜查的程序

搜查直接关系到公民的人身自由和住宅不受侵犯的权利。我国宪法明文规定，禁止非法搜查公民的身体和住宅。因此，搜查必须严格依照法律规定的程序进行。

(1) 搜查只能由公安机关或者人民检察院的侦查人员进行，其他任何机关、单位和个人都无权对公民的人身和住宅进行搜查。

(2) 进行搜查，必须向被搜查人出示搜查证。否则，被搜查人有权拒绝搜查。公安机关的搜查证，要由县级以上公安机关的负责人签发。人民检察院的搜查证，要由检察长签发。但是，在执行逮捕、拘留的时候，遇有紧急情况，不用搜查证也可以进行搜查。

(3) 搜查的时候，应当有被搜查人或者他的家属、邻居或者其他见证人在场。搜查到的与案件有关的物品，应当让见证人过目。对国家机关、团体或企业、事业的工作处所进行搜查时，应当有该机关、团体、企业、事业的代表参加。为了防止被搜查人逃跑，或者转移、销毁被搜查的物品，必要的时候，可以在被搜查人的处所周围，设置武装警戒，或者临时封锁，以保证搜查工作的顺利进行。

(4) 搜查妇女的身体，只能由女工作人员进行。注意要将搜查妇女身体与检查妇女身体区分开来。检查，女工作人员或医师都可以；而搜查只有女工作人员才可以。搜查中不得无故损坏被搜查人的财物。

(5) 搜查的情况应当写成笔录，并写明发现何种证据，以及提取和扣押的物证、书证的名称、牌号、数量、特征等，最后由侦查人员和被搜查人或者他的家属、邻居或者其他见证人签名或者盖章。如果被搜查人或者他的家属在逃或者拒绝签名、盖章，应当在笔录上注明拒绝签字盖章的原因和理由。

（五）查封、扣押物证、书证

1. 查封、扣押物证、书证的概念

查封、扣押物证、书证是指侦查人员在侦查活动中发现的能够证明犯罪嫌疑人有罪或无罪的财物、文件，依法予以查封、扣押的一种侦查行为。

查封、扣押物证、书证，不仅有利于防止能证明犯罪嫌疑人有罪或无罪、罪重或罪轻的物品和文件丢失、被毁损或被隐藏，从而保证准确、及时地查明案情，保障无罪的人不被追究刑事责任，而且有利于防止财产被转移或被毁损，从而减少国家、集体或公民个人的财产损失。

2. 查封、扣押物证、书证的程序

查封、扣押物证、书证应当遵守下列程序：

（1）查封、扣押物证、书证通常是在勘验、搜查时进行的。《刑事诉讼法》第 139 条第 1 款规定："在侦查活动中发现的可用以证明犯罪嫌疑人有罪或者无罪的各种财物、文件，应当查封、扣押；与案件无关的财物、文件，不得查封、扣押。"

（2）对查封、扣押的财物、文件，要妥善保管或者封存，不得使用、调换或者损毁。

（3）对查封、扣押的财物、文件，应当会同在场见证人和被查封、扣押财物、文件持有人查点清楚，当场开列清单一式二份，由侦查人员、见证人和持有人签名或者盖章，一份交给持有人，另一份附卷备查。财物持有人或者他的家属在逃或拒绝签字的，应在查封、扣押清单上注明，但不影响扣押的执行。

（4）侦查人员认为需要扣押犯罪嫌疑人的邮件、电报的时候，应当经公安机关或者人民检察院批准，然后书面通知邮电机关将有关的邮件、电报检交扣押。

（5）人民检察院、公安机关根据侦查犯罪的需要，可以依照规定查询、冻结犯罪嫌疑人的存款、汇款、债券、股票、基金份额等财产。有关单位和个人应当配合。犯罪嫌疑人的存款、汇款、债券、股票、基金份额等财产已被冻结的，不得重复冻结。

（6）对查封、扣押的财物、文件、邮件、电报或者冻结的存款、汇款、债券、股票、基金份额等财产，经查明确实与案件无关的，应当在 3 日以内解除查封、扣押、冻结，予以退还。

侦查人员如果是在勘验、检查和搜查中发现需要查封、扣押的物品或文件时，凭勘查证和搜查证即可予以扣押；如果是单独进行查封、扣押，则应持有侦查机关的证明文件，如侦查人员的工作证件。

（六）鉴定

1. 鉴定的概念

鉴定是指公安机关、人民检察院为了查明案情，指派或者聘请具有专门知识的人对案件中的某些专门性问题进行鉴别和判断的侦查行为。

鉴定是收集证据证明案情和正确认定案件性质的重要手段，它是以鉴定人员的专业知识来弥补侦查人员知识的不足，是以鉴定人员的专业知识科学地、公正地、客观地分析判断证据的真伪。

2. 鉴定的程序

进行鉴定，应当遵守下列程序：

（1）有关机关指派或者聘请鉴定人进行鉴定的时候，应当向鉴定人提出需要鉴定的问题，并为鉴定人提供足够的鉴定材料，必要的时候，还可以向鉴定人介绍某些案情，以帮助鉴定人正确做出鉴定。

（2）鉴定人进行鉴定后，应当写出鉴定意见。鉴定意见应当对提出鉴定的问题做出明确的回答，并说明其科学或技术上的根据。确实难以提出鉴定意见的，应当实事求是地加以注明。一案有几个鉴定人的，可以共同研究，提出共同的鉴定意见。如果意见不一致，可以分别写出自己的鉴定意见。

（3）应当将用作证据的鉴定意见告知犯罪嫌疑人、被害人，犯罪嫌疑人、被害人也有权主动要求获知用作证据的鉴定意见。如果犯罪嫌疑人、被害人认为侦查机关指定或聘请的鉴定人同案件或一方当事人有利害关系，可以申请其回避；如果发现鉴定意见有问题，可以要求鉴定人做出解释；如果申请补充鉴定或者重新鉴定，经侦查机关批准，可以补充鉴定或者重新鉴定。

（七）技术侦查措施

1. 概念

技术侦查措施是指侦查机关为了侦破特定犯罪行为的需要，根据国家有关规定，经过严格审批，采取的一种特定技术手段。技术侦查行为是运用技术侦查措施的侦查行为，通常包括电子侦听、电话监听、电子监控、秘密拍照、录像、进行邮件检查等秘密的专门技术手段。技术侦查措施还包括特殊案件的卧底侦查手段。

随着科技和社会的不断发展，犯罪的手段也不断变化，犯罪表现出智能化、隐蔽化和组织化的特点，大大增加了侦破案件的难度。目前我国的毒品、走私以及贪污贿赂等犯罪层出不穷，这些案件依靠传统的侦查措施不仅浪费了大量的侦查成本而且也很难侦破。据此，刑事诉讼法规定了技术侦查措施。

《刑事诉讼法》第148条规定，公安机关在立案后，对于危害国家安全犯罪、恐怖活动犯罪、黑社会性质的组织犯罪、重大毒品犯罪或者其他严重危害社会的犯罪案件，根据侦查犯罪的需要，经过严格的批准手续，可以采取技术侦查措施。人民检察院在立案后，对于重大的贪污、贿赂犯罪案件以及利用职权实施的严重侵犯公民人身权利的重大犯罪案件，根据侦查犯罪的需要，经过严格的批准手续，可以采取技术侦查措施，按照规定交有关机关执行。追捕被通缉或者批准、决定逮捕的在逃的犯罪嫌疑人、被告人，经过批准，可以采取追捕所必需的技术侦查措施。

2. 技术侦查措施的执行主体

根据《刑事诉讼法》第148条的规定，能够行使技术侦查措施的主体为公安机关、国家安全机关和人民检察院。

3. 技术侦查措施的适用范围

根据《刑事诉讼法》第148条以及相关司法解释的规定，公安机关技术侦查措施适用的范围为以下案件：

（1）危害国家安全犯罪、恐怖活动犯罪、黑社会性质的组织犯罪、重大毒品犯罪案件；

（2）故意杀人、故意伤害致人重伤或者死亡、强奸、抢劫、绑架、放火、爆炸、投放危险物质等严重暴力犯罪案件；

（3）集团性、系列性、跨区域性重大犯罪案件；

（4）利用电信、计算机网络、寄递渠道等实施的重大犯罪案件，以及针对计算机网络实施的重大犯罪案件；

（5）其他严重危害社会的犯罪案件，依法可能判处7年以上有期徒刑的。

此外，公安机关追捕被通缉或者批准、决定逮捕的在逃的犯罪嫌疑人、被告人，可以采取追捕所必需的技术侦查措施。

人民检察院技术侦查措施适用的范围为以下案件：

（1）重大贪污、贿赂犯罪案件；

（2）利用职权实施的严重侵犯公民人身权利的重大犯罪案件。

此外，人民检察院追捕被通缉或者批准、决定逮捕的在逃的犯罪嫌疑人、被告人，可以采取追捕所必需的技术侦查措施。

4. 技术侦查措施的程序

（1）公安机关采取技术侦查措施的程序：①公安机关采取技术侦查措施，应当制作呈请采取技术侦查措施报告书，报设区的市一级以上公安机关负责人批准。技术侦查措施的本质是对公民隐私权利的限制，如果使用不当，可能对公民合法权利造成很大侵害。因此，公安机关在采取技术侦查措施时，必须经过设区的市一级以上公安机关负责人的批准。②设区的市一级以上公安机关负责人批准后，制作采取技术侦查措施决定书。③决定书交由负责技术侦查的部门执行。技术侦查措施自签发之日起3个月以内有效，在有效期限内，对不需要继续采取技术侦查措施的，办案部门应当立即书面通知负责技术侦查措施的部门。负责技术侦查措施的部门认为需要解除技术侦查措施的，报批准机关负责人批准，制作解除技术侦查措施决定书，并及时通知办案机关。④对复杂、疑难案件，采取技术侦查措施的有效期满仍需要继续采取技术侦查措施的，经负责技术侦查的部门审核后，报批准机关负责人批准，可以延长3个月。

（2）人民检察院采取技术侦查措施的程序：①人民检察院采取技术侦查措施，须经检察长批准。基于操作便捷和有效制约双重因素的综合考虑，人民检察院在侦查重大的贪污、贿赂等犯罪，需要采取技术侦查措施时，应该经过检察长的批准。②检察院在采取技术侦查措施后，应及时交有关机关执行，执行机关须严格按照已批准措施的种类、适用对象和期限执行。根据刑事诉讼法的规定，检察院对技术侦查措施有决定权而无执行权。执行机关在使用技术侦查措施过程中，要严格按照已批准的技术侦查措施的种类、适用对象和期限执行，对于不需要继续采取技术侦查措施的，检察院须及时通知执行机关予以解除。

5. 技术侦查措施的证据效果

《刑事诉讼法》第152条规定，依照本节规定采取侦查措施收集的材料在刑事诉讼中可以作为证据使用。如果使用该证据可能危及有关人员的人身安全，或者可能产生其他严重后果的，应当采取不暴露有关人员身份、技术方法等保护措施，必要的时候，可以由审判人员在庭外对证据进行核实。说明通过技术侦查措施所获得的证据可以作为合法的证据使用。

（八）通缉

1. 通缉的概念

通缉是指公安机关对应当逮捕而在逃的犯罪嫌疑人通令缉拿归案的一种侦查措施。

通缉对促进公安机关通力合作，动员和依靠广大群众捕获犯罪嫌疑人，打击和预防犯罪，保证刑事诉讼活动的顺利进行，具有重要作用。在侦查实践中，需要通缉的一般都是重大案件的犯罪嫌疑人。

2. 通缉的对象

通缉的对象必须是依法应当逮捕而在逃的犯罪嫌疑人，其中包括已经被逮捕而在羁押期间逃跑的犯罪嫌疑人。所以通缉的对象必须符合两个条件：①通缉的对象必须是有证据证明应该被逮捕的犯罪嫌疑人。②犯罪嫌疑人确已逃跑。

3. 通缉的程序

通缉应当遵守下列程序：

(1) 决定通缉。通缉只能由公安机关进行，并且要经公安机关负责人批准，其他国家机关、社会团体、个人都不能使用通缉的方法。人民检察院、人民法院需要采取通缉措施时，可以商请公安机关帮助，发布通缉令。

(2) 发布通缉令。各级公安机关在自己管辖的地区以内，可以直接发布通缉令；超出自己管辖的地区，应当报请有权决定的上级机关发布。通缉令中应当写明被通缉人的姓名、性别、年龄、籍贯、衣着和体貌特征，并附案犯近期照片。通缉令必须加盖发布机关的印章。

(3) 及时缉捕。接到通缉令的各级公安机关，应当立即采取有效措施，积极进行缉查，围追堵截。对车站、码头、机场，以及被通缉人可能隐藏或出入的地方，都要严格加以控制。一切公民都有义务协助公安机关追捕在逃的犯罪嫌疑人。

(4) 及时撤销通缉令。抓获犯罪嫌疑人后，应当迅速通知通缉令发布机关，发布通缉令的公安机关应当立即通知有关地区撤销通缉令。

四、侦查终结

(一) 侦查终结的概念和意义

侦查终结是指侦查机关对于自己立案侦查的案件，经过一系列的侦查活动，根据已经查明的事实和证据，依照法律规定，对案件作出起诉、不起诉或者撤销案件的结论，并对犯罪嫌疑人作出处理的一种诉讼活动。

侦查终结是侦查阶段的最后一道程序，是侦查任务完成的标志。正确及时的侦查终结，可以为以后的审查起诉和法庭审理阶段的顺利进行奠定基础，同时，也有效地防止了诉讼的拖延，保障无罪的人和依法不应当受到刑事追究的人免受刑事追究。

(二) 侦查终结的条件

《刑事诉讼法》第160条规定："公安机关侦查终结的案件，应当做到犯罪事实清楚，证据确实、充分，并且写出起诉意见书，连同案卷材料、证据一并移送同级人民检察院审查决定；同时将案件移送情况告知犯罪嫌疑人及其辩护律师。"据此，无论是公安机关负责侦查的案件还是人民检察院自行侦查的案件，侦查终结都必须具备下列三个条件：

1. 案件事实已经查清

这是侦查终结的首要条件。“案件事实”一般指对于犯罪嫌疑人的犯罪时间、地点、动机、目的、情节、手段和危害结果以及有没有遗漏罪行或者其他应当追究刑事责任的同案人等与案件有关的事实和情节。

2. 证据确实、充分

证据确实、充分是侦查终结的中心环节，它是指证明犯罪事实情节的每一个证据来源可靠，经核实无误，证据与案件之间联系清楚，证据之间能够相互印证，证明链条环环相扣，足以确认犯罪嫌疑人有罪或者无罪，罪重或者罪轻。《刑事诉讼法》第 53 条规定的证据确实、充分的条件同样适用于该条，所以，侦查终结在证据条件的把握上，应当以《刑事诉讼法》第 53 条的规定予以认定。

3. 法律手续完备

法律手续完备，同样是侦查终结必不可少的条件。它是依法办案的依据，是保证侦查质量的前提。如果发现有遗漏或不符合法律规定之处，应当及时采取有效的措施予以补充或改正。公安机关侦查终结的案件，一般由侦查人员制作侦查终结报告，经公安机关负责人批准后，无罪的，应制作撤销刑事案件决定书；需要追究犯罪嫌疑人刑事责任的，公安机关应当制作起诉意见书，连同全部案卷材料、证据，以及辩护律师提出的意见，一并移送同级人民检察院审查决定。

以上三个条件必须同时具备，缺一不可。

参考案例

张某抢劫案

合成县最近发生了夜间持刀抢劫的案件，公安机关为此成立了专项侦查小组。很快查出该县某厂工人张某有重大犯罪嫌疑，于是依法予以羁押。但在侦查的过程中，该嫌疑人坚决否认自己的犯罪行为，公安机关虽已掌握了作案工具、被害人的陈述及被害人的指证等证据，但苦于缺少犯罪嫌疑人的供述。

【问题】 对于该案件，公安机关可以终结侦查了吗？

【评析】 侦查终结是侦查机关在侦查阶段的最后一道程序。在本案中，虽然没有嫌疑人的供述，但根据《刑事诉讼法》第 53 条和第 160 条的规定，只要案件事实清楚，证据确实、充分，证据链足以排除犯罪的其他可能性，符合侦查终结的条件，公安机关就可以依法作出终结侦查，提请同级人民检察院审查起诉的处理决定。

（三）侦查终结的处理

在案件侦查终结前，辩护律师提出要求的，侦查机关应当听取辩护律师的意见，并记录在案。辩护律师提出书面意见的，应当附卷。

侦查终结的案件，应当根据案件的不同情况，分别作出移送审查起诉或者撤销案件的决定。公安机关侦查的案件，侦查终结后，对于犯罪事实清楚，证据确实、充分，犯罪性质和罪名认定正确，法律手续完备，依法应当追究犯罪嫌疑人刑事责任的案件，应当写出《起诉意见书》，连同案卷材料、证据一并移送同级人民检察院审查决定。共同犯罪案件的《起诉意见书》，应当写明每个犯罪嫌疑人在共同犯罪中的地位、作用、具体罪责和认罪态度，并分别提出处理意见。

对于犯罪情节轻微，依法不需要判处刑罚或者免除刑罚的案件，公安机关在移送审查起诉时，可以注明具备不起诉的条件，由人民检察院审查决定起诉或者不起诉；对于侦查中发现不应对犯罪嫌疑人追究刑事责任的案件，即不存在犯罪事实或者犯罪嫌疑人的行为符合《刑事诉讼法》第15条的规定，不应对犯罪嫌疑人追究刑事责任时，应当作出撤销案件的决定，并制作《撤销案件决定书》。犯罪嫌疑人已被逮捕的，应当立即释放，并发给释放证明，同时通知原批准的人民检察院。

在司法实践中，有的案件经过侦查，在对犯罪嫌疑人采取强制措施的法定期限内，案件事实未查清楚，收集到的定罪证据达不到侦查终结所要求的确实、充分的程度，因而无法终结侦查。这类情况经常出现，对此应如何处理，刑事诉讼法没有明确规定。但根据疑罪从无原则，对犯罪嫌疑人应当释放或解除对其采取的强制措施。至于是否撤销案件，根据案件不同情况而定。

（四）侦查羁押期限

刑事案件从立案开始到侦查终结，应当在多长时间内完成，基于侦查工作的特点，法律未作具体规定。但是如果犯罪嫌疑人已经被逮捕，法律则要求侦查工作在一定期限内终结，以保证侦查的迅速进行，防止对犯罪嫌疑人久押不决，维护公民的合法权益。所以说，所谓侦查期限，指的是犯罪嫌疑人在侦查中被逮捕以后到侦查终结的期限，实际上也就是犯罪嫌疑人在侦查中的羁押期限。根据刑事诉讼法的规定，侦查羁押期限主要是：

1. 一般规定

《刑事诉讼法》第154条规定：“对犯罪嫌疑人逮捕后的侦查羁押期限不得超过2个月。案情复杂、期限届满不能终结的案件，可以经上一级人民检察院批准延长1个月。”第154条前半段话是法律关于侦查羁押期限的一般规定。侦

查实践表明，大部分刑事案件在两个月内是可以办结的，如果羁押期限规定的过长，则不利于提高公安机关的工作效率，不利于维护犯罪嫌疑人的合法权利，不利于体现司法公正。

2. 羁押期限延长

羁押期限直接关乎犯罪嫌疑人合法权利的保护，所以根据刑事诉讼法的规定，必须是在符合法律规定的条件下，严格履行了相应的审批手续才能延长羁押期限。

(1)《刑事诉讼法》第154条后半段话是对案件案情复杂，在两个月内不能完成侦查任务可以延长1个月羁押期限的规定。案情复杂主要是指案件涉及的犯罪情况复杂，如集体犯罪、一人数罪、取证涉及人员众多等。

(2)《刑事诉讼法》第156条规定：“下列案件在本法第154条规定的期限届满不能侦查终结的，经省、自治区、直辖市人民检察院批准或者决定，可以延长2个月：①交通十分不便的边远地区的重大复杂案件；②重大的犯罪集团案件；③流窜作案的重大复杂案件；④犯罪涉及面广，取证困难的重大复杂案件。”

鉴于我国地域辽阔，各地情况不同，案件情况也千差万别，以及对刑事诉讼法实施以来侦查羁押期限实践情况的总结，《刑事诉讼法》第156条针对重大复杂案件延长羁押期限作出了规定。这里有权批准或决定延长侦查羁押期限的机关只能是省、自治区、直辖市一级的人民检察院，案件的性质也只限于所列举的4种。

(3)《刑事诉讼法》第157条规定：“对犯罪嫌疑人可能判处10年有期徒刑以上刑罚，依照本法第156条规定延长期限届满，仍不能侦查终结的，经省、自治区、直辖市人民检察院批准或者决定，可以再延长2个月。”这是关于重刑案件侦查羁押期限延长的规定。

(4)《刑事诉讼法》第155条规定：“因为特殊原因，在较长时间内不宜交付审判的特别重大复杂的案件，由最高人民检察院报请全国人民代表大会常务委员会批准延期审理。”

3. 不计入羁押期限

(1)《刑事诉讼法》第158条第2款规定：“犯罪嫌疑人不讲真实姓名、住址，身份不明的，应当对其身份进行调查，侦查羁押期限自查清其身份之日起计算，但是不得停止对其犯罪行为的侦查取证。对于犯罪事实清楚，证据确实、充分，确实无法查明其身份的，也可以按其自报的姓名起诉、审判。”这是为了打击流窜作案。对犯罪嫌疑人不讲真实姓名、住址，身份不明的，侦查羁押期限自查清其身份之日起计算，既有利于正确处理此类案件，也可以促使犯罪嫌疑人讲出真实身份，以利于案件的查处。但是不能以犯罪嫌疑人不讲真实姓名、住址，身份不明为借口，停止对其犯罪行为的侦查。同时，对于犯罪事实清楚，证据确实、充分的，也可以按其自报的姓名移送人民检察院审查起诉，以免延误打击犯罪的时机。

(2)《刑事诉讼法》第147条规定："对犯罪嫌疑人作精神病鉴定的期间不计入办案期限。"

4. 重新计算羁押期限

在侦查期间，如果发现犯罪嫌疑人另有重要罪行的，在法定期限内很难将案件查清，重新计算羁押期限是必要的，这也是刑事诉讼任务的要求。重新计算羁押期限的时间是自发现另有重要罪行之日起计算。

五、人民检察院的侦查

1. 概念

人民检察院对直接受理的案件的侦查，是指人民检察院对自己受理的案件，依法进行的专门调查工作和有关的强制性措施。

人民检察院是国家专门的法律监督机关，依照法律规定承担部分刑事案件的侦查工作，主要是对国家工作人员利用职权的犯罪案件自行进行侦查。自行侦查工作同样需要使用侦查手段，如《刑事诉讼法》第162条规定了"人民检察院对直接受理的案件的侦查适用本章规定"，所以，人民检察院在侦查活动中，有权使用以上侦查措施。

2. 人民检察院侦查终结的处理与程序

《刑事诉讼法》第166条规定，人民检察院侦查终结的案件，应当作出提起公诉、不起诉或者撤销案件的决定。根据这一规定，侦查终结后人民检察院应当区分三种情况来处理，即提起公诉、不起诉和撤销案件。

(1) 提起公诉。人民检察院自行侦查的案件，经过侦查，认为犯罪事实清楚，证据确实、充分，足以认定犯罪嫌疑人构成犯罪，依法应当追究刑事责任的，应当作出提起公诉的决定，按照审判管辖的规定，向有管辖权的人民法院提起公诉。

(2) 不起诉。人民检察院自行侦查的案件，经过侦查，认为犯罪事实清楚，证据确实、充分，足以认定犯罪嫌疑人构成犯罪，但犯罪情节轻微，依照刑法规定不需要判处刑罚或者应当免除刑罚的，应当作出不起诉的决定。

（3）撤销案件。人民检察院自行侦查的案件，经过侦查，有足够的证据证明不应当对犯罪嫌疑人追究刑事责任的，应当撤销案件。如果犯罪嫌疑人已被逮捕的，应当立即释放，发给释放证明。

人民检察院对于直接受理的案件侦查终结后，如果需要撤销案件，由侦查部门直接报请检察长或者检察委员会作出决定；如果需要起诉或者不起诉，由侦查部门将案卷移送审查起诉部门审查。

实务训练

侦查的模拟训练

1. 实训材料

案例一：　　　　　　　　　　廖某“刻章救妻”案

2007年廖某的妻子杜某患上尿毒症，这让下岗已10多年的廖某生活负担陡然加重。在透析治疗近半年后，廖某找人刻了北京医院的收费章，在收费单据上盖假章后交给医院，为妻子进行免费透析治疗。4年间，廖某以此方式骗取医院治疗费17万余元。2012年2月21日，廖某正欲从医院带透析完毕的妻子回家，东城刑警队的警察走过来向他亮了一下证件。他一看，知道终于还是出事了。

案例二：　　　　　　　　　　李某盗窃案

犯罪嫌疑人李某，男，25岁，父母双亡，单身一人居住。李某原为某市化工厂职工，因多次违反厂规被开除，此后，一直在家待业。2006年初，李某加入了当地一个盗窃团伙，并多次参加作案。

2006年5月16日晚上8点左右，化工厂在本厂礼堂为职工放电影。李某由厂门口经过时，发现厂财务室的灯还亮着。李某便来到财务室门口，敲了几下门，发现没有反应，于是，他趁四下无人之际，掏出随身携带的工具，将门撬开，进入室内之后，又开始撬保险柜。为了不被外面的人发现，李某将屋内的灯关上。此时，厂保卫部门的巡逻队恰巧从财务室窗外经过，见到财务室内的灯突然熄灭，立即引起高度警觉。巡逻队连忙来到财务室门口，发现门锁已经被撬坏，于是踢门进去，发现一个黑影正意欲跳窗逃走。众人随即一拥而上将该人抓获。开灯后发现，该人是已被开除的李某。随后，化工厂保卫部门决定将李某交公安机关处理。但是，李某在被送往公安机关的路上，趁人不备逃走。

当地公安机关接到报案之后决定受理。经初步调查得知，李某是当地一个规模较大的犯罪团伙成员，有多次作案的嫌疑。因此，办案人员认为，李某家中一定还藏有赃物，遂决定趁李某在逃的时机，立即到其家中搜查。经过搜查搜出康佳牌彩电4台，松下牌VCD机1台，东芝录像机2台，高级皮衣12件以及现金5000余元。办案人员认为这些物品不可能是李某的合法财物，应当全部予以扣押。

请模拟办理本案的办案人员按照法定程序进行搜查和扣押。

2. 实训目的

通过对公安机关侦查的模拟实训，使学生将专门调查工作的法定程序和规则以及应当注意的问题、案件的处理、侦查羁押期限等理论与实际结合起来，完成对某一案件的侦查工作。

通过“讯问犯罪嫌疑人”实训，使学生基本掌握讯问犯罪嫌疑人相关的法律程序，并能根据刑事诉讼法的规定准确确定讯问的重点，学会制作讯问笔录。

通过“询问证人”实训，熟悉调查询问的程序规定和法律要求；学会根据不同案情和询问对象采取有针对性的调查询问方法；能够熟练制作询问笔录。

通过“公开搜查”实训，使学生基本掌握搜查的范围和对象、运用时机、操作方法和相关的法律程序，能熟练地进行人身（箱包）和场所的搜查，并能根据有关法律的规定准确确定需要扣押的物品，学会制作搜查笔录和填写扣押清单。

3. 实训方法

全班学生分为三部分，分别根据上述案情模拟案件侦查工作，由学生4人一组，针对实训素材提供的具体案例及要求，完成相应的侦查工作。

(1) 讯问犯罪嫌疑人的训练。学生4人一组，2人扮演警察，1人扮演书记员，1人扮演廖某，结合案例一的案情进行讯问犯罪嫌疑人的训练。

学生演练完毕，教师进行讲评。

讯问犯罪嫌疑人注意事项：

第一，讯问犯罪嫌疑人，必须由人民检察院或者公安机关的侦查人员负责进行，其他任何机关、团体和个人都无权行使这项专有职权。讯问犯罪嫌疑人是侦查活动，属于侦查权的一部分，因此，行使这一权力的人就必须是法律规定的有侦查权的人民检察院或者公安机关的侦查人员，任何其他人审讯有犯罪嫌疑的人都是非法的。

第二，讯问的时候，侦查人员不得少于2人，目的是为了保证侦查机关依法进行讯问工作，加强侦查人员在讯问过程中的相互监督和相互配合，保证讯问质量，提高讯问效率，防止违法乱纪、非法讯问；同时也有利于防止犯罪嫌疑人诬告侦查人员有违法行为，比如诬告侦查人员有人身侮辱或刑讯逼供行为等，也有利于保障侦查人员的人身安全。因为讯问犯罪嫌疑人是侦查人员与犯罪嫌疑人的面对面侦查活动，实践中犯罪嫌疑人对侦查人员行凶报复的事件时有发生。

第三，讯问前侦查人员应当根据了解的案件情况和证据材料，制订讯问计划，列出讯问提纲。第一次讯问，应当问明犯罪嫌疑人的姓名、别名、曾用名、出生年月日、户籍所在地、暂住地、籍贯、出生地、民族、职业、文化程度、家庭情况、社会经历、是否受过刑事处罚或者行政处理等情况。侦查人员在讯问犯罪嫌疑人的时候，应当首先讯问犯罪嫌疑人是否有犯罪行为，让他陈述犯罪的具体情节或者进行无罪的辩解。在讯问过程中，既要听犯罪嫌疑人说有罪的情况，也要听他说无罪的情况，对犯罪嫌疑人的供述，应当作全面客观的分析，不能主观片面或先入为主，不能只信有罪的供述，而不信无罪的辩解，更不能带着框框去审问。听完犯罪嫌疑人的陈述后，再根据供述的情况向犯罪嫌疑人提出问题。为了保证讯问的顺利进行，侦查人员在讯问前应当做好充分准备，熟悉案卷材料，认真做好讯问提纲，做到心中有数，紧紧围绕案件事实提出问题，并在讯问中教育犯罪嫌疑人如实供述，讯问的问题应当是与案件事实有直接关系的问题。侦查人员不得讯问与本案件事实无关的问题，对与案件无关的问题，被讯问的人有拒绝回答的权利。讯问的时候，应当认真听取犯罪嫌疑人的供述和辩解；严禁刑讯逼供或者使用威胁、引诱、欺骗以及其他非法的方法获取供述。

(2) 询问证人的训练。学生 4 人一组，2 人扮演警察，1 人扮演书记员，1 人扮演证人，结合案例一的案情进行询问证人的训练。

学生演练完毕，教师进行讲评。

(3) 搜查和扣押的训练。学生 5 人一组，1 人扮演负责人，2 人扮演警察，1 人扮演书记员，1 人扮演李某的家属，模拟办理李某盗窃案的办案人员按照法定程序进行搜查和扣押。

附：搜查笔录

××市公安局××区分局工作人员李××、林××根据20××年××月××日××市公安局所签发的公查安第×号搜查证，在见证人刘××、方××的见证下，对居住在××区××巷××栋××号的李某的住处进行搜查。

在搜查中（搜查的简要情况）对李某的三间住房及厨房进行了搜查，搜查出与案件有关的物品：手套一双，手表一只，的确良上衣、下衣各一件，皮鞋一双，剪刀、菜刀各一把，座钟一只，信件五封，面粉半袋。搜查时间：上午 8 时 20 分开始至 11 时 42 分结束。

被搜查人对搜查的意见：没有意见。

本记录的附件（扣押物品清单）已交由李某的家属收执。

被搜查人：李某
见证人：刘××、方××
搜查人：李××、林×
扣押物品清单（副本）
20××年×日××日

项目三 提起公诉

引例

王某某交通肇事案

被告人王某某酒后驾驶一辆北京212吉普车，在由东向西通过某交通岗时，被执勤民警发现。民警做出手势，示意停车接受检查，王某某不听指挥，快速驶过中心岗，撞伤了执勤民警，致其因重度颅脑损伤死亡。上述事实有现场勘验笔录、法医鉴定意见及证人证言予以证明。公安机关侦查终结，认为犯罪事实基本清楚，证据基本确实、充分，遂向检察机关移送起诉。检察机关经审查，依法向人民法院提起公诉，移送了指控犯罪事实的起诉书，并将案卷材料、证据移送人民法院。法院经审查，认为犯罪事实清楚，证据确实、充分，决定开庭审判。由于公诉人员的疏忽，一审开庭时，未将3个围观证人的证言在法庭上公示。庭审结束后，公诉人员将上述3个证人的证言移送人民法院，人民法院据此作出了判决。

【评析】 1. 本案中，公安机关认为犯罪事实清楚，证据确实充分，向人民检察院移送审查起诉，符合刑事诉讼法的规定。

2. 人民检察院在审查起诉时，应将证据归类并移送人民法院。本案庭审结束后，公诉人员将3个证人的证言移送人民法院，人民法院据此作出判决是错误的，人民检察院违背了审查起诉工作的基本要求；人民法院违背了证据运用规则。

一、起诉的概念、意义、任务

（一）起诉的概念

起诉作为一个独立的诉讼阶段，是指人民检察院、被害人或者其他法律规定的团体或个人，对被控告人提出指控，要求法院对犯罪事实进行确认并追究被控告人刑事责任的诉讼活动。

根据刑事诉讼法的规定，起诉的方式有提起公诉和自诉。自诉是指被害人或者他的法定代理人、近亲属，为追究被告人的刑事责任自行向人民法院提起诉讼，并由人民法院直接受理的诉讼活动。提起公诉是指国家公诉机关对公安机关侦查终结移送起诉的案件或者对自行侦查终结的案件，经过全面审查认为证据确实、充分，犯罪嫌疑人的行为已经构成犯罪，依法应当追究刑事责任而提请人民法院审判的诉讼活动。公诉和自诉是追究刑事犯罪的两种控诉形式，二者互相补充，构成了我国刑事起诉制度的完整体系。

（二）起诉的意义

在刑事诉讼中，起诉的意义主要体现在：

（1）起诉是履行控诉职能的方式，是公民个人维护自身权益的基本方式，也是落实国家刑罚权的基本方式。

（2）启动审判程序。在现代刑事诉讼结构中，不告不理是调整审判机关与控诉机关之间关系的基本原则，如果没有起诉，就没有审判，只有当有起诉权的机关或个人起诉以后，受诉法院才取得了对被起诉的具体案件进行审判的权力，当事人才取得了参与案件审理活动的机会并享有相应的诉讼权利、承担相应的诉讼义务。

（3）划定审判范围。在刑事诉讼中，法院对案件的审判范围受到起诉范围的限制，这也是不告不理原则的体现，没有起诉，就没有审判，法院不得对未经起诉的人或事进行审判。

（三）起诉的任务

自诉的任务在于向人民法院表明：有需要追究刑事责任的犯罪事实发生；该案件属于自诉案件，应当由该人民法院管辖。

提起公诉是侦查终结后的一个独立的诉讼阶段，属于人民检察院行使检察权的范畴。与其他诉讼阶段相比，其具有下列特定的任务：

（1）代表国家对公安机关侦查终结移送起诉的案件和自行侦查终结的案件进行全面审查，以保证办案质量；

(2) 根据事实和法律，对案件分别作出起诉、不起诉的决定，并制作相应的法律文书；

(3) 对决定提起公诉的案件，做好出庭支持公诉的准备工作，对于决定不起诉的案件，做好相应的善后工作和接受申诉及处理工作；

(4) 对公安机关、国家安全机关等侦查机关的侦查活动是否合法实行监督，发现违法情况，及时纠正和处理。

二、提起公诉的程序

提起公诉阶段，人民检察院的工作首先是对案件的审查，然后才能在审查的基础上对案件作出起诉或不起诉的决定。审查起诉并非是所有公诉案件都必须经过的程序，而是人民检察院对侦查终结案件依法进行审查的诉讼活动。

(一) 审查起诉

1. 审查起诉的概念、内容

审查起诉是指人民检察院对侦查终结移送起诉的案件，进行全面审查，并决定是否起诉和将犯罪嫌疑人交付人民法院进行审判的诉讼活动。审查起诉是实现人民检察院公诉职能的一项最基本的准备工作，也是人民检察院对侦查活动实行法律监督的一项重要手段。因此，它对保证人民检察院正确地提起公诉，发现和纠正侦查活动中的违法行为，具有重要的意义。

根据《刑事诉讼法》第168条的规定，人民检察院审查案件的时候，除了应当查清犯罪嫌疑人身份等基本情况外，还必须查明下列内容：

(1) 犯罪事实、情节是否清楚，证据是否确实、充分，犯罪性质和罪名的认定是否正确。审查起诉应在核实证据、查清犯罪事实的基础上，对犯罪性质和罪名的认定是否恰当进行鉴别。只有正确适用法律，准确地认定犯罪性质，才能正确地定罪量刑。对犯罪性质和罪名的认定是人民检察院审查案件的重要内容。

(2) 有无遗漏罪行和其他应当追究刑事责任的人。人民检察院追诉犯罪应当客观、全面，因此在审查起诉时要注意审查有无遗漏了犯罪嫌疑人的罪行和其他应当追究刑事责任的人。如果发现有遗漏罪行和其他应当追究刑事责任的人时，应当要求侦查机关补充侦查，必要时也可以自行侦查。

(3) 是否属于不应追究刑事责任的情形。保障无罪的人不受刑事追究是人民检察院的职责之一，因此，人民检察院在审查案件时，必须查明是否存在不应追究刑事责任的情形。不应追究刑事责任的情形是指没有犯罪事实，以及具

有刑法规定的不负刑事责任情形的，如未达到刑事责任年龄，无刑事责任能力的，或者有《刑事诉讼法》第15条规定的不应追究刑事责任的情形之一的。人民检察院在审查案件时，对于不应追究刑事责任的，应当依法作出不起诉的决定。

（4）有无附带民事诉讼。对于已经提起附带民事诉讼的，人民检察院在提起公诉时，应当一并移送人民法院进行审判。对于有权提起而没有提起附带民事诉讼的，应当告知被害人有权提起附带民事诉讼。另外，还要注意审查有无国家、集体财产因犯罪行为而受到损失，若已经受到重大经济损失，人民检察院在提起公诉的同时，应当依法一并提起附带民事诉讼。

（5）侦查活动是否合法。人民检察院通过审查案卷材料、讯问犯罪嫌疑人、询问证人、被害人等诉讼活动，如果发现侦查活动过程中有某种违法情形，应当及时以口头或书面形式提出纠正意见。对于情节严重，触犯刑法的，应当依法追究刑事责任。

在司法实践中，人民检察院在审查起诉过程中还应当注意审查以下内容：

（1）案件是否属于本院管辖。按照刑事诉讼法关于管辖的规定，对于不属于自己管辖的案件，人民检察院应当将案件移送有管辖权的人民检察院审查起诉。

（2）证据是否随案移送。人民检察院审查案件，决定是否起诉，需要确实充分的证据，因此侦查机关或侦查部门移送案件时，应当将案件的所有证据一并移送，对不宜移送的证据，要附有不宜移送证据的清单、照片或者其他证明文件。

（3）与犯罪有关的财物及其孳息是否扣押、冻结并妥善保管，以供核查。另外还要核查对被害人合法财产的返还和对违禁品或者不宜长期保存物品的处理是否妥当，移送的证明文件是否完备，等等。

2. 审查起诉的步骤

人民检察院审查起诉，应当先由检察人员进行审查，然后由办案部门负责人审核，最后由检察长或检察委员会决定，即先由案件承办人在进行全面审查的基础上，制作审查起诉意见书，提出起诉或不起诉以及是否需要提起附带民事诉讼的意见，经起诉部门负责人审查核实后，提出同意与否的意见，最后报经检察长批准，如果是检察长亲自办理的案件，则要由检察委员会讨论决定。

3. 审查起诉的方法

人民检察院审查起诉应当实行全面审查的原则，为此应当采用以下方法：

（1）审阅案卷材料。侦查机关或侦查部门将案件移送检察机关进行审查的同时，已经将案卷材料同时移送，这些材料是办案人员了解、掌握案情的基础。

办案人员应当对这些材料进行审阅，并制作阅卷笔录。在审查过程中，对物证、书证、视听资料、勘验检查笔录存在疑问的，可以要求侦查人员提供相关的情况说明，必要时也可以询问提供该证据材料的人员或进行技术鉴定。

（2）讯问犯罪嫌疑人。这是审查起诉的必经程序，通过这项活动，可以进一步核实案情。鉴别和判断其他证据的真伪，了解犯罪嫌疑人思想状况和认罪态度，了解侦查中有无刑讯逼供等违法情况。讯问犯罪嫌疑人应由 2 名以上检察人员进行，并依法制作讯问笔录。

（3）听取辩护人、被害人及其诉讼代理人的意见，并记录在案。辩护人、被害人及其诉讼代理人提出书面意见的，应当附卷。人民检院在审查案件时，应当听取辩护人、被害人及其诉讼代理人对案件处理情况的意见，如对案件事实认定的意见，包括辩护人就犯罪嫌疑人是否犯罪以及罪行轻重，是否有从轻、减轻处罚的情节的意见，被害人对自己受侵害情况的意见，附带民事诉讼的提起、赔偿的要求等实体性意见；同时听取上述人员对侦查活动是否合法等程序性意见。

人民检察院听取双方意见，有利于核实证据，正确认定案件事实，依法维护当事人的合法权利，监督侦查活动依法进行。

（4）进行调查和复验、复查。审查起诉应当根据实际情况的需要进行必要的调查。根据《刑事诉讼法》第 132 条的规定，人民检察院审查案件的时候，对公安机关的勘验、检查，认为需要复验、复查时，可以要求公安机关进行复验、复查，并且可以派检察人员参加。

（5）非法证据排除。根据《刑事诉讼法》第 171 条的规定，人民检察院审查案件，可以要求公安机关提供法庭审判所必需的证据材料；认为可能存在以非法方法收集证据情形的，可以要求公安机关对其证据收集的合法性作出说明。收集证据不符合法定程序，可能严重影响司法公正的，应当予以补正或者作出合理的解释，不能补正或者不能作出合理解释的，对该证据应当予以排除。

（6）补充侦查。人民检察院审查案件，对于需要补充侦查的，可以退回公安机关补充侦查，也可以自行侦查。对于补充侦查的案件，应当在 1 个月以内补充侦查完毕。补充侦查以二次为限。补充侦查完毕移送人民检察院后，人民检察院重新计算审查起诉期限。对于二次补充侦查的案件，人民检察院仍然认为证据不足、不符合起诉条件的，应当作出不起诉的决定。

4. 审查起诉的期限

审查起诉期限是指人民检察院收到移送起诉的案卷材料至作出处理决定的时间期限，具体包括以下内容：

（1）人民检察院审查起诉，犯罪嫌疑人已被羁押的，办案期限一般为1个月，重大、复杂的不得超过一个半月；

（2）犯罪嫌疑人未被羁押（含被取保候审或者监视居住）的，办案期限可以超过上述期限，但是不能中断对案件的处理；

（3）变更管辖的案件，办案期限从改变管辖后的检察机关收到案件之日起重新计算审查起诉期限；

（4）补充侦查的期限为1个月，不得超过2次。

5. 补充侦查

补充侦查是指公安机关或者人民检察院依法在原有侦查工作的基础上进一步调查收集补充证据的一种诉讼活动。补充侦查由人民检察院决定，由公安机关或人民检察院实施。

补充侦查不是所有刑事案件的必经程序，它是在原有侦查工作没有完成侦查任务的前提下就案件的部分情况、事实进行侦查活动，如果原有的侦查工作已经完成了侦查任务，就不存在补充侦查的问题。根据刑事诉讼法规定，补充侦查有退回补充侦查和自行补充侦查两种形式。不同的诉讼阶段采用的补充侦查形式会有所不同：

（1）审查批捕阶段的补充侦查。人民检察院对公安机关提请批捕的案件进行审查后，对于不批准逮捕的，人民检察院应当说明理由；需要补充侦查的，应当退回公安机关补充侦查。所以在审查批捕阶段一般采用的是退回补充侦查。

（2）审查起诉阶段的补充侦查。根据《刑事诉讼法》第171条第2款的规定，人民检察院审查起诉的案件，对于需要补充侦查的，可以退回公安机关补充侦查，也可以自行侦查，必要时可以要求公安机关提供协助。

（3）法庭审理阶段的补充侦查。根据《刑事诉讼法》第198条的规定，在法庭审判过程中，检察人员发现提起公诉的案件需要补充侦查，提出延期审理建议的，合议庭同意延期审理的，人民检察院应当在1个月内侦查完毕，必要时可以要求公安机关提供协助。

（二）对审查后的案件作出处理

审查起诉的主要任务是通过审查最终决定是否提起公诉。人民检察院对案件进行审查后，应当根据事实、证据和法律作出提起公诉或不起诉的决定。

一般来说，承办案件的检察官根据审查的具体情况，提出提起公诉或不起诉的意见，报请审查起诉部门负责人审核；审查起诉部门负责人对案件进行审核后，应当提出审核意见，报请检察长或者检察委员会决定起诉或者不起诉。

决定提起公诉的，由承办人员制作起诉书，按照审判管辖的规定，向人民法院提起公诉，并将案卷材料、证据移送人民法院。决定不起诉的，由承办人员制作不起诉决定书，并将不起诉的决定及时告知被不起诉人、侦查机关和被害人。

参考案例

杨某故意伤害致人死亡案

某年2月，长安所属大集体单位长兴修造基建科3段8班工人李某（班长）与同班女工欧甲因抬水泥问题发生口角，李打了欧几拳。此事反映至单位领导，正在解决过程中。2月18日中午，欧甲将被打的情况告诉了其兄欧乙（长安厂五一五车间工人）和其弟欧丙（长兴修造厂工人）。下午1点多钟，欧乙兄妹3人一同去李某所在的8班学习室找李。此时李某正与同单位的青工杨某、王某、高某等打牌。欧家兄妹到后即叫李同去找公司领导解决打人问题。李不理睬，激起欧乙的不满，上前拉住李的衣服，并向李脸上打了一拳。李即还手与欧乙扭打。杨某、王某、高某等不但不加劝阻，反而上前帮助李某殴打欧家兄妹。高某抱住欧丙扭打，当李某与欧乙、高某与欧丙由屋内扭打到屋外时，王某持一根木抬杠出门朝欧乙头部打了一棒，又去追打欧丙。杨某最后从屋内出来，也拿了一根木抬杠，见欧乙正与李某扭打，随即举木抬杠用力向欧乙头部打去，猛击在欧的头部左额骨部位，欧乙当即右手抽筋，昏迷在地，送医院抢救无效死亡。经法医解剖检验为：生前受钝器打击头部，致脑震荡颅骨骨折，颅内出血、脑水肿、小脑枕骨大孔栓（半中枢性呼吸、心跳停止而死亡）。事发后，2月19日下午1时，公安机关侦查员朱某和刘某将杨某拘留。拘留后的第三天，对杨某进行了第一次讯问。在讯问中，杨某供认了自己的犯罪事实。

侦查终结后，公安机关根据法律规定，移送人民检察院审查起诉。人民检察院在审查起诉中，发现侦查人员在此案的侦查过程中有违反诉讼程序的行为，即拘留嫌疑人杨某后，没有在24小时之内进行讯问。这一错误在批准逮捕时也未发现。因此，审查起诉时有两种意见：一种认为，拘留嫌疑人后，必须严格按诉讼程序办事，必须在24小时之内进行第一次讯问，否则，便是违法。对于侦查中的违法行为，检察机关应行使法律监督职权，要求其纠正。因此，可以将案件退回公安机关重办。另一种认为，本案侦查中虽有违法行为，但是，检察机关在批捕嫌疑人时没有及时发现，也有一定责任。案件既然到了起诉阶段，也没有出现大的错误，对此问题用不着大动干戈，否则，会影响与公安机关的关系。因此，可以不予追究。最后，该检察机关采纳了第二种意见。

【**问题**】人民检察院在审查起诉中发现公安机关的侦查行为有违法情形时，

应当如何处理?

【评析】 根据《刑事诉讼法》第168条的规定，人民检察院审查起诉的重要内容之一，是监督侦查活动是否合法。对于侦查工作中的违法行为，人民检察院应当视其情节采取适当的方式通知侦查机关，要求纠正，而不能不闻不问，或担心影响与侦查机关的关系而不敢监督。当然，检察机关在监督工作中，可能有疏漏，但这不能成为不进行监督的理由。《人民检察院刑事诉讼规则（试行)》第379条规定："人民检察院公诉部门在审查中发现侦查人员以非法方法收集犯罪嫌疑人供述、被害人陈述、证人证言等证据材料的，应当依法排除非法证据并提出纠正意见，同时可以要求侦查机关另行指派侦查人员重新调查取证，必要时人民检察院也可以自行调查取证。"

在本案中，侦查人员在拘留杨某以后，应当在24小时内进行讯问，如果发现不应当拘留的，应报请负责人批准立即释放，并发给释放证明；经讯问调查之后，认为需要逮捕而证据不足的，可以改为取保候审或监视居住；认为需要逮捕的，应报请人民检察院批准。本案在违反法定程序的情况下取得的证据，应认定无效。检察机关应当要求侦查机关另行指派侦查人员重新调查取证，也可以自行调查取证。

三、提起公诉的条件和程序

（一）提起公诉的实体条件

这里的提起公诉，是指人民检察院向人民法院提起诉讼的活动，人民检察院是代表国家对犯罪进行追诉的追诉机关，根据《刑事诉讼法》第172条的规定，人民检察院提起公诉，必须同时具备下列条件：

1. 犯罪事实已经查清，证据确实、充分

犯罪事实已经查清，是指犯罪的时间、地点、手段、情节、后果以及各行为人的责任等都已经查清。证据确实、充分，是指据以定罪量刑的证据达到了确实、充分的程度。"犯罪事实"是指犯罪的主要事实，"犯罪事实已经查清"是指犯罪主要事实已经查清，即使一些个别细节无法查清或没有必要查清，不影响定罪量刑的，应当认为犯罪事实已经查清。证据确实充分必须符合《刑事诉讼法》第53条的规定：①定罪量刑的事实都有证据证明；②据以定案的证据均经法定程序查证属实；③综合全案证据，对所认定事实已排除合理怀疑。

2. 依法应当追究犯罪嫌疑人的刑事责任，犯罪嫌疑人的行为已构成犯罪并应受到刑罚处罚

依照法律规定，犯罪嫌疑人实施了某种犯罪，并非一定要追究刑事责任。决定对犯罪嫌疑人提起公诉，还必须排除法定不予追究刑事责任的情形。依法应当追究犯罪嫌疑人刑事责任，就成为对其提起公诉的又一必要条件。

（二）提起公诉的程序条件

根据法律规定和诉讼实际需要，提起公诉必须具备以下程序条件：

1. 依法确定审判管辖，明确提起公诉的检察院具有案件管辖权

人民检察院应当根据有关审判管辖的规定确定向哪一个法院提起公诉。对于不属于同级法院管辖的案件，人民检察院应当将案件移送有管辖权的法院的同级人民检察院提起公诉。

2. 制作起诉书

人民检察院决定提起公诉的案件，应当制作起诉书。起诉书是人民检察院代表国家指控犯罪并请求人民法院追究被告人刑事责任的法律文书，因此必须认真制作。起诉书一般分为四个部分：第一部分为首部，主要内容有标题、被告人的基本情况、案由和案件来源等情况；第二部分为犯罪事实和证据部分，此为核心部分，要写明被告人的罪名、罪状、罪证以及认罪态度等情况；第三部分为结论部分，写明人民检察院对被告人犯罪事实的分析、认定，触犯的刑法条款，以及起诉的依据，这部分结束时，还应当写明受诉的人民法院，并由检察员（长）署名；第四部分为附项，写明被告人的住址或羁押处所，证人名单及其住址或单位地址，鉴定人的住址或者单位地址，以及随案移送的赃物、证物等。

3. 向人民法院移送有关材料

人民检察院提起公诉时应将案卷材料、证据移送人民法院。根据《刑事诉讼法》第172条的规定，移送的案卷材料、证据，应是全案的证据材料，既包括指控犯罪事实以及表明罪行严重等对犯罪嫌疑人不利的证据，也包括有从轻、减轻处罚情节等对犯罪嫌疑人有利的证据。

四、不起诉

（一）不起诉的概念

不起诉是人民检察院对公安机关等移送起诉的案件进行审查后，认为应当或可以不向人民法院提起公诉并终止诉讼的活动。

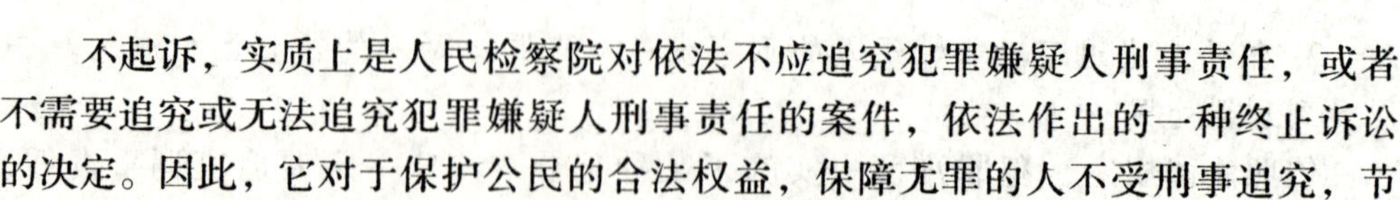

不起诉，实质上是人民检察院对依法不应追究犯罪嫌疑人刑事责任，或者不需要追究或无法追究犯罪嫌疑人刑事责任的案件，依法作出的一种终止诉讼的决定。因此，它对于保护公民的合法权益，保障无罪的人不受刑事追究，节约司法资源，提高诉讼效率，都具有重要的意义。

（二）不起诉的种类

不起诉分为法定不起诉和酌定不起诉两种类型。

1. 法定不起诉

法定不起诉是指凡是有《刑事诉讼法》第15条规定的情形之一的或者是在审查起诉中发现根本没有犯罪事实或者根本不构成犯罪的案件或者是经过二次补充侦查，仍然认为证据不足，不符合起诉条件的，检察院就应当作出不起诉决定，终结刑事诉讼。

根据刑事诉讼法的规定，法定不起诉包括以下情形：

（1）犯罪嫌疑人没有犯罪事实。一是犯罪嫌疑人在该案中所涉及的行为依法不构成犯罪；二是该案的犯罪行为并非犯罪嫌疑人所为。

（2）犯罪嫌疑人有《刑事诉讼法》第15条规定的情形之一，即情节显著轻微、危害不大，不认为是犯罪的；犯罪已过追诉时效期限的；经特赦令免除刑罚的；依照刑法告诉才处理的犯罪，没有告诉或者撤回告诉的；犯罪嫌疑人、被告人死亡的；其他法律规定免予追究刑事责任的。

（3）《刑事诉讼法》第171条第4款规定，对于二次补充侦查的案件，人民检察院仍然认为证据不足，不符合起诉条件的，应当作出不起诉的决定。

2. 酌定不起诉

酌定不起诉指人民检察院认为犯罪嫌疑人的行为已经构成犯罪，但由于犯罪情节轻微，根据刑法规定不需要判处刑罚或者免除刑罚的，人民检察院可以决定不起诉。

《刑事诉讼法》第173条第2款规定："对于犯罪情节轻微，依照刑法规定不需要判处刑罚或者免除刑罚的，人民检察院可以作出不起诉决定。"根据这一规定，酌定不起诉必须同时具备两个条件：①犯罪嫌疑人被控的行为触犯了刑法，符合犯罪构成要件，已经构成犯罪；②犯罪行为情节轻微，依照刑法规定不需要判处刑罚或者免除刑罚的，如自首、立功、中止犯、正当防卫、紧急避险等规定中关于免除刑罚的规定。必须注意的是"犯罪情节轻微"中关于犯罪的认定，只是检察机关在审查起诉工作中的认识，而不是确定犯罪嫌疑人有罪，一旦依照本款作出不起诉决定，从法律意义上讲，被决定不起诉的人是作为无罪处理的。

（三）不起诉的程序

与提起公诉一样，人民检察院对犯罪嫌疑人作出的不起诉决定，也是对案件处理的一种结果，不起诉决定一经公开宣布，即产生法律效力。根据《刑事诉讼法》和《人民检察院刑事诉讼规则（试行）》的规定，不起诉决定作出后的具体程序如下：

（1）制作不起诉决定书。凡是人民检察院决定不起诉的案件，都应当制作不起诉决定书。不起诉决定书应当包括以下主要内容：①不起诉决定书的名称、编号；②犯罪嫌疑人的基本情况，包括犯罪嫌疑人的姓名、出生年月日、出生地、民族、文化程度、职业、住址、身份证号码、是否受过刑事处罚等；③案由和案件来源；④案件事实，包括否定或者指控犯罪嫌疑人构成犯罪的事实；⑤作为不起诉决定的理由和法律依据；⑥检察长署名、制作日期、加盖院章；⑦附注事项。

（2）公开宣布不起诉决定，并将不起诉决定书送达被不起诉人和他所在单位。被不起诉人如果不服，自收到决定书后7日以内，可以向作出决定的人民检察院申诉，人民检察院应当作出复查决定，并通知被不起诉人。

（3）对有被害人的案件，人民检察院应当将不起诉决定书送达被害人。被害人如果不服，可以自收到决定书后7日以内向上一级人民检察院申诉，请求提起公诉。人民检察院应当将复查决定告知被害人。被害人也可以不经申诉，直接向人民法院起诉。

（4）对于公安机关移送起诉的案件，人民检察院决定不起诉的，应当将不起诉决定书送达公安机关。公安机关认为不起诉的决定有错误的时候，可以要求复议，如果意见不被接受，可以向上一级人民检察院提请复核。复议和复核的结果都应当通知公安机关。

（5）被不起诉人在押的，不起诉决定一经作出，应立即释放被不起诉人。

（6）人民检察院决定不起诉的案件，应当对在侦查中查封、扣押、冻结的财物，在作出不起诉决定书后及时书面通知作出查封、扣押、冻结决定的机关解除查封、扣押、冻结。

实务训练

检察机关审查起诉

1. 实训材料

张某盗窃案

犯罪嫌疑人张某，重庆市甲区人，35岁。2010年以来，与社会上不三不四的人来往，染上赌博恶习，负债累累。为了付清赌债，张某开始盗窃。2011年4月12日，潜入本单位仓库盗窃钢丝一捆，销赃后得人民币1500元。2011年6月3日，撬开临江路120号居民房门，盗得现金、高档衣服等物价值2500多元。2012年3月1日，在公共汽车上扒窃他人钱物时被抓获。经过侦查，收集了大量证据，犯罪嫌疑人张某对三次盗窃的事实和盗窃数额也供认不讳。区公安局侦查终结后移送区人民检察院提起公诉。

2. 实训目的

通过对检察机关审查起诉的模拟实训，使学生了解审查起诉的法律规定，掌握审查起诉的程序和方法。

3. 实训方法

本实训采取操作性实训方法进行，由学生充当检察人员，按照事先设计的案情进行模拟审查起诉。

4. 审查起诉操作实务

人民检察院的审查起诉操作程序分三个步骤进行：

（1）受理案件。对移送审查起诉的案件，公诉部门在收到起诉意见书和案卷后，先由内勤人员填写《收案登记表》，后由部门负责人指定检察员进行程序性审查，以决定是否受理该案件。主要审查以下几个方面：①案件是否属于本院管辖。②起诉意见书以及案卷材料是否齐备；案卷装订是否符合有关规定的要求，诉讼文书、技术性鉴定材料是否单独装订成册等。③作为证据使用的实物是否随案移送，移送的实物与清单是否相符。④犯罪嫌疑人是否在案以及采取强制措施的情况。

（2）审查案件。承办人员审查案件一般要经过以下程序：①审阅卷宗材料。实践中一般采取“四对照”的方法。即将起诉意见书中认定的犯罪事实与案卷中的证据材料相对照，看认定的事实是否有根据；将犯罪嫌疑人的每次口供相对照，口供与其他证据相对照，审查口供与其他证据的真实程度；将犯罪事实与侦查机关认定的犯罪性质、罪名相对照，审查犯罪性质、罪名的认定是否正确；将犯罪嫌疑人的犯罪行为与有关法律规定相对照，审查是否应受刑事处罚。审阅卷宗材料应当制作阅卷笔录。②告知程序。检察院自收到移送审查起诉的案件材料之日起，由承办人员制作《委托辩护人告知书》，在3日以内告知犯罪嫌疑人有权委托辩护人；制作《委托诉讼代理人告知书》，在3日以内告知被害人及其法定代理人或者近亲属，附带民事诉讼的当事人及其法定代理人有权委托诉讼代理人。③讯问犯罪嫌疑人，由2名以上学生扮演检察人员进行，讯问前应拟出讯问的重点问题和提纲，重点了解犯罪嫌疑人历次供述和辩解的情况，以及供证之间的矛盾。讯问犯罪嫌疑人应当制作讯问笔录。④询问被害人、证人，询问人员不得少于2人。询问时应制作询问笔录。⑤听取犯罪嫌疑人及其委托辩护人的意见，听取被害人及其诉讼代理人的意见，由书记员制作谈话笔录。辩护人和诉讼代理人如果是律师的，应当要求他们提出书面辩护或代理意见。⑥补充侦查。⑦承办人员对案件进行全面审查后，应当制作审查报告，提出审查终结意见。

(3) 作出决定。

学习单元三 审 判

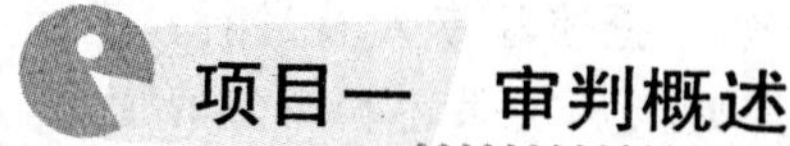

项目一 审判概述

引例

纪某、丁某玩忽职守案

被告人：纪某，女，35 岁，某银行储蓄所主任。

被告人：丁某，女，26 岁，某银行储蓄所会计。

建设银行某支行将一张伪造的支票（系李某伪造，建设银行该支行人员并不知情）通过银行内部的清算手续转入某银行储蓄所。被告人纪某、丁某在收到这张支票后，审查了支票上的户名、账号、收款单位、大小写金额，但对于印鉴项用途没有认真地核对，即按照支票上的户名、账号和付款单位，从某公司的账上划款人民币 6 万元，清算给建设银行某支行。后来该公司的会计人员到该储蓄所办理取款手续时，认为从该账户上支付的 6 万元有误。储蓄所工作人员通过查阅凭证，发现支票上的印章与预留的印模不符，于是立即向市人民银行和公安局报案。

区人民检察院以两被告人犯玩忽职守罪向区人民法院提起公诉。人民法院依法组织了合议庭进行审理。在庭审前，合议庭认为检察机关提供的有关证据有问题，于是将案件的相关情况提请本院院长提交审判委员会决定。审判委员会在讨论后对于案件的处理作出了决定，合议庭根据决定进行了审理并作出了判决：被告人纪某犯玩忽职守罪，判处有期徒刑 1 年；被告人丁某犯玩忽职守罪，判处有期徒刑 1 年。

【问题】 本案中，合议庭将案件的有关情况提交审判委员会讨论决定的做法是否符合法律的规定？

【评析】 本案中，合议庭的这种做法是错误的。合议庭是审判案件的基本组织形式，直接对案件进行审理。《刑事诉讼法》第 180 条规定："合议庭开庭审理并且评议后，应当作出判决。对于疑难、复杂、重大的案件，合议庭认为难以作出决定的，由合议庭提请院长决定提交审判委员会讨论决定。审判委员会的决定，合议庭应当执行。”本案中，合议庭在庭审前就将案件提交审判委员会讨论，使合议庭的审理形同虚设，失去了合议庭作为基本审判组织的作用。

一、刑事审判的概念

审判是对案件进行审理和裁判的合称。刑事诉讼中的审判，是指人民法院依法对人民检察院提起公诉或者自诉人提起自诉的案件进行审理和裁判的诉讼活动。

审理是人民法院通过开庭或书面形式对案件事实情节和证据等问题进行全面审查、核实并听取控辩双方的意见的诉讼活动；裁判是指人民法院在对案件进行审理的基础上，根据刑事法律对案件的实体问题和部分程序问题所作的判决和裁定。审理和裁判是审判活动的两个有机组成部分。审理为裁判提供事实依据，是正确裁判的前提和基础；裁判是根据事实适用法律的结论，是审判活动的归宿。

二、审判组织

审判组织是指人民法院审理具体案件所采取的法庭组织形式。人民法院审判案件的组织形式，分为独任庭和合议庭两种。审判委员会虽然不是审判组织，但对重大或者疑难、复杂案件的处理有依法讨论决定权。

刑事诉讼法根据案件的不同情况和法院的不同级别，规定了不同的审判组织形式。人民法院审判案件，应当采用法定的组织形式进行，否则，就视为严重违反刑事诉讼程序，所作的判决或裁定应当予以撤销。

（一）独任庭

独任庭是指由审判员一人开庭审判案件的制度，实行独任制的审判组织形式为独任庭。根据《刑事诉讼法》第 178 条第 1 款的规定，基层人民法院适用简易程序的案件可以由审判员一人独任审判。在此应注意：①独任庭仅仅适用于基层人民法院；②独任审判仅仅适用于简易程序；③即使是基层人民法院适用简易程序审判案件，是“可以”而非“应当”独任审判。

独任审判员审判刑事案件时，与审判长权利相同。

（二）合议庭

合议庭是指由审判人员数人组成法庭进行审判的制度。按照合议制依法组成的法庭称为合议庭。

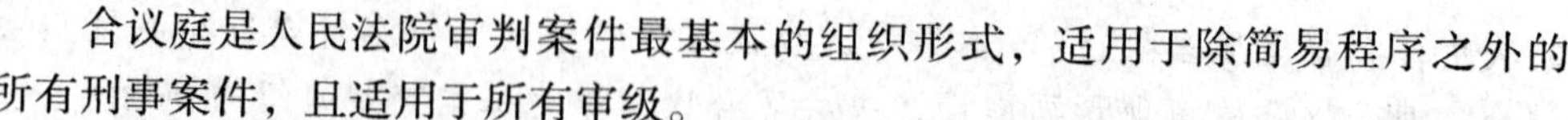

合议庭是人民法院审判案件最基本的组织形式，适用于除简易程序之外的所有刑事案件，且适用于所有审级。

根据《刑事诉讼法》第178条的规定，合议庭的人员组成因法院级别和审级而有不同：

（1）基层人民法院、中级人民法院审判第一审刑事案件，应当由审判员3人或者由审判员和人民陪审员共3人组成合议庭进行；

（2）高级人民法院、最高人民法院审判第一审刑事案件，应当由审判员3~7人或者由审判员和人民陪审员共3~7人组成合议庭进行；

（3）人民法院审判上诉和抗诉案件，由审判员3~5人组成合议庭进行；

（4）最高人民法院复核死刑案件，高级人民法院复核死刑缓期执行案件，应当由审判员3人组成合议庭进行。

除了上述人员构成要求外，合议庭的人员组成及工作原则还应当注意以下几个问题：

（1）合议庭的人数应当保持单数，以便表决时容易形成决议。

（2）合议庭只能由经过合法任命的审判员或者经审判委员会通过的代理审判员组成，或者由审判员与在本院执行职务的人民陪审员组成。

（3）合议庭的审判长由院长或者庭长指定的审判员担任。在审判员不能参加合议庭的情况下，由代理审判员经院长授权后担任。院长、庭长参加合议庭的，由他们自己担任。人民陪审员不得担任审判长。

（4）人民陪审员参与案件的审理，与审判员权利平等，人民陪审员有权在法庭审理时提问、发言，有权在合议庭评议时发表意见，且人民陪审员的意见应当与审判员的意见受到同等的对待。

（5）开庭审理和评议案件，必须由同一合议庭进行。合议庭成员在评议案件时，应当表明自己的意见。如果意见有分歧，则采取少数服从多数的原则，但是少数人的意见应当写入笔录。评议笔录由合议庭的组成人员在认真审阅确认无误后签名。评议情况应当保密。

（6）根据法律规定，合议庭审理的案件经评议后，应当作出判决。

（三）审判委员会

审判委员会是人民法院内部设立的对审判工作实行集体领导的最高组织形式。其人员构成是：院长、副院长、各庭庭长，以及资深的审判员若干人，由同级人大常委会任免。其任务是：总结审判经验；讨论和决定重大或者疑难的案件；讨论和决定其他有关审判工作问题。其工作原则是：在院长的主持下，实行民主集中制，审判委员会的决定必须获得半数以上委员同意方能通过。根据《刑事诉讼法》第180条的规定，合议庭在审理过程中，遇到疑难、复杂、重大难以作出决定的案件，由合议庭提请院长决定提交审判委员会讨论决定。

根据《刑诉解释》第178条的规定，拟判处死刑的案件、人民检察院抗诉的案件，合议庭应当提请院长决定提交审判委员会讨论决定。对合议庭成员意见有重大分歧的案件、新类型案件、社会影响重大的案件以及其他疑难、复杂、重大的案件，合议庭认为难以作出决定的，可以提请院长决定提交审判委员会讨论决定。

审判委员会讨论案件，应在合议庭对案件进行审理并提出处理意见的基础上进行，而不应当在合议庭对案件审理之前进行。对于审判委员会作出的决定，合议庭、独任审判员应当执行；有不同意见的，可以建议院长提交审判委员会复议。

三、审判程序

人民法院的审判程序，按照所处的诉讼阶段和具体任务的不同，可以分为以下几种审判程序：

（一）第一审程序

第一审程序是指各级人民法院按照审判管辖的分工，对人民检察院提起公诉或者自诉人提起自诉的案件，进行第一次审判的程序。在审理形式上，第一审必须开庭审理。

根据不同的标准可以将第一审程序划分为不同的种类：根据提起的主体不同，可将第一审程序分为公诉案件第一审程序和自诉案件第一审程序；按照第一审程序的步骤繁简、方法的不同，可将第一审程序分为普通审判程序和简易审判程序。

（二）第二审程序

第一审程序是指中级以上（包括中级）人民法院对上诉、抗诉案件进行审判的程序。第二审的判决或裁定为终审的判决或裁定；除死刑案件外，宣判后立即生效，交付执行。第二审人民法院审判上诉或者抗诉案件的程序，除法律已有规定的外，参照第一审程序的规定进行。在审理形式上，对《刑事诉讼法》第223条规定的四种情况应当组成合议庭，开庭审理；决定不开庭审理的，应当讯问被告人，听取其他当事人、辩护人、诉讼代理人的意见。

（三）死刑复核程序

死刑复核程序，是指人民法院对判处死刑的案件进行审查核准所应遵循的

步骤和方式、方法。死刑复核程序是刑事诉讼中的一个特殊程序，它只适用于死刑案件，而不适用于其他案件。

（四）审判监督程序

审判监督程序又称再审程序，是指人民法院、人民检察院对于已经发生法律效力的判决或裁定，发现在认定事实或者适用法律上确有错误，依法提出并由人民法院对案件进行重新审判的特殊审判程序。

审判监督程序虽然是刑事诉讼中的一个独立的诉讼阶段，但是不是每个案件都必须经过的程序，只有在判决或裁定发生法律效力，又确有错误并经人民法院、人民检察院提起再审的案件，才适用这一程序。审判监督程序属于刑事诉讼中的一种救济程序。在审理程序上，原来是第一审案件的，按照第一审程序进行；原来是第二审案件或上级人民法院提审的案件，应当按照第二审程序进行。

四、判决、裁定和决定

（一）判决

判决是人民法院在诉讼终结时直接针对案件的实体问题所作的处理和决定，所谓案件的实体问题，是指诉讼主张的提出者向人民法院提出的诉讼主张。

判决是人民法院代表国家行使审判权的具体结果，是国家意志在具体案件中的体现，具有一定的稳定性，非依法定程序不能改变。因此，判决只能在调查案件事实后的终结阶段作出。判决一经作出，既标志着实体问题的解决，也标志着程序审理的结束。刑事判决根据其法律适用的结果可以分为有罪判决和无罪判决。

判决书是判决的法定表现形式，是刑事诉讼中最重要的法律文书，执行判决一律以判决书为依据。

（二）裁定

裁定是指人民法院在案件审理或者判决执行过程中，就某些重大程序问题和部分实体问题所作的一种决定。

人民法院适用裁定解决的某些程序问题主要指：《刑事诉讼法》第 104 条所规定的当事人由于不能抗拒的原因或者有其他正当理由而耽误期限的，在障碍消除后 5 日以内，申请继续进行应当在期满以前完成的诉讼活动，对该项申请是否准许，由人民法院裁定；《刑事诉讼法》第 205 条规定的关于缺乏罪证的自诉案件，如果自诉人提不出补充证据，应当说服自诉人撤回自诉，或者使用裁定驳回自诉；第二审人民法院维持原判或者撤销原判发回重审，应当使用裁定。人民法院适用裁定解决的部分实体问题主要指在执行阶段，人民法院使用裁定依法减刑、假释等。

（三）判决和裁定的区别

（1）适用对象不同。判决解决的是案件的实体问题；裁定主要解决的是程序问题和部分实体问题。

（2）适用范围不同。判决的适用只限于审判终结（包括第一审、第二审和以审判监督程序再审终结）；裁定的适用较为广泛，包括整个审判和执行程序的全过程。

（3）适用方式不同。判决必须用书面形式；裁定可以采用书面和口头两种形式。

（4）上诉、抗诉期限不同。不服判决的上诉、抗诉期限为10日；不服裁定的上诉、抗诉期限为5日。

（四）决定

决定是人民法院在办理案件过程中对某些程序性问题进行处理的一种形式。根据《刑事诉讼法》的规定，决定主要适用于：

（1）解决申请回避问题。

（2）适用各种强制措施或变更强制措施。

（3）延长侦查中羁押犯罪嫌疑人的期限。

（4）在庭审过程中，解决当事人和辩护人、诉讼代理人申请通知新的证人到庭，调取新的物证，申请重新鉴定或者勘验等。

（5）关于延期审理。

（五）决定和裁定的区别

（1）适用范围不同。在什么情况下适用决定，什么情况下适用裁定，区别在于是否涉及上诉、抗诉问题，凡是不涉及上诉、抗诉问题的适用决定，反之适用裁定。

（2）生效时间不同。为了保证诉讼效率，绝大多数决定一经作出立即生效，不允许上诉和抗诉。某些决定，如驳回申请回避的决定、罚款的决定等，为保护当事人合法权益，纠正可能出现的错误，法律允许当事人申请复议一次。因诉讼中的许多裁定允许上诉和抗诉，故裁定一般不会在作出后立即生效。

（3）适用方式不同。裁定一般适用书面形式，少数情况下适用口头形式，而决定一般情况下适用口头形式，少数情况下适用书面形式。

参考案例

林某抢劫案

林某，男，24岁，某市耐火材料厂工人，因有赌博、盗窃行为，曾多次受到厂里的批评教育。2010年3月29日，林某同本厂工人张某、曾某赌博时，输光了本月的全部工资。遂于当晚10时，身藏匕首潜入本市西山路公共厕所内伺机作案。当面粉厂工人宋某来厕所时，林某即持匕首向宋某头部猛刺，企图抢劫。宋某将林某死死抱住不放，大声呼救。群众闻声赶来，将林某扭送至公安机关。

2010年4月3日，该市河西区人民法院由审判员钟某和人民陪审员朱某、季某组成合议庭对本案进行审理。开庭后，被告人林某向法庭申请人民陪审员朱某回避。其理由是：朱某是耐火材料厂保卫干部，以前办过我的学习班，对我有成见，过去处理我的事总是不公平，今天更不能公正处理我的问题。

人民法院院长经过审查，认为被告人林某申请陪审员朱某回避的理由不成立，作出了驳回申请回避的决定。当审判员钟某对被告人林某宣布驳回申请回避的决定时，被告人林某说，我不服，申请复议。审判员钟某说："你不能不服，驳回申请回避的决定一旦宣布，立即发生法律效力，不存在申请复议的问题。"

【问题】驳回申请回避的决定一旦宣布就立即生效吗？

【评析】根据《刑事诉讼法》第30条第3款的规定，对驳回申请回避的决定，当事人及其法定代理人可以申请复议一次。因此，本案中，审判员钟某的说法是错误的，应当允许被告人林某申请复议一次。

实务训练

1. 实训目的

学生根据案情，模拟审判人员、公诉人、辩护人、自诉人等不同的角色，组建符合案件情况的法庭组织形式，掌握刑事判决、裁定的适用情形、制作方法等。

2. 实训方法

（1）将学生分成若干个小组，或者由学生自己组成小组，搜集或设计实训案件或素材。

（2）每组学生，根据自己组搜集或设计的素材，组建符合案情的审判组织形式，并模拟审判。在这一过程中，学生可以进行角色互换。

(3) 根据不同的案情，制作相应的刑事判决书或裁定书。

3. 实训要求

(1) 实训之前，学生要先复习《刑事诉讼法》和最高人民法院关于规范人民法院判决书、裁定书样式的有关规定，掌握判决书、裁定书的格式、结构及制作方法。

(2) 学生自己搜集或设计实训案件，熟悉实训素材，根据具体的案件，组建正确的法庭组织形式，模拟审判人员、公诉人、被告人、辩护人等角色，制作刑事判决书或裁定书。

(3) 在模拟训练过程中，学生要明确各自的角色及职责，并按法律规定的程序进行模拟实训。

(4) 模拟结束后，学生要谈自己的体会并互相交流，总结本次模拟的成功之处与不足。

项目二　第一审程序

引例

朱某故意伤害案

被告人朱某系某厂工人，2012年2月24日，朱某为修理本车间屋顶上已经损坏的水管，到邻组拿了一根废旧白铁管，受到邻组工人徐某某的阻拦而引起争吵。被告人朱某与徐某某平时素有隔阂，徐经常散布一些捏造的事实败坏朱的名誉，说他与三四个女人有不正当性关系。这次，徐某某对朱某来拿废旧白铁管的行为又大加指责，说朱某一贯偷窃，当众进行谩骂，被告人朱某难以忍受，便拿起一根铁棍朝徐打去，造成徐深度性脑挫裂伤及脑震荡，经鉴定为重伤。

此案由人民检察院向人民法院提起公诉后，人民法院经过庭前审查，认为符合开庭审判的法定条件，决定开庭审理此案，为此，人民法院作了下列准备工作：①确定合议庭的组成人员。合议庭由3名审判人员和1名人民陪审员组成。②在开庭前7天给被告人送达起诉书副本。③在开庭前3日通知人民检察院开庭的时间、地点。④在开庭前3日给当事人、证人、鉴定人和翻译人员送达传票和通知书。

【问题】1. 该人民法院开庭前的准备工作正确吗？

2. 人民法院尚需做哪些准备工作？

【评析】该人民法院开庭前的准备工作是不正确的。①~④项均错误，原因是：

(1) 根据《刑事诉讼法》第178条的规定，基层人民法院、中级人民法院审判第一审案件，应当由审判员3人或者由审判员和人民陪审员共3人组成合议庭进行。合议庭的成员人数应当是单数。本案中合议庭由3名审判人员和1名人民陪审员组成，违背了这一法律规定。

(2) 根据《刑事诉讼法》第182条第1款的规定，人民法院至迟应当在开庭10日以前将人民检察院的起诉书副本送达被告人及其辩护人。

(3) 根据《刑事诉讼法》第182条第3款的规定，人民法院确定开庭日期后，应当将开庭的时间、地点通知人民检察院，传唤当事人，通知辩护人、诉讼代理人、证人、鉴定人和翻译人员，传票和通知书至迟在开庭3日以前送达，而不是在开庭前3日通知人民检察院开庭的时间、地点和在开庭前3日给当事人、证人、鉴定人和翻译人员送达传票和通知书。对于被告人未委托辩护人的，告知被告人可以委托辩护人或者在必要的时候通知法律援助机构指派律师为其提供辩护。

此外，公开审判的案件，应当在开庭3日以前先期公布案由、被告人姓名、开庭时间和地点。

一、第一审程序的概念和任务

(一) 第一审程序的概念

第一审程序是指人民法院对起诉到本院的第一审刑事案件进行审判时所应当采取的方式、方法等的总称。第一审程序包括公诉案件的第一审普通程序、自诉案件的第一审普通程序和简易程序。

(二) 第一审程序的任务

第一审程序的任务是：人民法院通过开庭形式，在公诉人、当事人和其他诉讼参与人的参加下，依照法定顺序客观、全面地审查核实证据，查明案件事实，依据《刑法》规定，对被告人的行为是否构成犯罪、应否对被告人处以刑罚以及处以何种刑罚作出裁决，从而使犯罪分子受到应得的惩罚，无罪的人得到解脱，使到旁听的公民受到法制宣传教育。

二、公诉案件的第一审普通程序

（一）庭前审查

开庭审理之前，人民法院对提起公诉的刑事案件是否具备开庭审判条件应当予以审查。其主要目的是审查对被告人的指控是否有充足的理由，决定是否将被告人交付审判，避免将不该交付审判的被告人送上法庭，保障被告人的人权。庭前审查涉及三个问题：一是审查的内容；二是审查的方法；三是审查后的处理决定。

1. 审查的内容

《刑事诉讼法》第181条规定："人民法院对提起公诉的案件进行审查后，对于起诉书中有明确的指控犯罪事实的，应当决定开庭审判。"这里"有明确的犯罪事实"是指人民检察院的起诉书中必须载明被告人的犯罪事实和提起公诉的具体罪名，这种犯罪事实必须是依据刑法规定应予刑事处罚的。根据这一规定，公诉案件的审查，主要是对起诉书中是否有明确指控的犯罪事实展开的。根据《刑事诉讼法》第172条的规定，人民检察院向人民法院提起公诉时，应当将案卷材料和证据一并移送人民法院。因此，人民法院在进行公诉案件的庭前审查时，除了对起诉书进行审查以外，也对案卷材料和证据进行审查。

根据《刑诉解释》第180条的规定，公诉案件的审查包括：

（1）是否属于本院管辖；

（2）起诉书是否写明被告人的身份，是否受过或者正在接受刑事处罚，被采取强制措施的种类、羁押地点，犯罪的时间、地点、手段、后果以及其他可能影响定罪量刑的情节；

（3）是否移送证明指控犯罪事实的证据材料，包括采取技术侦查措施的批准决定和所收集的证据材料；

（4）是否查封、扣押、冻结被告人的违法所得或者其他涉案财物，并附证明相关财物依法应当追缴的证据材料；

（5）是否列明被害人的姓名、住址、联系方式；是否附有证人、鉴定人名单；是否申请法庭通知证人、鉴定人、有专门知识的人出庭，并列明有关人员的姓名、性别、年龄、职业、住址、联系方式；是否附有需要保护的证人、鉴定人、被害人名单；

（6）当事人已委托辩护人、诉讼代理人，或者已接受法律援助的，是否列明辩护人、诉讼代理人的姓名、住址、联系方式；

（7）是否提起附带民事诉讼；提起附带民事诉讼的，是否列明附带民事诉讼当事人的姓名、住址、联系方式，是否附有相关证据材料；

（8）侦查、审查起诉程序的各种法律手续和诉讼文书是否齐全；

（9）有无《刑事诉讼法》第15条第2～6项规定的不追究刑事责任的情形。

2. 审查的方法

刑事诉讼法并没有对公诉案件的庭前审查方法作强制性规定，通常，人民法院的庭前审查程序，只能采取书面审查的方法，即只能审查人民检察院提交的起诉书和移送的有关材料，而不得进行提审被告人和证据调查工作。

3. 审查后的处理

根据《刑事诉讼法》第181条的规定，人民法院对提起公诉的案件进行审查后，对于起诉书中有明确的指控犯罪事实的，应当决定开庭审判。

根据《刑诉解释》第181条第1款的规定，人民法院对提起公诉的案件审查后，应当按照下列情形分别处理：

（1）属于告诉才处理的案件，应当退回人民检察院，并告知被害人有权提起自诉；

（2）不属于本院管辖或者被告人不在案的，应当退回人民检察院；

（3）不符合前条第2～8项规定之一，需要补充材料的，应当通知人民检察院在3日内补送；

（4）依照《刑事诉讼法》第195条第3项规定宣告被告人无罪后，人民检察院根据新的事实、证据重新起诉的，应当依法受理；

（5）依照本解释第242条规定裁定准许撤诉的案件，没有新的事实、证据，重新起诉的，应当退回人民检察院；

（6）符合《刑事诉讼法》第15条第2～6项规定情形的，应当裁定终止审理或者退回人民检察院；

（7）被告人真实身份不明，但符合《刑事诉讼法》第158条第2款规定的，应当依法受理。

对于决定开庭审判的案件，人民法院应当适用决定书。决定书一旦作出，案件即进入开庭前的准备阶段。

（二）开庭审判前的准备

人民法院对公诉案件审查后，如果认为案件符合开庭审判的条件，即着手进行开庭审判前的准备工作，其目的是在庭审前进行必要的信息沟通，为顺利开庭创造条件。根据《刑事诉讼法》第182条的规定，开庭审判前的准备内容主要包括以下四个部分：

1. 确定合议庭成员

决定开庭审判后，对于适用普通程序的案件，应当首先确定合议庭的组成人员。合议庭设审判长1人。审判长是审判活动的具体组织者和指挥者，由院长或庭长指定审判员1人担任。院长或庭长自己参加审判案件时，由院长或庭长自己担任审判长。在组成合议庭的同时，还应当确定法庭的书记员，负责审判的记录工作，并办理与审判有关的其他事项。

2. 告知被告人准备辩护

将人民检察院的起诉书副本至迟在开庭10日以前送达被告人及其辩护人。对于被告人未委托辩护人的，告知被告人可以委托辩护人，或者在必要的时候通知法律援助机构指派律师为其提供辩护。

3. 召开庭前会议

在开庭以前，根据案件情况，需要召开庭前会议的，审判人员可以召集公诉人、当事人和辩护人、诉讼代理人，对回避、出庭证人名单、非法证据排除等与审判相关的问题，了解情况，听取意见。

4. 发出开庭通知

人民法院应当将开庭的时间、地点在开庭3日前通知人民检察院。传唤当事人，通知辩护人、诉讼代理人、证人、鉴定人和翻译人员，传票和通知书至迟在开庭3日前送达。公开审判的案件，在开庭3日前先期公布案由、被告人姓名、开庭时间和地点。

开庭前所进行的上述各项准备活动情况，应当写入笔录，由审判人员和书记员签名，附卷存查。

参考案例

任某、孙某盗窃案

被告人任某，男，32岁，汉族，河南省新乡人，无业。

被告人孙某，男，20岁，汉族，河南省新乡人，无业。

2012年12月，被告人任某与老乡孙某在某餐馆相遇，任某说："想想办法弄点钱回家过春节。"孙某说："怎么弄?"两个人一番商议后，决定实施盗窃。2013年1月1日凌晨2时许，被告人孙某得知民营企业家董某家中无人，便约上被告人任某一起前往董某家盗窃。共窃得现金人民币4000元，美金900元，金项链3条、价值人民币14 000元，24K金戒指一枚、价值人民币7000元，金手链一条、价值人民币9000元，此外还有手机三部、笔记本电脑一台。所得现金两人进行了平分，其余赃物由两人藏到了任某住处，伺机变卖之后分赃。后案发，赃物被缴获，对于犯罪事实和盗得的赃物，两被告人供认不讳。检察机关依法向人民法院提起公诉。

某县人民法院对案件进行审查后，对于起诉书中记载的犯罪事实没有异议。但是，通过查阅移送来的其他材料，发现没有载入起诉书中两被告人利用废信用卡诈骗的事实，于是将全案退回检察机关进行补充侦查，将有关的事实和相应的指控补上。

【问题】 某县人民法院认为有遗漏的罪行，要求将全案退回补充侦查的做法是否正确？为什么？

【评析】 某县人民法院要求将全案退回补充侦查的做法是不正确的。因为，检察机关在将案件提起公诉后，人民法院必须对公诉案件进行审查，根据《刑诉解释》第 181 条的规定，人民法院对提起公诉的案件审查后，应当按照下列情形分别处理：①属于告诉才处理的案件，应当退回人民检察院，并告知被害人有权提起自诉；②不属于本院管辖或者被告人不在案的，应当退回人民检察院；③不符合前条第 2 ~8 项规定之一，需要补充材料的，应当通知人民检察院在 3 日内补送；④依照《刑事诉讼法》第 195 条第 5 项规定宣告被告人无罪后，人民检察院根据新的事实、证据重新起诉的，应当依法受理；⑤依照本解释第 242 条规定裁定准许撤诉的案件，没有新的事实、证据，重新起诉的，应当退回人民检察院；⑥符合《刑事诉讼法》第 15 条第 2 ~6 项规定情形的，应当裁定终止审理或者退回人民检察院；⑦被告人真实身份不明，但符合《刑事诉讼法》第 158 条第 2 款规定的，应当依法受理。这就意味着，这种审查主要是一种程序性的措施，紧紧围绕着是否将被告人交付法庭审判，不能够将之与审判混为一谈。

《刑事诉讼法》第 181 条规定："人民法院对于提起公诉的案件进行审查后，对于起诉书中有明确的指控犯罪事实的，应当决定开庭审判。"也就是说，在审查之后，只要起诉书中有明确的指控犯罪事实的，法院就应当决定开庭审判，不得以上述材料不充足为由而不开庭审判。本案中，检察机关提起了公诉，且起诉书中有明确的指控犯罪事实，就表明国家对于被告人的犯罪行为的追究活动已经正式进入了审判阶段，法院应当履行法定职责，对于该案件予以受理，并作出裁判。

（三）法庭审判

法庭审判是指人民法院在公诉人、当事人以及其他诉讼参与人的参加下，当庭核实证据材料，查明案件事实，听取辩论意见，确定被告人是否有罪，犯有何罪，应否判处刑罚，处以何种刑罚，并依法作出判决的诉讼活动。人民法院审判第一审案件应当公开进行，但是有关国家秘密或者个人隐私的案件，不公开审理；涉及商业秘密的案件，当事人申请不公开审理的，可以不公开审理。不公开审理的案件，应当当庭宣布不公开审理的理由。法庭审判分为开庭、法庭调查、法庭辩论、被告人最后陈述、评议和宣判五个阶段。

1. 开庭

开庭是法庭审理的开始，开庭阶段应当进行下列活动：

(1) 开庭审理前，书记员应当依次进行下列工作：查明公诉人、当事人、证人及其他诉讼参与人是否已经到庭；宣读法庭规则；请公诉人、辩护人入庭；请审判长、审判员（人民陪审员）入庭；审判人员就座后，当庭向审判长报告开庭前的准备工作已经就绪。

(2) 审判长宣布开庭，传被告人到庭后，应当查明被告人的下列情况：姓名、出生年月、民族、出生地、文化程度、职业、住址，是否受过法律处分及处分的种类、时间；是否被采取强制措施及强制措施的种类、时间；是否收到人民检察院起诉书副本及收到的日期；有附带民事诉讼的，附带民事诉讼被告人收到民事诉状的日期。

(3) 审判长宣布案件的来源、起诉的案由、附带民事诉讼原告人和被告人的姓名（名称）及是否公开审理。对于不公开审理的案件，应当当庭宣布不公开审理的理由。

(4) 审判长宣布合议庭组成人员、书记员、公诉人、辩护人、鉴定人和翻译人员的名单。

(5) 审判长应当告知当事人、法定代理人在法庭审理过程中依法享有下列诉讼权利：可以申请合议庭组成人员、书记员、公诉人、鉴定人和翻译人员回避；可以提出证据，申请通知新的证人到庭、调取新的证据、重新鉴定或者勘验、检查；被告人可以自行辩护；被告人可以在法庭辩论终结后作最后的陈述。

(6) 审判长分别询问当事人、法定代理人是否申请回避，申请何人回避和申请回避的理由。如果当事人、法定代理人申请审判人员、出庭支持公诉的检察人员回避，合议庭认为符合法定情形的，应当依照有关回避的规定处理；认为不符合法定情形的，应当当庭驳回，继续法庭审理。如果申请回避人当庭申请复议，合议庭应当宣布休庭，待作出复议决定后，决定是否继续法庭审理。同意或者驳回回避申请的决定及复议决定，由审判长宣布，并说明理由。必要时，也可以由院长到庭宣布。

2. 法庭调查

法庭调查是当庭查明案件事实的重要阶段。根据《刑事诉讼法》第 186 ~

192 条的规定，法庭调查主要是在审判长的主持下，由控、辩双方进行讯问、发问、举证、质证等活动；必要时，审判人员也可以讯问被告人、询问证人、鉴定人和调查核实证据。具体步骤是：

（1）法庭调查的启动。法庭调查是由审判长宣布法庭调查开始后由控方控诉开始的。先由公诉人宣读起诉书；有附带民事诉讼的，再由附带民事诉讼的原告人或者他的法定代理人宣读附带民事起诉状。

（2）控、辩双方讯问或者发问。当控方提出控诉后，在审判长的主持下，被害人、被告人就起诉书中指控的犯罪事实进行陈述。公诉人可以就起诉书所指控的全部犯罪事实逐一讯问被告人。被害人及其诉讼代理人经审判长许可，可以根据公诉人的讯问情况进行补充发问。附带民事诉讼的原告人及其法定代理人或诉讼代理人经审判长许可，可以就附带民事部分的事实向被告人发问。经审判长许可，被告人的辩护人及法定代理人可以在起诉一方就某一具体问题讯问完毕后向被告人发问。

对于共同犯罪中的各个被告人，由公诉人分别进行讯问。如果合议庭认为必要时，可以传唤所有被告人同时到庭对质。

（3）调查核实其他证据。法庭调查时，必须对用作定案根据的证据当庭查证核实。这项活动主要是通过证人作证、询问鉴定人、出示物证并进行辨认、宣读书面证词、书证、鉴定意见、勘验检查笔录等方式进行。

根据《刑事诉讼法》第 59 条的规定，证人证言必须在法庭上经过公诉人、被害人和被告人、辩护人双方质证并且查实以后，才能作为定案的根据。证人作证时，审判人员应当先查明证人身份，并告知证人应如实提供证言和故意作伪证或者隐匿罪证应负的法律责任，然后让证人提供证言。证人作证后，公诉人、当事人和辩护人、诉讼代理人经审判长许可，可以对证人发问。证人作证完毕，审判长应宣布证人退庭。证人不得旁听案件的审理。有数个证人作证时，应当分别询问、质证。

出庭作证是在审判阶段对证人证言进行甄别的重要方式。根据《刑事诉讼法》第 187 条第 1 款的规定，证人证言在同时符合以下三个条件的情况下，证人应当以出庭的方式作证：一是公诉人、当事人或者辩护人、诉讼代理人对证人证言有异议，包括公诉人、当事人等认为证人证言不符合实际情况，与其掌握的其他证据之间存在矛盾等；二是该证人证言对案件定罪量刑有重大影响；三是人民法院认为证人有必要出庭作证。《刑事诉讼法》第 187 条第 2 款规定，人民警察就其执行职务时目击的犯罪情况作为证人出庭作证，适用前款规定。这款是关于警察作为目击证人出庭作证的规定，也就是说警察作为目击者提供证言时，与其他证人没有区别，对于符合出庭条件的，应当出庭作证。根据《最高人民法院、最高人民检察院、公安部、国家安全部、司法部关于办理死刑案件审查判断证据若干问题的规定》，办理死刑案件时，对未出庭作证证人的书面证言，应当听取出庭检察人员、被告人及其辩护人的意见，并结合其他证据综合判断。未出庭作证证人的书面证言出现矛盾，不能排除矛盾且无证据印证的，不能作为定案根据。需要注意的是，对无正当理由拒绝出庭的证人，应当按照《刑事诉讼法》第188条之规定处理。除经人民法院许可外，鉴定人应当出庭宣读鉴定意见，接受询问。宣读鉴定意见后，公诉人、当事人和辩护人、诉讼代理人经审判长许可，可以对鉴定人发问。审判长认为发问的内容与案件无关的时候，应当制止。根据《刑事诉讼法》第187条第3款的规定，公诉人、当事人或者辩护人、诉讼代理人对鉴定意见有异议，人民法院认为鉴定人有必要出庭的，鉴定人应当出庭作证。经人民法院通知，鉴定人拒不出庭作证的，鉴定意见不得作为定案的根据。

审判人员认为必要时，也可以询问证人、鉴定人。

作为指控犯罪和辩护依据的各种物证、书证、视听资料等，公诉人、辩护人应当向法庭出示，让当事人辨认，确定其真实性。无法随案移送到法庭的物证、书证等，可以出示原物照片，并让当事人辨认。

对未到庭的证人证言笔录、鉴定人的鉴定意见、勘验检查笔录等应当当庭宣读，审判人员应当听取公诉人、当事人和辩护人、诉讼代理人的意见。

在法庭审理过程中，当事人和辩护人、诉讼代理人有权申请通知新的证人到庭，调查新的证据，申请重新鉴定或者勘验。当事人、辩护人或者诉讼代理人行使申请权时，应说明理由，法庭应当认真研究，作出是否同意的决定，并说明理由。如果同意申请，审判长应宣布休庭，延期审理。

公诉人、当事人和辩护人、诉讼代理人可以申请法庭通知有专门知识的人出庭，就鉴定人作出的鉴定意见提出意见。

法庭审理过程中，合议庭对证据有疑问的，可以宣布休庭，对证据进行调查核实。在休庭期间，法院可以进行勘验、检查、查封、扣押、鉴定和查询、冻结等工作。对于法院收集到的新证据，也必须开庭，由审判人员出示证据，并让控辩双方质证。

在法庭审理过程中，公诉人发现案件需要补充侦查，提出延期审理建议的，合议庭应当同意。但是建议延期审理的次数不得超过2次。法庭宣布延期审理后，人民检察院在补充侦查的期限内没有提请人民法院恢复法庭审理的，人民法院应当决定按人民检察院撤诉处理。

人民法院向人民检察院调取需要调查核实的证据材料，或者根据辩护人、被告人的申请，向人民检察院调取侦查、审查起诉中收集的有关被告人无罪和罪轻的证据材料，应当通知人民检察院在收到调取证据材料决定书后3日内移交。

合议庭在案件审理过程中，发现被告人可能有自首、立功等法定量刑情节，而起诉和移送的证据材料中没有这方面的证据材料的，应当通知人民检察院移送；审判期间被告人提出新的立功线索的，人民法院可以建议人民检察院补充侦查。

3. 法庭辩论

法庭辩论是在审判长的主持下，在法庭调查结束后，组织控、辩双方就案件事实、证据和适用法律等问题进行的辩论。根据《刑事诉讼法》第193条第1款的规定，法庭审理过程中，对与定罪、量刑有关的事实、证据都应当进行调查、辩论。法庭辩论活动，既是控方揭露犯罪、证实犯罪的活动，也是辩方据理反驳控诉、维护被告人合法权益的活动。

法庭辩论依法按照以下顺序进行：

（1）公诉人发表公诉词；

（2）被害人及其诉讼代理人发言；

（3）被告人自行辩护；

（4）辩护人发表辩护词；

（5）控辩双方互相辩论。

对附带民事部分的辩论在对刑事部分的辩论结束以后进行。具体步骤是：先由附带民事诉讼的原告人和他的诉讼代理人发言，然后由被告人和他的诉讼代理人答辩，之后双方进行辩论。

在法庭辩论过程中，如果合议庭发现了新的事实，认为有必要调查的，审判长可以宣布暂停辩论，恢复法庭调查，待查清事实后再继续辩论。

4. 被告人最后陈述

被告人最后陈述，是法律赋予被告人的一项独特的诉讼权利。根据《刑事诉讼法》第193条第3款的规定，审判长在宣布辩论终结后，被告人有最后陈述的权利。在此阶段，被告人可以就自己是否犯罪、罪行轻重当庭进行最后的辩护和发言。

在被告人最后陈述过程中，审判长发现他多次重复自己的意见，或者陈述的内容是蔑视法庭、公诉人、损害他人及社会公共利益或者与本案无关的，有权制止；在公开审理的案件中，被告人最后陈述的内容涉及国家秘密或者个人隐私的，也有权制止。

5. 评议、宣判

被告人最后陈述完毕，审判长宣布休庭，合议庭开始评议。

合议庭评议应当秘密进行，即评议的过程和评议笔录对外一律不公开，不允许当事人、其他诉讼参与人和其他人旁听、查阅。评议的任务是在法庭审理的基础上，对案件事实和适用法律问题全面地进行分析、判断，并作出结论。进行评议时，合议庭成员有平等的发言权，意见有分歧时，采取表决的方式，按少数服从多数的原则形成判决，但少数人的意见应当记入评议笔录。

评议结束后，进入法庭宣判阶段。在宣告判决前，人民检察院要求撤回起诉的，人民法院应当审查人民检察院撤回起诉的理由，并作出是否准许的裁定。人民法院在审理中发现新的事实，可能影响定罪的，应当建议人民检察院补充材料或者变更起诉；人民检察院不同意的，人民法院应当就起诉指控的犯罪事实，依法作出裁判。

根据《刑事诉讼法》第 196 条第 1 款的规定，无论是公开审判还是不公开审判的案件，宣告判决均公开进行。宣告判决是指人民法院将判决的内容公开宣布告知的诉讼活动。分为当庭宣判和定期宣判两种形式。当庭宣判，就是法庭审理完毕，合议庭利用休庭后的短暂时间，退庭进行评议并作出判决后，立即复庭，由审判长口头宣告判决主文或主要内容的活动。根据《刑事诉讼法》第 196 条第 2 款的规定，当庭宣告判决的，应当在 5 日以内将判决书送达当事人和提起公诉的人民检察院；定期宣判，是指人民法院经过法庭审理后另行确定日期宣告判决的诉讼活动。定期宣告判决的，应当在宣告后立即将判决书送达当事人和提起公诉的人民检察院。判决书应当同时送达辩护人、诉讼代理人。此外，定期宣判的案件，还应先期公布宣判的时间、地点、案由，以方便关心案件处理的公民旁听。这是公开宣判的必要形式。

地方各级人民法院在宣告第一审判决、裁定时，应当明确告知有关人员不服本判决有上诉权，以及上诉的法院和上诉的期限。

（四）法庭审判笔录

法庭审判笔录是全面记载法庭审判活动的诉讼文书。根据《刑事诉讼法》第 201 条的规定，法庭审判的全部活动，应当由书记员写成笔录，经审判长审阅后，由审判长、书记员签名。

法庭笔录中的证人证言部分，应当当庭宣读或者交给证人阅读。证人在承认没有错误后，应当签名或者盖章。

法庭笔录还应当交给当事人阅读或者向他宣读。当事人认为记录有遗漏或

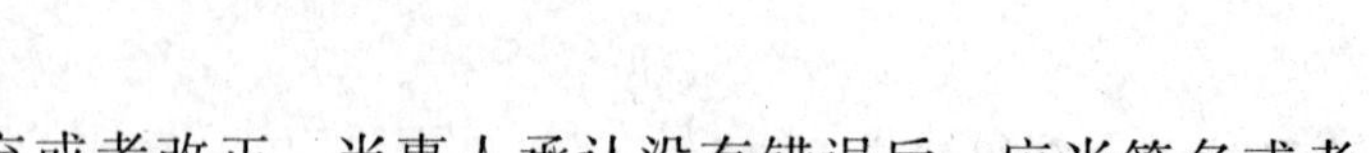

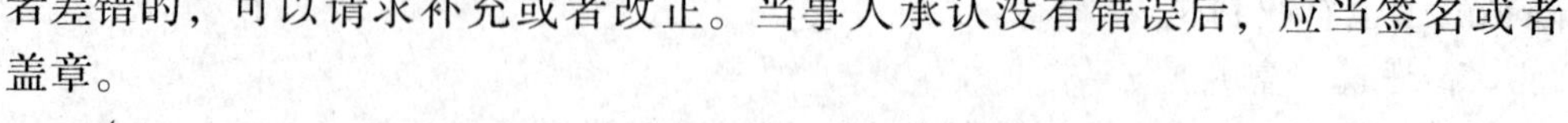

者差错的，可以请求补充或者改正。当事人承认没有错误后，应当签名或者盖章。

参考案例

刘某盗窃案

2007年4月3日，唐河县人民法院公开审理刘某盗窃案。经过法庭调查和互相辩论，最后以确实、充分的证据，证明了刘某于2007年1月3日盗窃广平乡农民徐某家现金2000元、衣服4套的犯罪事实，刘某在最后陈述时亦供认不讳，并表示要退还赃款赃物，要求从宽处理。审理结束后，合议庭定于4月10日宣判。

4月8日，广平乡农民曾某又向县人民法院提供了刘某曾于2006年12月盗窃乡水库鱼的事实，经审判长和人民陪审员下乡调查了解，获得了充分证据，证明刘某盗鱼的事实清楚，且构成犯罪，为此，合议庭将原来拟判处的2年有期徒刑改为3年。4月10日宣告判决，判决书以无可辩驳的证据，证明刘某不仅盗窃现金2000元、衣服4套，而且盗窃价值约2000元的鱼。

【问题】 未经审判直接判刑的做法合适吗？

【评析】 该人民法院对本案的处理是不合适的。因为：

1. 从先有控诉，后有审判的原理上讲，本案中关于被告人盗窃活鱼的事实，没有经过检察机关提起公诉，人民法院是不能独自决定审判的，如果允许法院凭借审判职权控诉犯罪并处以刑罚，势必造成诉、审不分的现象，这是绝对不允许的。

2. 本案就起诉的盗窃事实已经进行了开庭审判，等待定期宣判。在宣判以前将判决内容改变，也是不妥的。因为，后来的盗窃鲜鱼的犯罪事实没有经过开庭审理程序，这种不经审理即给被告人定罪量刑的做法，显然是剥夺了被告人的辩护权，严重违反诉讼程序。

本案的正确做法应当是：人民法院对已经开庭审理的犯罪事实延期宣判，将发现和掌握的新的犯罪事实移交人民检察院，要求人民检察院依法补充起诉，然后人民法院重新开庭审判，将前案与后案合并作出处理，最后一起宣判。

（五）延期审理、中止审理和终止审理

人民法院受理刑事案件之后到评议之前，可能会遇到使审判无法依照诉讼程序进行或者不能继续开庭的特定情况，根据《刑事诉讼法》的有关规定，出现这些特定情况时，可以延期审理、中止审理或者终止审理。

1. 延期审理

延期审理，是指在法庭审判过程中，遇有影响审判继续进行的情形时，宣布休庭和顺延审判时间的决定。继续开庭审判的时间，可在影响审判的情形消失后确定，但不能超过办案的法定期限。

根据《刑事诉讼法》第198条的规定，在法庭审判过程中，遇有下列情形之一，影响审判进行的，可以延期审理：①需要通知新的证人到庭，调取新的物证，重新鉴定或者勘验的；②检察人员发现提起公诉的案件需要补充侦查，提出建议的；③由于申请回避而不能进行审判的。

除上述法律规定的几种情形外，在审理过程中，下列情况也应当延期审理：①被告人以正当理由提出更换辩护人的要求，法庭同意的；②公诉人或自诉人变更指控范围、被告人及其辩护人要求重新进行辩护准备的。应当注意的是：上述情况发生在"法庭审判过程中"，即人民法院按照原定的审理日期，把被告人和其他诉讼参与人通知、传唤到庭正式开庭审理后到合议庭评议前这一阶段中。如果在没有正式开庭以前出现了某些情况，甚至是《刑事诉讼法》第198条所列的情形之一，影响开庭审理的，则推迟原定开庭日期，而不是延期审理。

延期审理的开庭日期，可以当庭确定，也可以在休庭以后另行确定。能够当庭确定的，应当当庭确定并公开宣布下次开庭的时间、地点。当庭不能确定的，另行确定并通知公诉人、当事人和其他诉讼参与人。根据《刑诉解释》第222条的规定，延期审理的案件，可以报请上级人民法院批准延长审理期限。

2. 中止审理

中止审理即停止审理，是指人民法院在审理刑事案件的过程中，因出现使案件在较长时间内无法继续进行审理的情形而裁定暂时停止审判，待这些情形消失后，再进行审判的诉讼活动。

根据《刑事诉讼法》第200条的规定，在审判过程中，有下列情形之一，致使案件在较长时间内无法继续审理的，可以中止审理：①被告人患有严重疾病，无法出庭的；②被告人脱逃的；③自诉人患有严重疾病，无法出庭，未委托诉讼代理人出庭的；④由于不能抗拒的原因。

中止审理的原因消失后，应当恢复审理。中止审理的期间不计入审理期限。

中止审理的结果虽然同延期审理一样，都是引起审判活动的暂停，但它们是两种不同的障碍处理，其主要区别体现在：①障碍原因不同。延期审理的原因是诉讼内的障碍，该障碍的消除可以通过诉讼上的努力而实现；中止审理的原因是诉讼外的障碍，该障碍的消除不能通过诉讼上的努力而实现。②障碍产生时间不同。延期审理的障碍，产生在开庭之后合议庭评议之前；中止审理的障碍可以出现于法庭审理过程之中或法庭审理之前。③再行审判的可预测性不同。延期审理的案件，再开庭审理的时间可以预定或当庭决定；但中止审理的案件，再开庭时间往往无法确定。

3. 终止审理

终止审理，是指在案件审理过程中，由于出现某些特定的情形而使案件失去继续审理的必要性，人民法院裁定对案件结束审理。

根据法律规定和司法实践，终止审理的情形主要是：

(1) 犯罪已过追诉时效期限的；

(2) 经特赦令赦免的；

(3) 被告人死亡的；

(4) 法庭宣布延期审理后，人民检察院在补充侦查期限内没有提请人民法院恢复法庭审判，人民法院以撤诉结案的；

(5) 在法庭审理过程中，人民检察院要求撤回起诉的；

(6) 其他法律规定免予追究刑事责任的；

(7) 自诉人死亡而没有法定人员行使追诉权的。

(六) 法庭秩序

法庭秩序是指人民法院开庭审判时诉讼参与人和旁听人员应当遵守的纪律和秩序。

根据《刑事诉讼法》第194条和《刑诉解释》的规定，在法庭审判过程中，如果诉讼参与人或者旁听人员违反法庭秩序，依法作如下处理：①对于违反法庭秩序情节较轻的，审判长应当当庭警告制止并进行训诫。②对于不听警告制止的，可以指令法警强行带出法庭。③对于违反法庭秩序情节严重的，经报请院长批准后，对行为人处1000元以下的罚款或者15日以下的拘留；被处罚人对罚款、拘留决定不服的，可以向上一级人民法院申请复议，复议期间不停止执行。④对聚众哄闹、冲击法庭或者侮辱、诽谤、威胁、殴打司法工作人员或者诉讼参与人，严重扰乱法庭秩序，构成犯罪的，应当依法追究刑事责任。

根据《刑诉解释》第249条的规定，法庭审理过程中，诉讼参与人、旁听人员应当遵守以下纪律：①服从法庭指挥，遵守法庭礼仪；②不得鼓掌、喧哗、哄闹、随意走动；③不得对庭审活动进行录音、录像、摄影，或者通过发送邮件、博客、微博客等方式传播庭审情况，但经人民法院许可的新闻记者除外；④旁听人员不得发言、提问；⑤不得实施其他扰乱法庭秩序的行为。其中，以博客、微博客等形式传播法庭审理情况是近年来出现的新事物。但是，上述规定应当限定在“法庭审理过程中”；法庭审理结束后，应当不受上述规则约束。

除上述规定外，《刑诉解释》第250条第1款第4项还规定，对于未经许可录音、录像、摄影或者通过邮件、博客、微博客等方式传播庭审情况的，可以暂扣存储介质或者相关设备。第251条规定，担任辩护人、诉讼代理人的律师严重扰乱法庭秩序，被强行带出法庭或者被处以罚款、拘留的，人民法院应当通报司法行政机关，并可以建议依法给予相应处罚。第253条规定，辩护人严重扰乱法庭秩序，被强行带出法庭或者被处以罚款、拘留，被告人自行辩护的，庭审继续进行；被告人要求另行委托辩护人，或者被告人属于应当提供法律援助情形的，应当宣布休庭。

《刑诉解释》第250条第2款规定，诉讼参与人、旁听人员对罚款、拘留的决定不服的，可以直接向上一级人民法院申请复议，也可以通过决定罚款、拘留的人民法院向上一级人民法院申请复议。通过决定罚款、拘留的人民法院申请复议的，该人民法院应当自收到复议申请之日起3日内，将复议申请、罚款或者拘留决定书和有关事实、证据材料一并报上一级人民法院复议。复议期间，不停止决定的执行。

参考案例

证人到庭作证为贪官鼓掌被拘案

据《中国青年报》转载《大河报》报道，在河南渑池县人民法院审理原卢氏县委书记杜某受贿、报复陷害一案的法庭上，被检察院指控向杜某行贿的主要人物、被法庭传唤到庭作证的卢氏县公安局副局长邹某，听到杜某不顾法庭制止、大声发表与本案无关的言论时，竟不顾法庭纪律，“啪啪”鼓起掌来。因扰乱法庭秩序被当庭司法拘留后，邹某向执行法警解释说，他听领导讲话鼓掌鼓惯了，一听杜某讲话，就情不自禁地鼓掌了。

【问题】 渑池县人民法院对邹某行为的处理是否正确？

【评析】 当庭鼓掌属于比较轻微的违反法庭秩序的行为，如果只是一次情不自禁的鼓掌，警告和训诫即可；如不听制止多次鼓掌，可指令法警强行带出法庭；既不听从制止又不能带离法庭或者有其他严重违反法庭秩序行为的，可以司法拘留。

（七）第一审程序的期限

第一审期限是指法院审判第一审公诉案件从受理到宣判的最长时间限制。《刑事诉讼法》第202条对此作了明确规定，人民法院审理公诉案件，应当在受理后2个月以内宣判，至迟不得超过3个月。对于可能判处死刑的案件或者附带民事诉讼的案件，以及有本法第156条规定情形之一的，经上一级人民法院批准，可以延长3个月；因特殊情况还需要延长的，报请最高人民法院批准。

人民法院改变管辖的案件，从改变后的人民法院收到案件之日起计算审理期限。

人民检察院补充侦查的案件，补充侦查完毕移送人民法院后，人民法院重新计算审理期限。

三、自诉案件的第一审普通程序

（一）自诉案件的起诉

自诉是相对公诉而言的一种起诉制度。自诉人向人民法院提起诉讼，应当采取一定的形式。根据法律规定，自诉人提起自诉，应当向人民法院提交刑事自诉状。自诉人书写自诉状确有困难的，可以口头起诉，由人民法院的工作人员制作起诉笔录，向自诉人宣读无误后由自诉人签名或者盖章。自诉人也可以委托律师代书，写好自诉状后由自诉人签名、盖章。

自诉状或者口头起诉，应当包括下列内容：

（1）自诉人、被告人的姓名、性别、年龄、民族、籍贯、出生地、职业、文化程度、工作单位和住址；

（2）被告人犯罪的时间、地点、手段、情节和危害后果等；

（3）具体的诉讼请求；

（4）送至人民法院的名称及具体时间；

（5）证人的姓名、住址及其他证据的名称、件数、来源等。如果被告人是2人以上的，自诉人应按被告人的人数提供自诉状副本。

（二）自诉案件的范围

根据《刑事诉讼法》第204条的规定，自诉案件包括下列案件：①告诉才处理的案件，即《刑法》第246条第1款规定的侮辱、诽谤案，第257条第1款规定的暴力干涉婚姻自由案，第260条第1款规定的虐待案，第270条规定的侵占案；②被害人有证据证明的轻微刑事案件；③被害人有证据证明被告人侵犯自己人身、财产权利的行为应当依法追究刑事责任，而公安机关或者人民检察院不予追究被告人刑事责任的案件。第三类案件是公诉转化为自诉的案件，就立法本意而言，它是为了解决实践中被害人告状无门、权益被侵害的问题，以达到更好地保护被害人的利益之目的；同时，也是对侦查机关、公诉机关正确行使权力的一种制约和群众监督。另外，公诉转化为自诉案件必须符合以下条件：①起诉主体只能是自然人，被害单位或者法人受害的案件不在此列；②仅限于被害人的人身权利、财产权利遭受损害的案件；③公安机关或者人民检察院已经作出了不予追究的书面决定。

（三）自诉案件的审查和处理

根据《刑事诉讼法》第205条的规定，人民法院对于自诉案件进行审查后，按照下列情形分别处理：①犯罪事实清楚，有足够证据的案件，应当开庭审判；②缺乏罪证的自诉案件，如果自诉人提不出补充证据，应当说服自诉人撤回自诉，或者裁定驳回。

自诉人经两次依法传唤，无正当理由拒不到庭的，或者未经法庭许可中途退庭的，按撤诉处理。法庭审理过程中，审判人员对证据有疑问，需要调查核实的，适用《刑事诉讼法》第191条的规定。

1. 不予受理

对具有下列情形之一的，应当说服自诉人撤回自诉，或者驳回起诉：①犯罪已过追诉时效的；②被告人已经死亡的；③被告人已经下落不明的；④不属于自诉案件范围的；⑤除因证据不足而撤诉的以外，自诉人撤诉后，就同一事实又起诉的；⑥经法院调解结案后，自诉人反悔，就同一事实再行起诉的；⑦民事案件结案后，自诉人就同一事实再提出刑事自诉的。

其中，对于公诉转自诉的案件，如果自诉人提不出足够证据证明犯罪事实成立的，应当在15日以内决定，书面通知自诉人并说明不予受理的理由，如果自诉人还坚持起诉的，应当用裁定驳回起诉。

2. 受理

人民法院对起诉的自诉案件进行审查后，对符合立案条件的，应当在收到自诉状或者口头起诉第二天起15日以内立案，并书面通知自诉人。

参考案例

刘某伤害王某、李某案

刘某致王某和李某轻伤，王某将案件起诉到法院，李某接到法院通知后表示不想追究刘的责任，没有参加诉讼。一审宣判后，李某反悔，就同一事实向法院提起自诉。

【问题】该法院应当如何处理？

【评析】根据《刑诉解释》第266条的规定，自诉人明知有其他共同侵害人，但只对部分侵害人提起自诉的，人民法院应当受理，并告知其放弃告诉的法律后果；自诉人放弃告诉，判决宣告后又对其他共同侵害人就同一事实提起自诉的，人民法院不予受理。共同被害人中只有部分人告诉的，人民法院应当

通知其他被害人参加诉讼，并告知其不参加诉讼的法律后果。被通知人接到通知后表示不参加诉讼或者不出庭的，视为放弃告诉。第一审宣判后，被通知人就同一事实又提起自诉的，人民法院不予受理。但是，当事人另行提起民事诉讼的，不受本解释限制。

本案中，刘某致王某和李某轻伤，王某将案件起诉到法院，李某接到法院通知后表示不想追究刘的责任，没有参加诉讼。一审宣判后，李某反悔，就同一事实向法院提起自诉，该法院不应当受理。

（四）自诉案件审判程序的特点

自诉案件的第一审程序，应当参照公诉案件第一审程序的规定进行。开庭前，应当向被告人送达自诉状副本，告知他可以委托辩护人或者依法通知法律援助机构指派律师为其提供辩护，并准备好答辩状。

自诉案件的审判程序，有如下几个特点：

（1）经两次依法传唤，自诉人无正当理由拒不到庭的，或者未经法庭许可中途退庭的，按撤诉处理。

（2）人民法院对自诉案件可以进行调解，但是《刑事诉讼法》第 204 条第 3 项规定的案件不适用调解。调解应当在自愿、合法的基础上进行。调解达成协议的，人民法院应当制作调解书，由审判员和书记员署名，并加盖人民法院的印章。调解书一经送达，即发生法律效力。调解没有达成协议或者调解书送达前一方反悔的，人民法院应当进行判决。

（3）自诉人在宣告判决以前可以同被告人自行和解或者撤回自诉。和解是指当事人双方自行协商取得谅解并达成不再由人民法院审判的活动。撤回自诉有两种情况：一是自诉人与被告人双方和解后自诉人撤回自诉；二是当事人双方虽未自行和解，但自诉人出于其他考虑，自愿撤诉。无论属于何种原因，只要是在法院判决以前提出的，人民法院都应当准许。

（4）被告人及其法定代理人在诉讼过程中，可以对自诉人提起反诉。反诉是指自诉案件的被告人或其法定代理人在诉讼过程中以自诉人为被告人，控告其犯有与本案相联系的罪行，并要求追究其刑事责任的行为。反诉必须符合下列条件：①反诉的对象必须是自诉人本人；②反诉的案件必须属于自诉案件，如果不属于自诉案件的范围，而是公诉案件，应当转由公安机关或者人民检察院立案侦查，按公诉案件处理；③反诉的内容必须与自诉有联系。对于反诉，人民法院必须与自诉案件合并审理。

（5）人民法院审理自诉案件的期限，被告人被羁押的，适用《刑事诉讼法》第 202 条第 1 款、第 2 款的规定；未被羁押的，应当在受理后 6 个月以内宣判。

四、简易程序

(一) 简易程序的概念和意义

简易程序是指基层人民法院审理某些事实清楚、情节简单、证据充分、犯罪轻微的刑事案件所适用的比普通程序相对简化的第一审程序。

简易程序的设置符合我国审判实践的客观需要，也顺应了世界多数国家刑事诉讼制度改革发展的潮流。目前，我国刑事案件的发案率呈上升趋势，人民法院面临的审判任务日益繁重，司法压力不断增大，为了实现案件的有效分流，进一步提高司法效率，解决司法压力，有必要扩大简易程序的案件适用范围。增设简易程序，正确及时地审结那些事实清楚、情节简单、犯罪轻微的刑事案件，这对于提高诉讼效率，降低诉讼成本，促成纠纷的尽快解决等，都具有重大的意义。

(二) 简易程序的适用范围

根据《刑事诉讼法》第208条的规定，基层人民法院管辖的案件，符合下列条件的，可以适用简易程序审判：①案件事实清楚、证据充分的；②被告人承认自己所犯罪行，对指控的犯罪事实没有异议的；③被告人对适用简易程序没有异议的。人民检察院在提起公诉的时候，可以建议人民法院适用简易程序。

根据《刑事诉讼法》第209条及《刑诉解释》第290条的规定，有下列情形之一的，不适用简易程序：①被告人是盲、聋、哑人，或者是尚未完全丧失辨认或者控制自己行为能力的精神病人的；②有重大社会影响的；③共同犯罪案件中部分被告人不认罪或者对适用简易程序有异议的；④辩护人作无罪辩护的；⑤被告人认罪但经审查认为可能不构成犯罪的；⑥其他不宜适用简易程序审理的。

刘某涉嫌故意伤害案

被害人王某，向县公安机关控告刘某故意伤害，公安机关立案侦查后，认为刘某的行为不构成犯罪，依法撤销了该案。后王某向人民法院起诉，人民法院受理了该案，人民法院适用简易程序审理了该案。

【问题】 该案中哪些做法符合刑事诉讼法规定的程序？

【评析】 1. 公安机关依法撤销该案；

2. 人民法院受理该案；

3. 王某向人民法院起诉。

（三）简易程序的特征

与普通审判程序相比，适用简易程序的法庭审判程序具有如下特点：

（1）可以由审判员1人独任审判。但是这里需要指出的是必须是职业法官，而不能由人民陪审员独任审判。

（2）适用简易程序审理案件，对可能判处3年有期徒刑以下刑罚的，可以组成合议庭进行审判，也可以由审判员1人独任审判；对可能判处的有期徒刑超过3年的，应当组成合议庭进行审判。

（3）适用简易程序审理公诉案件，人民检察院应当派员出席法庭。

（4）适用简易程序审理案件，审判人员应当询问被告人对指控的犯罪事实的意见，告知被告人适用简易程序审理的法律规定，确认被告人是否同意适用简易程序审理。

（5）法庭调查、法庭辩论程序简化。《刑事诉讼法》第213条规定："适用简易程序审理案件，不受本章第一节关于送达期限、讯问被告人、询问证人、鉴定人、出示证据、法庭辩论程序规定的限制。但在判决宣告前应当听取被告人的最后陈述意见。"

（6）简易程序具有可变更性。即人民法院对案件按简易程序审理，在审理过程中发现不宜适用简易程序的，应将案件变更为按普通程序审理。

（7）简易程序的审理期限较短。《刑事诉讼法》第214条规定："适用简易程序审理案件，人民法院应当在受理后20日以内审结；对可能判处的有期徒刑超过3年的，可以延长至1个半月。"

（四）简易程序的变更

根据《刑诉解释》第298条的规定，人民法院适用简易程序审理案件的过程中，发现有下列情形之一的，应当转为普通程序审理：

（1）被告人的行为可能不构成犯罪的。

（2）被告人可能不负刑事责任的。

（3）被告人当庭对起诉指控的犯罪事实予以否认的。

（4）案件事实不清、证据不足的。

（5）不应当或者不宜适用简易程序的其他情形。

参考案例

胡某赌博案

被告人胡某先后3次纠集他人在家中赌博，由他提供赌具，并抽头收费，共获得1200元，后被查获，由某县人民检察院向县人民法院提起公诉。县人民法院认为赌博罪的最高法定刑是3年有期徒刑，可以适用简易程序。因此向县人民检察院提出，按照简易程序由审判员汪某1人独任审判此案。

县人民检察院认为，适用简易程序，则公诉人不能出庭，不利于打击赌博犯罪，因此不同意适用简易程序。人民法院认为赌博罪性质轻微，处罚也较轻，完全可以适用简易程序，况且法院人手少，工作压力大，适用简易程序可以节省人力办其他案件，所以坚持适用简易程序，并要求县人民检察院移送全部案卷材料。县人民检察院坚持原来观点，并拒绝移送全部案卷。于是县人民法院在公诉人未出庭的情况下开庭审理了该案，并以证据不足、不能认定被告人有罪为由，作出证据不足、指控的犯罪不能成立的无罪判决。

【问题】县人民检察院的意见是否正确？县人民法院的做法是否正确？

【评析】简易程序是基层人民法院对某些简单轻微的刑事案件，依法适用较普通审判程序简易的一种审判程序。它的特点是：只适用于第一审程序；只适用于基层人民法院；只适用于案件事实清楚、证据充分的刑事案件。

根据《刑事诉讼法》第208条的规定，基层人民法院管辖的案件，符合下列条件的，可以适用简易程序审判：①案件事实清楚、证据充分的；②被告人承认自己所犯罪行，对指控的犯罪事实没有异议的；③被告人对适用简易程序没有异议的。人民检察院在提起公诉的时候，可以建议人民法院适用简易程序。根据《刑事诉讼法》第210条的规定，适用简易程序审理案件，对可能判处3年有期徒刑以下刑罚的，可以组成合议庭进行审判，也可以由审判员1人独任审判；对可能判处的有期徒刑超过3年的，应当组成合议庭进行审判。适用简易程序审理公诉案件，人民检察院应当派员出席法庭。

在本案中，县人民检察院认为适用简易程序则公诉人就不能出庭是错误的。同时，县人民法院不取得县人民检察院的同意就开庭审理本案也是错误的。可以说，在上述可以适用简易程序的案件范围中的第一审案件，是否适用简易程序，取决于法院和检察院的意见是否一致。如果没有达成一致意见，则不能适用。

实务训练

1. 实训材料

药某故意杀人案

药某，某音乐学院大三的学生，于2010年10月20日深夜，驾车撞人后又将伤者刺了8刀致其死亡，此后驾车逃逸至郭杜十字路口时再次撞伤行人，逃逸时被附近群众抓获。后被公安机关释放。2010年10月23日，被告人药某在其父母陪同下到公安机关投案。2011年1月11日，西安市检察院以故意杀人罪对药某提起了公诉。2011年3月23日，该案件在西安市中级人民法院开审。2011年4月22日，西安市中级人民法院一审宣判，被告人药某犯故意杀人罪，被判处死刑，剥夺政治权利终身，并处赔偿被害人家属经济损失45 498.5元。

2. 实训目的

模拟法庭实践教学是案例教学的一种特殊形式，它通过对所选择的案件模拟庭审全过程，使学生熟悉司法审判的实际程序，加深学生对刑事实体法与刑事程序法基本理论及刑事诉讼程序的运作过程的理解；通过“亲身、亲历”参与模拟法庭活动，培养和锻炼学生发现问题、分析问题和解决问题的能力，提高学生语言表达能力、组织协调和抗辩能力，同时还能检验学生专业知识学习成果、法学理论掌握程度，检验学生反应能力、思辨能力、程序意识和实践技能领会状态。

在模拟法庭活动过程中，学生扮演诉讼中的不同角色，能够较为直观地感受和领悟所涉及的诉讼程序问题，锻炼学生的应变能力和掌握司法工作的诉讼技巧。还可以给学生提供独立分析思考和发挥创造性思维能力的空间，有利于学生全面提高综合素质。

3. 实训方法

本实训采取操作性实训方法进行，根据给出的“药某故意杀人案”案情模拟一审刑事审判。

学生全员参加，根据给出的案情，通过各种途径搜集与案件有关的材料，根据案情和材料写出模拟法庭审判脚本，结合模拟法庭剧情脚本，由若干人组成一个模拟的刑事一审审判法庭。将学生分为审判组、控诉组（原告组）、被告和辩护组（被告组）等，证人、被害人、鉴定人等诉讼参与人单独分组。学生拿到材料后，模拟法庭组共同研究有关案情的基本情况，了解全部诉讼参与人的活动，各小组成员应结合自己所扮演的角色分析案情、把握事实、适用法律。

教师可以给予必要的辅导提示，但是一定要把握以学生为主体，教师为引导。在指导的过程中要充分发挥学生的主观能动性，尽可能让学生充分感觉到法律职业的真实状况。

模拟结束后，学生谈各自的体会，并互相交流，各小组谈所承担任务的感受，总结本次模拟的成功与不足之处。

教师进行点评、总结。

4. 实训要求

要求程序合法，观点明确，语言表达规范、流畅、有气质。正确运用法学原理分析案情，正确理解法律规定，正确收集和运用证据、制作法律文书，掌握法庭辩论及应变等法律实践应用能力的技巧。法庭审判程序在庭审过程中应得到充分执行，以求达到模拟法庭教学的预期目的，避免走过场，流于形式。

项目三　第二审程序

引例

吴某强迫交易案

被告人吴某，男，34 岁，无业。

被告人吴某与福建省福安市人张某、黄某进行鞭炮生意，双方对于数量、单价、交货期限、地点、货款交付以及运输方法很快达成了一致意见，并达成了书面合同。但对于预付定金有分歧。2011 年 8 月 26 日，被告人吴某伙同朱某（在逃）强行把张某、黄某带到被告人吴某家，强迫张、黄支付所谓的预付定金 4.8 万元。张、黄不从，被告人吴某朝黄某嘴上猛打一拳，黄流血不止。朱某亦用啤酒瓶、椅子砸张某，并踢了黄一脚。张、黄被打后，被告人吴某和朱某抢走黄、张两人现金 3000 元、手机一部、金戒指一枚及手表一块。劫后，被告人吴某强行扣押张、黄 2 人，并逼迫张某打电话要家人汇 2 万元过来。直至 8 月 30 日，公安机关解救出张、黄，并追回被抢物品和现金。被告人吴某被捉拿归案。

一审法院认为，被告人吴某为迫使他人与自己完成交易，以殴打及强制人身等暴力手段，强迫他人支付定金，情节严重，其行为侵害了市场的资源公正的交易秩序及他人的合法权益，其行为构成了强迫交易罪。判处有期徒刑 6 个月，并处罚金 1 万元。

被告人吴某不服一审判决，在上诉期内提出了上诉。二审法院受理后，经过审查，认为一审的量刑过轻，于是改判有期徒刑1年，并处罚金1万元。

【问题】1. 本案在二审中，将原一审的判决由有期徒刑6个月改为有期徒刑1年，罚金未变，这样做是否符合法律的规定？如果检察机关同时也提起了抗诉，对于二审法院的改判又如何评价？

2. 如果本案二审改判有误，但又发现一审判决确实量刑畸轻，应当如何处理？

3. 被告人吴某不服一审判决的上诉，提起上诉的途径有哪些？人民法院应当如何处理？

【评析】1. 二审法院的做法是错误的。为了切实保障被告人充分地、毫无顾虑地行使上诉的权利，二审人民法院处理只有被告人一方上诉的案件，应遵循“上诉不加刑”的审判原则。《刑事诉讼法》第226条第1款规定：“第二审人民法院审理被告人或者他的法定代理人、辩护人、近亲属上诉的案件，不得加重被告人的刑罚。……”本案中，二审法院将原一审的判决由有期徒刑6个月改为有期徒刑1年，显然是加重了刑罚，违背了“上诉不加刑”的原则。

如果检察机关同时也提起了抗诉，二审法院的审理不适用“上诉不加刑”原则。因为《刑事诉讼法》第226条第2款规定：“人民检察院提出抗诉或者自诉人提出上诉的，不受前款规定的限制。”

2. 由于本案只有被告人上诉，二审法院不能够加重被告人所受的刑罚。又根据相关的司法解释，对事实清楚、证据充分，但判处的刑罚畸轻，或者应当适用附加刑而没有适用的案件，不得撤销第一审判决，直接加重被告人的刑罚或者适用附加刑，也不得以事实不清或者证据不足发回第一审人民法院重新审理。因此，如果必须对于一审判决改判的，应当在第二审作出维持原判的裁定后，按照审判监督程序重新审判。

3. 根据《刑事诉讼法》的规定，被告人上诉的途径有两个：一是向原审人民法院提出，二是向第二审人民法院提出。

如果被告人通过原审人民法院提出上诉的，原审人民法院应当在3日内将上诉状连同案卷、证据移送上一级人民法院，同时将上诉状送交同级人民检察院和其他当事人。

如果被告人直接向第二审人民法院提起上诉的，第二审人民法院应当在3日内将上诉状交原审人民法院送交同级人民检察院以及其他当事人。

一、第二审程序概述

（一）第二审程序的概念和特点

第二审程序又称上诉审程序，是指一审法院的上一级法院根据上诉、抗诉，对一审法院未生效的判决或裁定进行重新审理的方式、方法的总称。

第二审程序的主要特点如下：

1. 它是上诉审程序

就是说，它是第二审人民法院根据当事人的上诉或者人民检察院的抗诉而进行的审判程序；如果没有当事人上诉或者人民检察院的抗诉，就不会引起第二审程序。不论是当事人上诉，还是人民检察院抗诉，必须在法律规定的期限内提出。如果超出法律规定的期限，即使提起上诉或者抗诉，也不能引起第二审程序。

2. 它是重新进行审判的程序

第二审法院对第一审判决裁定认定的事实是否清楚，证据是否确实、充分，定性是否准确，量刑是否得当，诉讼程序是否合法等，通过重新审判的程序，进行全面审查，不受上诉或者抗诉范围的限制，以维护正确的判决裁定，纠正或撤销错误的判决裁定，准确地打击犯罪，保护当事人的合法权益，充分发挥第二审人民法院的审判监督作用。

3. 它是终审程序

上诉制度与审级制度之间存在着密切的关系，由于我国采取的是两审终审制，所以第二审程序也就是终审的程序。只要第二审人民法院的判决或者裁定一经宣告，即发生法律效力（死刑判决除外），即使当事人不服，也不能再提起上诉。

参考案例

李某奸淫幼女案

被告人李某，男，18 岁，农民，2007 年 3 月 3 日上午 10 时许，李某以吃糖、看小人书为名，将本村一幼女骗至家中奸淫。第一审人民法院认定李某构成强奸罪，判处其有期徒刑 7 年。李某不服提出上诉，第二审人民法院经审理后认为，第一审判决认定事实正确，适用法律恰当，量刑适当，裁定驳回上诉，维持原判。第二审裁定作出后，被告人李某仍不服，遂提出请求上诉至高级人民法院，但办案人员告诉他，第二审裁定作出后，判决即发生法律效力，不能

再提起上诉。对已生效判决裁定不服的，应按审判监督程序提出申诉。

【问题】 法院办案人员的解释是否正确？

【评析】《刑事诉讼法》第10条规定：“人民法院审判案件，实行两审终审制。”也就是说，上诉权仅适用于对第一审人民法院作出的第一审未生效判决、裁定不服，可以依法提出上诉，经过第二审程序，即第二审人民法院的判决或裁定后，第二审法院的判决或裁定立即发生法律效力，法律规定的上诉权人不得再对其提出上诉。本案中，第二审驳回上诉的裁定一经作出，即发生法律效力，必须无条件予以执行，不能再提出上诉。若李某认为原判决量刑过重，只能按法律规定向有权提起审判监督程序的机关提出申诉。

（二）两审终审制

《刑事诉讼法》第10条规定：“人民法院审判案件，实行两审终审制。”所谓两审终审制，是指一个案件经过两级人民法院的审判即告终结的制度，第二审法院作出的判决或裁定是立即发生法律效力的判决、裁定，法律规定的上诉权人不得再对其提起上诉，不得再按照抗诉程序提起抗诉。最高人民法院是我国的最高审判机关，它所作的一切判决、裁定，都是立即发生法律效力的判决和裁定，不得再对其提起上诉。

在理解两审终审制度时，必须注意以下问题：

（1）第二审程序并非所有的案件必须经过的程序，只有对地方法院和专门法院的一审裁判依法提出上诉或抗诉时才能进入二审程序。

（2）高级人民法院第二审作出的死刑立即执行的裁判，还必须经过死刑复核的特殊程序才能生效和交付执行。

（3）终审制度，是由两级法院分别独立完成第一审和第二审的审判任务的，上级法院不能在下级法院未作出裁判前就干预其具体案件的定罪和量刑。

二、第二审程序的提起

（一）上诉

1. 上诉的概念

所谓上诉，是指上诉人不服第一审未生效的判决、裁定，依照法定程序和期限，要求上一级人民法院对案件进行重新审判的诉讼行为。上诉是产生第二审程序的重要途径。

2. 上诉人

根据《刑事诉讼法》第216条的规定，上诉人的范围包括：

（1）自诉人及其法定代理人；

（2）被告人及其法定代理人；

（3）经被告人同意的辩护人和近亲属；

（4）附带民事诉讼的当事人和他们的法定代理人。

3. 上诉的期限与方式

《刑事诉讼法》第219条规定："不服判决的上诉和抗诉的期限为10日，不服裁定的上诉和抗诉的期限为5日，从接到判决书、裁定书的第二日起算。"由于上诉、抗诉具有阻止一审判决、裁定生效的作用，上诉人、抗诉机关在提起上诉、抗诉时，必须严格遵守上述时间限制；超出法定期限，如果没有人民法院认定的合理理由，提出的上诉、抗诉便不具有法律效力，第一审判决、裁定即告生效。

根据《刑事诉讼法》第216条的规定，上诉可以用书状和口头两种形式提出。无论以哪种形式提出，人民法院均应受理。口头上诉的，人民法院应当制作笔录。根据《刑事诉讼法》第220条的规定，上诉可以通过原审人民法院提出，也可以向上一级人民法院提出。被告人、自诉人、附带民事诉讼的原告人和被告人通过原审人民法院提出上诉的，原审人民法院应当在3日以内将上诉状连同案卷、证据移送上一级人民法院，同时将上诉状副本送交同级人民检察院和对方当事人。被告人、自诉人、附带民事诉讼的原告人和被告人直接向第二审人民法院提出上诉的，第二审人民法院应当在3日内将上诉状交原审人民法院送交同级人民检察院和对方当事人，原审人民法院应将原审全部案卷、证据材料移送第二审人民法院。

4. 上诉的理由

对于上诉的理由，刑事诉讼法并没有规定任何限制条件。有上诉权的人只要不服一审未生效的判决、裁定，就可以依法定程序提出上诉。也就是说，只要是有上诉权的人在法定期限内提出的上诉，不论其上诉的理由是否充分、正确，上诉都具有法律效力，都必然引起第二审程序。人民法院不得以任何借口限制上诉人的上诉，也不允许以其上诉理由不正确或不充分为由而不接受上诉。

（二）抗诉

1. 抗诉的概念

抗诉是人民检察院发现或者认为人民法院的判决、裁定确有错误时，提请审判机关依法重新审理并予以纠正的行为。抗诉通常分为对一审未生效裁判的抗诉和对生效裁判的抗诉两种，前者也叫上诉审程序的抗诉，后者也叫再审程

序的抗诉。《刑事诉讼法》第217条规定："地方人民检察院认为本级人民法院第一审的判决、裁定确有错误的时候，应当向上一级人民法院提出抗诉。"本条所指的是对一审未生效判决、裁定的抗诉。

2. 抗诉机关

有权对一审未生效判决、裁定提出抗诉的机关，是一审人民法院的同级人民检察院。

3. 抗诉的期限

抗诉的期限与上诉期限相同。

4. 抗诉的方式

根据《刑事诉讼法》第221条的规定，地方各级人民检察院对同级人民法院第一审判决或裁定的抗诉，只能以抗诉书的形式提出，不能采用口头形式。同时，抗诉通常向原审人民法院提出，不能直接向第二审人民法院抗诉。因此，地方各级人民检察院对同级人民法院第一审判决、裁定的抗诉，应当通过原审人民法院提出，并且将抗诉书抄送上一级人民检察院。原审人民法院应当将抗诉书连同案卷材料、证据一并移送上一级人民法院，并且将抗诉书副本送交当事人。

上级人民检察院在接到下级人民检察院抄送的抗诉书后，应当在第二审人民法院审判以前对抗诉案件进行认真审查。如果认为第一审的判决、裁定没有错误，或者下级人民检察院的抗诉理由不充分、缺乏法律依据等，上级人民检察院可以向同级人民法院撤回抗诉，并且通知下级人民检察院。下级人民检察院对上级人民检察院撤回抗诉的决定，必须执行。

5. 抗诉的理由

抗诉与上诉不同，地方人民检察院对一审未生效的判决提出抗诉，是一件非常严肃的事情，必须有明确的理由。根据《刑事诉讼法》第217条的规定，人民检察院提起抗诉时，必须以"本级人民法院第一审的判决、裁定确有错误"为理由。法律之所以如此规定，是由司法工作的权威性、严肃性决定的，也是对检察机关提出的更高要求。需要注意的是：本条规定的"抗诉"，只能由地方各级人民检察院提出，最高人民检察院对最高人民法院的裁判认为有错误的，只能按照审判监督程序提出抗诉。

司法实践中检察机关提出的抗诉理由主要表现在以下方面：

（1）认定事实不清楚或者有错误；定案的证据不确实、不充分。所谓认定事实不清楚或者有错误，指判决、裁定对案件事实作了错误认定，或者案件中的主要犯罪事实和重大情节没有查清，或者没有确实充分的证据。

(2) 法律适用错误。所谓法律适用错误，是指判决、裁定所依据的法律不正确，所适用的法律明显不当，对于应当适用的法律没有适用，反而适用了不应当适用的法律，导致定罪有错误，处刑不当，量刑过轻或者过重。

(3) 诉讼程序错误。所谓诉讼程序错误，是指人民法院在审判中违反刑事诉讼法的规定，超越或滥用诉讼权限，限制或剥夺当事人及其他诉讼参与人的诉讼权利。

（三）被害人请求人民检察院抗诉

被害人及其法定代理人不享有上诉权，《刑事诉讼法》第218条规定：“被害人及其法定代理人不服地方各级人民法院第一审的判决的，自收到判决书后5日以内，有权请求人民检察院提出抗诉。人民检察院自收到被害人及其法定代理人的请求后5日以内，应当作出是否抗诉的决定并且答复请求人。”

被害人及其法定代理人的请求抗诉权，不等于上诉权，它不必然引起二审程序。被害人及其法定代理人请求抗诉后，人民检察院是否抗诉，由人民检察院决定。赋予被害人及其法定代理人请求抗诉权，有利于调动被害人及其法定代理人的积极性，促进案件的公正处理。

参考案例

袁某伤害案

被告人袁某的妹妹与本单位职工周某发生纠纷，其兄袁某听说后，纠集丁某、李某等9人深夜闯入周某家中，将周某打成重伤，周被打后，呈昏迷状态，经医院抢救脱险，共住院治疗163天，花去医疗费12 390元。人民法院受理此案后，以故意伤害罪判处被告人袁某有期徒刑5年，赔偿经济损失1万元。判决宣告后，周某以一审判决量刑太轻，赔偿太少为由提出上诉。

【问题】周某的上诉能否成立?

【评析】根据我国《刑事诉讼法》第216条的规定，本案中，周某具有双重身份，既是附带民事诉讼的原告人，又是公诉案件的被害人。作为附带民事诉讼当事人的原告人，他可以以一审判决赔偿太少为由提出上诉；但是作为公诉案件的被害人，他不是提起第二审程序的主体，他无权对一审判决中的刑事部分提出上诉，换言之，他以一审判决量刑过轻为由提出的上诉不能成立。如果他对一审判决中的刑事部分不服，有权请求人民检察院提出抗诉。

三、第二审程序的审判

（一）对上诉、抗诉案件的审查

《刑事诉讼法》第222条规定："第二审人民法院应当就第一审判决认定的事实和适用法律进行全面审查，不受上诉或者抗诉范围的限制。共同犯罪的案件只有部分被告人上诉的，应当对全案进行审查，一并处理。"很显然第二审程序的审查遵循的是全面审查的原则。

第二审法院对上诉、抗诉案件的审查是二审程序的重要工作，根据法律的规定可分为两种性质的审查：一种是程序性审查；另一种是实体性审查。前者主要是解决二审案件的受理问题，审查的目的是查明一审法院移送的材料是否齐备，是否达到进行第二审审判所必需的程序条件。审查的内容是一审法院移送的案件是否包括以下材料：移送上诉的信函；上诉书或抗诉书；一审判决书或裁定书；全部案卷材料和证据，包括一审的案件审结报告和其他应当移送的材料。材料齐备的应当收案，材料欠缺的应当通知及时补充。后者的目的是解决是否需要开庭审理案件的问题。根据《刑事诉讼法》第223条的规定，第二审人民法院对于下列案件，应当组成合议庭，开庭审理：①被告人、自诉人及其法定代理人对第一审认定的事实、证据提出异议，可能影响定罪量刑的上诉案件；②被告人被判处死刑的上诉案件；③人民检察院抗诉的案件；④其他应当开庭审理的案件。

第二审人民法院决定不开庭审理的，应当讯问被告人，听取其他当事人、辩护人、诉讼代理人的意见。

第二审人民法院开庭审理上诉、抗诉案件，可以到案件发生地或者原审人民法院所在地进行。

参考案例

曹某等共同抢劫案

某人民法院对被告人曹某等共同抢劫一案作出一审判决。曹某对犯罪事实供认不讳，仅以量刑过重为由提出上诉，其他被告人未提出上诉，人民检察院也未抗诉。二审法院经审理认为曹某构成犯罪，但曹某在二审作出裁判前因病死亡。

【问题】 二审法院应当如何处理该案件？

【评析】《刑诉解释》第312条规定："共同犯罪案件，上诉的被告人死亡，其他被告人未上诉的，第二审人民法院仍应对全案进行审查。经审查，死亡的被告人不构成犯罪的，应当宣告无罪；构成犯罪的，应当终止审理。对其他同案被告人仍应作出判决、裁定。”因此，二审法院应当宣布对曹某终止审理，对其他被告人仍应作出判决或裁定。

(二) 上诉不加刑原则

1. 上诉不加刑的概念

上诉不加刑是第二审程序的特殊原则，是指第二审人民法院审判仅有被告人一方提出上诉的案件时，不得以任何理由改判重于原判决所判刑罚的审判原则。根据《刑事诉讼法》第226条的规定，它仅适用于只有被告人或者他的法定代理人、辩护人、近亲属提出上诉的案件。第二审人民法院发回原审人民法院重新审判的案件，除有新的犯罪事实，人民检察院补充起诉的以外，原审人民法院也不得加重被告人的刑罚。

如果是人民检察院提出抗诉或者自诉人提出上诉的案件，或者在被告人一方提出上诉的同时，人民检察院和自诉人也提出抗诉、上诉的，则不受上诉不加刑原则的限制。

2. 上诉不加刑的具体规定

根据《刑诉解释》第325条的规定，审理被告人或者其法定代理人、辩护人、近亲属提出上诉的案件，不得加重被告人的刑罚，并应当执行下列规定：

(1) 同案审理的案件，只有部分被告人上诉的，既不得加重上诉人的刑罚，也不得加重其他同案被告人的刑罚；

(2) 原判事实清楚，证据确实、充分，只是认定的罪名不当的，可以改变罪名，但不得加重刑罚；

(3) 原判对被告人实行数罪并罚的，不得加重决定执行的刑罚，也不得加重数罪中某罪的刑罚；

(4) 原判对被告人宣告缓刑的，不得撤销缓刑或者延长缓刑考验期；

(5) 原判没有宣告禁止令的，不得增加宣告；原判宣告禁止令的，不得增加内容、延长期限；

(6) 原判对被告人判处死刑缓期执行没有限制减刑的，不得限制减刑；

(7) 原判事实清楚，证据确实、充分，但判处的刑罚畸轻、应当适用附加刑而没有适用的，不得直接加重刑罚、适用附加刑，也不得以事实不清、证据不足为由发回第一审人民法院重新审判。必须依法改判的，应当在第二审判决、裁定生效后，依照审判监督程序重新审判。

3. 不受上诉不加刑原则限制的情形

下列情形，不受上诉不加刑原则的限制：

（1）被告人一方没有提出上诉，检察机关提出抗诉的，或者同时有被告人一方的上诉和检察机关的抗诉的；

（2）被告人一方没有提出上诉，自诉人提出上诉的，或者同时有被告人一方的上诉和自诉人的上诉的；

（3）二审法院审理时发现了新的犯罪事实，发回原审法院重审，原审法院查明新的犯罪事实后，应当适用刑罚的。

参考案例

高某抢夺罪

某县人民法院一审以抢夺罪判处高某有期徒刑 3 年。一审宣判后高某向市中级人民法院提出上诉，县人民检察院未提出抗诉。市中级人民法院经审理，认为原判认定事实清楚，证据充分，但罪名认定不当，量刑过轻，高某的行为构成抢劫罪，应判处有期徒刑 6 年。

【问题】 市人民法院应当作出何种处理？

【评析】 市人民法院应在不加重原判刑罚的情况下将罪名改为抢劫罪。根据《刑诉解释》第 325 条的规定，本案中，市中级人民法院经过审理，认为原判认定事实清楚，证据充分，但罪名认定不当，量刑过轻，根据本解释中第 2、3 项的规定，市人民法院应作出在不加重原判刑罚的情况下将罪名改为抢劫罪的处理。

（三）第二审法庭审理的方式和程序

根据《刑事诉讼法》第 223 条的规定，二审人民法院的审判方式可以分为开庭审理和不开庭审理两种：

1. 开庭审理

开庭审理，也叫直接审理。它要求第二审人民法院组成合议庭，合议庭组成后，按照第一审程序规定的开庭、法庭调查、法庭辩论、被告人最后陈述、评议和宣判步骤对上诉或抗诉案件进行审理。审理的地点，根据实际需要，可以在第二审人民法院所在地进行，也可以到案件发生地或者原审人民法院所在地进行。开庭审理的方式，由于有当事人和其他诉讼参与人参加，当庭调查事实，核实证据，进行辩论，有利于彻底查清案件的真实情况，切实纠正一审判决、裁定中的错误，保护当事人的合法权益。

根据《刑事诉讼法》第 223 条第 1 款的规定，第二审开庭审理的案件包括：

①被告人、自诉人及其法定代理人对第一审认定的事实、证据提出异议，可能影响定罪量刑的上诉案件；②被告人被判处死刑的上诉案件；③人民检察院抗诉的案件；④其他应当开庭审理的案件。根据《刑诉解释》第317条第2款、第3款的规定，被判处死刑立即执行的被告人没有上诉，同案的其他被告人上诉的案件，第二审人民法院应当开庭审理；被告人被判处死刑缓期执行的上诉案件，虽不属于《刑事诉讼法》第223条第1款第1项规定的情形，有条件的，也应当开庭审理。

《刑事诉讼法》第224条规定："人民检察院提出抗诉的案件或者第二审人民法院开庭审理的公诉案件，同级人民检察院都应当派员出席法庭。第二审人民法院应当在决定开庭审理后及时通知人民检察院查阅案卷。人民检察院应当在1个月以内查阅完毕。人民检察院查阅案件的时间不计入审理期限。"因此，除自诉案件以外，二审人民法院开庭审判前，都应通知同级人民检察院查阅案卷，了解案情，以便出席二审法庭，支持公诉，进行法律监督。与此同时，二审人民法院决定开庭前，还应提审在押被告人，传唤其他当事人，通知当事人的法定代理人、证人、鉴定人等到庭；如果被告人委托了辩护人的，还应通知辩护人出庭辩护。被告人没有委托辩护人而又属于《刑事诉讼法》第34条规定情形的，应当依法通知法律援助机构指派律师为其辩护。

第二审人民法院开庭审理上诉或者抗诉案件，除参照第一审程序的规定外，还应当依照下列规定进行：①法庭调查阶段，审判长或者审判员宣读第一审判决书、裁定书后，上诉案件由上诉人或辩护人先宣读上诉状或陈述上诉理由，抗诉案件由检察员先宣读抗诉书；如果是既有上诉又有抗诉的案件，先由检察人员宣读抗诉书，再由上诉人陈述上诉理由；法庭调查的重点要针对上诉或者抗诉的理由，全面查清事实，核实证据。②法庭调查阶段，如果检察人员或者辩护人申请出示、宣读、播放第一审审理期间已经移交给人民法院的证据的，法庭应当指令值庭法警出示、播放有关证据；需要宣读的证据，由法警交由申请人宣读。③法庭辩论阶段，上诉案件，应当先由上诉人、辩护人发言，再由检察人员发言；抗诉案件，应当先由检察人员发言，再由被告人、辩护人发言；既有上诉又有抗诉的案件，应当先由检察人员发言，再由上诉人、辩护人发言，并进行辩论。④共同犯罪案件，没有提出上诉的和没有对其判决提出抗诉的第一审被告人，应当参加法庭调查，并可以参加法庭辩论。

2. 不开庭审理

不开庭审理，即以上诉内容或者抗诉书和一审的全部案卷为基础，通过调查讯问方式进行的审理。其特点是：合议庭要审阅案卷材料，讯问被告人，听取其他当事人、辩护人、诉讼代理人的意见，但是不开庭，没有法庭调查、法庭辩论等活动，合议庭在上述工作的基础上进行评议，作出判决或裁定。根据《刑事诉讼法》第223条的规定，二审法院可以采用不开庭审理方式进行审判的案件，应当是犯罪“事实清楚”的案件，即在犯罪事实和证据上，这类案件一审法院的认定没有错误，或者控辩双方基本没有分歧，当事人上诉的理由主要集中在适用法律上、裁量刑罚或诉讼程序上。另外，《刑事诉讼法》第223条第2款规定：“第二审人民法院决定不开庭审理的，应当讯问被告人，听取其他当事人、辩护人、诉讼代理人的意见。”

（四）对二审案件的处理

根据《刑事诉讼法》第225条、第227条的规定，第二审人民法院对不服第一审判决的上诉、抗诉案件，经过审理后，应当按照下列情形分别处理：

（1）原判决认定事实和适用法律正确、量刑适当，应当裁定驳回上诉或抗诉，维持原判。

（2）原判决认定事实没有错误，但适用法律有错误，或量刑不当，应当改判。

（3）原判决事实不清楚或证据不足，可在查清事实后改判，也可裁定撤销原判，发回原审人民法院重新审判。原审人民法院对于依照前款第3项规定发回重新审判的案件作出判决后，被告人提出上诉或者人民检察院提出抗诉的，第二审人民法院应当依法作出判决或者裁定，不得再发回原审人民法院重新审判。

（4）第二审人民法院发现第一审人民法院的审理有违反法定诉讼程序的以下情形之一的，应当裁定撤销原判，发回原审人民法院重新审判：①违反本法有关公开审判的规定；②违反回避制度；③剥夺或限制当事人的法定诉讼权利，可能影响公正审判；④审判组织的组成不合法；⑤其他违反法律规定的诉讼程序，可能影响公正审判的。

参考案例

叶某故意伤害案

某县人民法院以故意伤害罪判处被告人叶某有期徒刑10年，县人民检察院认为量刑畸轻，遂向县人民法院提起抗诉，并将抗诉书抄送市人民检察院。市人民检察院经审查后认为原审判决正确，决定向市中级人民法院撤回抗诉，并通知了县人民检察院。

【问题】 市人民检察院的撤回抗诉是否合法？

【评析】 市人民检察院有权撤回抗诉，其行为是合法的。《刑事诉讼法》第221条第2款规定："上级人民检察院如果认为抗诉不当，可以向同级人民法院撤回抗诉，并且通知下级人民检察院。"依此规定，上级检察院对下级检察院提起的抗诉有权进行审查，如认为不当，可向同级人民法院撤回抗诉。因此，本案中，市人民检察院的做法是合法的。

（五）二审的审理期间

二审的审理期间，是指第二审人民法院从受理上诉、抗诉案件到作出终审判决的时间期限。根据《刑事诉讼法》第232条的规定，第二审人民法院受理上诉、抗诉案件，应当在2个月以内审结。对于可能判处死刑的案件或者附带民事诉讼的案件，以及有本法第156条规定情形之一的，经省、自治区、直辖市高级人民法院批准或者决定，可以延长2个月；因特殊情况还需要延长的，报请最高人民法院批准。最高人民法院受理上诉、抗诉案件的审理期限，由最高人民法院决定。

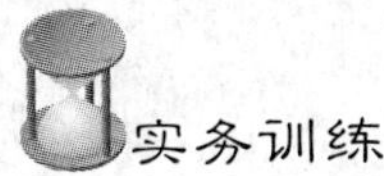
实务训练

二审审判及相应文书制作

1. 实训目的

通过模拟刑事第二审程序，使学生认识刑事普通程序的各个环节，熟悉第二审程序与第一审程序的区别，掌握二审程序控辩对抗的技巧和审理规则，培养学生的思辨能力和法学综合知识的运用能力，提高学生法学综合素质。

2. 实训方法

本实训采取操作性实训方法进行，学生可以自己设计模拟案例素材，也可根据给出的"刑事附带民事上诉状"案情，模拟二审刑事审判。

学生全员参加，根据给出的案情或自己设计的案例情节，写出二审法庭审判脚本，结合模拟法庭剧情脚本，由若干人组成一个模拟的刑事二审审判法庭，学生分别扮演审判人员、公诉人、辩护人、附带民事诉讼当事人等，模拟演练二审刑庭审理。

模拟结束后，学生谈各自的体会，并互相交流，总结本次模拟的成功与不足之处。

教师进行点评、总结。

3. 实训要求

（1）要求程序合法，观点明确，语言表达规范、流畅、有气质。正确运用

法学原理分析案情，正确理解法律规定，正确收集和运用证据、制作法律文书，掌握法庭辩论及应变等法律实践应用能力的技巧。

(2) 假如二审经过开庭审理查明，原审判决认定事实不清，证据不足，拟改判。据此制作一份二审刑事附带民事判决书。

(3) 假如二审经过开庭审理查明，原审判决认定事实清楚，证据确实、充分，适用法律正确，拟驳回上诉，维持原判。据此制作一份刑事附带民事裁定书。

学习单元四 执 行

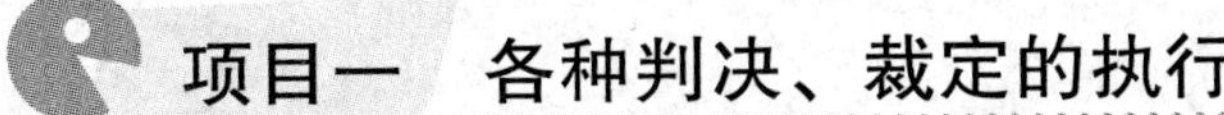

项目一 各种判决、裁定的执行

引例

曾某死刑执行案

曾某曾用名曾某某，男，汉族，1958年11月1日出生，原系湖南某房地产开发集团有限公司总裁。曾某以非法占有为目的，以高额利息为诱饵，不顾自身偿付能力，使用诈骗方法面向社会公众非法集资，其行为已构成集资诈骗罪。在集资诈骗共同犯罪中，曾某起组织、指挥作用，系主犯。曾某集资诈骗数额特别巨大，造成集资户大量财产损失，既严重破坏国家金融管理秩序，又严重侵犯公民财产权，其非法集资总金额为34.52亿余元，集资涉及24 238人，累计57 759人次，案发后仍有17.71亿余元的集资本金未归还。集资总额减去还本付息的金额后，曾某集资诈骗金额为8.29亿余元，造成集资户经济损失共计6.2亿元；并且引发当地多起群体性事件和恶性案件，严重影响当地社会稳定。湖南省长沙市中级人民法院经公开开庭审理，于2011年5月20日判决认定曾某犯集资诈骗罪，判处死刑，剥夺政治权利终身，并处没收个人全部财产。宣判后，曾某提出上诉。2011年12月26日，湖南省高级人民法院依法公开开庭审理，裁定驳回曾某的上诉，维持原审对曾某的判决，并依法报请最高人民法院核准。最高人民法院依法组成合议庭，对本案进行了复核，依法讯问了曾某，听取了辩护律师的意见，于2013年6月14日依法作出裁定，核准曾某死刑。7月12日，长沙市中级人民法院依法对曾某执行死刑。

2013年7月12日，长沙市中级人民法院对曾某执行死刑后，其女儿在微博称，执行死刑当天没有接到通知，没有见到父亲最后一面。面对质疑，7月13日下午，长沙市中级人民法院在其官方微博发布消息称："法律没有明文规定，对犯人执行死刑时，犯人必须跟亲人见面。"这则消息再次引发网友的热议，被批"冰冷回复"。半小时后，长沙市中级人民法院将此条微博删除，并发微博道歉及解释，称微博管理人员对刑事法律学习钻研不够，已提出严厉批评。当日

晚6时56分，长沙市中级人民法院发微博称，在对罪犯曾某执行死刑前验明正身时，法官告知其有权会见亲属，但罪犯曾某并没有提出此要求，在其遗言中也没有提出。

人民日报官方微博就此发表言论称：湖南一名死刑犯的临刑际遇引发关注：未见家人，没有通知，如此行刑是否有违法理人道？

一、执行概述

（一）执行的概念和特点

执行是指刑罚执行机关将已经发生法律效力的判决、裁定所确定的内容依法付诸实施及解决实施中出现的变更执行等问题而进行的诉讼活动。

执行是刑事诉讼的最后一个程序，也是使刑罚权得以实现的关键程序。但是，并非对判决、裁定执行的整个过程和全部活动都属于刑事诉讼活动的范围，属于刑事诉讼活动的仅指人民法院的交付执行、监狱及其他执行机关对刑罚的执行和刑罚变更等。而监狱等执行机关对罪犯进行的监管、教育、组织劳动等，则属于司法行政活动，不具有诉讼活动的性质。

刑事诉讼中的执行具有如下特点：

1. 执行主体的广泛性

根据《刑事诉讼法》的规定，有权力执行生效判决和裁定的主体包括人民法院、人民检察院、公安机关、监狱以及社区矫正机构等。由此可见，执行的主体比其他任何一项诉讼程序如侦查、起诉、审判等的主体都复杂，范围都宽泛，因此，执行主体的广泛性是执行程序的特点。

2. 合法性

刑罚执行机关在执行已经发生法律效力的判决和裁定（宣告被告人无罪、免除刑事处罚时立即释放在押被告人的除外）时，执行活动必须依照法律规定的诉讼程序进行，不可任意变更或停止执行，否则就是违法。

3. 及时性

执行机关对于已经生效的判决和裁定应当迅速执行，任何机关、团体和个人都无权阻止和拖延。只有及时有效地执行生效的有罪裁判，才能使犯罪分子受到应得的惩罚，使国家利益和公民的合法权益得到保护，实现国家刑罚权；也只有及时执行无罪或者免除刑事处罚的裁判，才能使无罪或者不应受到刑罚处罚的公民尽快被释放或者恢复人身自由，取得良好的社会效果。

4. 强制性

已经发生法律效力的判决和裁定，具有普遍的约束力，任何机关、团体和个人都应当执行。尤其是被判刑的犯罪分子，不论其是否同意裁判所确定的内容，都应当被强制无条件地执行。如果抗拒执行，情节严重的，根据《刑法》第313条的规定，以拒不执行判决、裁定罪追究其刑事责任。因为，生效的有罪判决和裁定是人民法院对实施犯罪行为的人，代表国家依据法律作出的处理决定，并以国家强制力为后盾和保证加以强制执行，任何人不得阻碍生效裁判的执行。

（二）执行的意义

执行是刑事诉讼的最终程序，与侦查、起诉、审判等程序是互相联系、不可分割的整体，是整个诉讼活动结果的实现。因此，执行在整个刑事诉讼中占有举足轻重的地位，正确执行刑罚对实现刑事诉讼目的和完成刑事诉讼任务具有重要意义：

（1）执行可使犯罪分子受到应有的惩罚和教育。通过惩罚和教育改造犯罪分子弃恶从善、不再危害社会、重新做人。

（2）执行能够有效地保护公民的合法权益。一方面将罪犯交付执行刑罚，实际上维护了被害人的合法权益；另一方面通过对财产刑及附带民事诉讼中民事赔偿裁判的执行，使被害人财产权益得到补偿。

（3）执行有利于加强社会主义法治教育。使公民自觉遵守法律，同时震慑不法分子，使之不敢以身试法，从而起到法律应有的预防作用。

（三）执行的依据和机关

1. 执行的依据

根据《刑事诉讼法》的规定，执行的依据是发生法律效力的判决和裁定。发生法律效力的判决和裁定包括下列几种：

（1）已过法定期限没有上诉、抗诉的判决和裁定；

（2）终审的判决和裁定；

（3）高级人民法院核准的死刑缓期二年执行的判决；

（4）最高人民法院的判决和核准的死刑判决以及对具有特殊情况的案件在法定刑以下处刑、假释核准的裁判。

2. 执行的机关

根据各种刑罚的不同特点和各执行主体的不同职能可以把执行的机关分为三种不同的类别，即交付执行机关、执行机关和执行的监督机关。

交付执行机关即人民法院。根据《刑事诉讼法》和最高人民法院的有关规定，发生法律效力的判决和裁定一般由原第一审人民法院交付执行，但是，罪犯关押在第二审人民法院所在地的，也可以由第二审人民法院交付执行。

执行机关包括人民法院、监狱、公安机关和社区矫正机构。根据生效裁判的不同执行方式和执行机关的不同职权，这些执行机关所执行的刑罚种类分别是：人民法院负责对无罪、免予刑事处罚、罚金、没收财产和死刑立即执行判决的执行；监狱负责对死刑缓期二年执行、无期徒刑和有期徒刑判决的执行；公安机关负责对被判处剥夺政治权利、拘役等罪犯的执行，对于被判处有期徒刑余刑在3个月以下的罪犯可由其看守所代为执行；社区矫正机构负责的对象是被判处管制、宣告缓刑、裁定假释和决定及批准暂予监外执行的罪犯，对他们依法进行监督、管理和教育矫正。

执行的监督机关即人民检察院。人民检察院是法律监督机关，执行是刑事诉讼的重要阶段，人民检察院当然也是刑事执行的监督机关。对此，刑事诉讼法在第四编“执行”中，有多项条款作了明确规定。

二、各种判决、裁定的执行

（一）死刑立即执行裁判的执行

死刑是剥夺罪犯生命的刑罚，是最严厉的刑罚，无论是判决或者执行都应当十分慎重。为了从诉讼程序上确保死刑的正确适用，防止出现失误，刑事诉讼法对死刑立即执行判决的执行程序，作了严格、周密的规定。

1. 签发执行死刑命令

根据《刑事诉讼法》第250条的规定，最高人民法院判处和核准的死刑立即执行的判决，应当由最高人民法院院长签发执行死刑的命令。执行死刑命令应当按照统一格式填写，然后由院长签名，并加盖人民法院印章，否则，不得执行死刑。

2. 执行死刑的主体和期限

最高人民法院的执行死刑命令，应当由高级人民法院交原审人民法院执行。原审人民法院接到执行死刑命令后，应当在7日以内交付执行。司法实践中，进行执行的原审人民法院一般是原第一审人民法院。

3. 死刑执行的监督

人民检察院收到同级人民法院执行死刑临场监督通知后，应当做好如下监督工作：①查明同级人民法院是否收到最高人民法院核准死刑的判决或者裁定和执行死刑的命令。②检查执行死刑的场所、方法和执行死刑的活动是否合法。

③执行死刑前发现有刑事诉讼法规定的“应当停止执行”或“暂停执行”的情形后应当建议人民法院停止执行。④执行死刑过程中，根据需要可以进行拍照、摄像；执行死刑后，检查罪犯是否确已死亡并填写死刑临场监督笔录签名后入卷归档。

4. 执行死刑的指挥人员及其工作

根据《刑事诉讼法》第252条第4款的规定，执行死刑由人民法院的审判人员负责指挥。执行前，首先对罪犯验明正身，核实罪犯姓名、别名、性别、年龄、职业、拘留、逮捕时间等，进一步核实是否确系应当执行的罪犯，防止错杀；其次，讯问罪犯有无遗言、信札并制作笔录然后交付执行人员执行死刑。

5. 死刑罪犯同近亲属会见

在执行死刑前，罪犯能否同近亲属会见，刑事诉讼法没有规定。但是，根据最高人民法院的有关规定，执行死刑前罪犯提出会见其近亲属或者其近亲属提出会见罪犯申请的，人民法院可以准许。这一规定既体现了人道精神，又为罪犯向其家属交代后事提供了方便条件，同时也符合对所有罪犯在交付执行前允许会见家属的法律规定。

在引例中，曾某一、二审均被判处死刑，依法报请最高人民法院核准，最高人民法院核准裁定死刑立即执行，院长签发死刑执行命令，本案至此至少在程序上是合法的。长沙市中级人民法院负责执行死刑，执行死刑后曾某的女儿发布微博消息：“上午我爸爸已经被执行死刑了，注射死亡。我们连他的最后一面也没见到！一句遗言也没有！现在政府都没通知我们！”随后她再次发微博：“一大早赶到法院，看到了执行死刑的布告。爸爸真的被杀了，我和哥哥脑子一片空白，为什么不通知我们，哪怕让我们看一眼遗体也成，为什么？”而长沙中院官方微博对此回应也缺乏有力的说服力，此事迅速引发社会热议，质疑法院不通知家属的行为是否合情合法。

6. 执行死刑的方法和场所

《刑事诉讼法》第252条规定，死刑采用枪决或者注射等方法执行。采用枪决、注射以外的其他方法执行死刑的，应当事先报请最高人民法院批准。死刑可以在刑场或者指定的羁押场所内执行。

采用枪决方法执行死刑，人民法院有条件执行的，交由司法警察执行；没有条件执行的，交由武装警察执行。采用注射方法执行死刑由谁执行，法律虽然未予规定，但应由法医或医师进行。

7. 执行死刑应当公布，不应示众

公布执行死刑，可以震慑犯罪，但是，张贴布告应当选择适当的场所，防

止发生负面效应和不良影响。对于在刑场执行死刑的罪犯禁止游街示众以及一切侮辱其人格、有伤风化的情况发生。

8. 执行死刑后的处理

执行死刑完毕，由法医验明罪犯确实死亡后，在场书记员制作笔录。交付执行的人民法院应当将执行死刑情况（包括执行死刑前后照片）及时逐级上报最高人民法院。执行死刑后通知罪犯家属，对罪犯遗物、遗款等应当查点清楚，列出清单，交其家属领取，并将收条交付执行的人民法院附卷。除此之外，交付执行的人民法院还应当办理以下事项：

（1）对于死刑罪犯的遗书、遗言笔录，应当及时进行审查，涉及财产继承、债务清偿、家事嘱托等内容的，将遗书、遗言笔录交给其家属，同时复制存卷备查，涉及案件线索等问题的，应当抄送有关机关。

（2）通知罪犯家属在法定期限内领取罪犯尸体，有火化条件的，通知领取骨灰，过期不领取的，由人民法院通知有关单位处理。对于死刑罪犯的尸体或骨灰的处理情况，应当记录在卷。

（3）对外国籍罪犯执行死刑后，通知外国驻华使、领馆的程序和时限依照有关规定办理。

（二）死刑执行的停止与暂停

1. 死刑执行的停止与暂停的条件

对于死刑执行的停止，《刑事诉讼法》第251条第1款规定："下级人民法院接到最高人民法院执行死刑的命令后，应当在7日以内交付执行。但是发现有下列情形之一的应当停止执行，并且立即报告最高人民法院，由最高人民法院作出裁定：①在执行前发现判决可能有错误的；②在执行前罪犯揭发重大犯罪事实或者有其他重大立功表现，可能需要改判的；③罪犯正在怀孕。"

以上第1、2项原因消失后，必须报最高人民法院院长再签发执行命令；由于第3项原因的，应当报请最高人民法院改判。

对于"暂停执行"，《刑事诉讼法》第252条第4款规定："指挥执行的审判人员，对罪犯应当验明正身，讯问有无遗言、信札，然后交付执行人员执行死刑。在执行前，如果发现可能有错误，应当暂停执行，报请最高人民法院裁定。"

对于死刑的停止执行，法律规定了三种情形；对于暂停执行，法律只作了原则规定，即发现判决"可能有错误"。两者均规定有发现判决"可能有错误"的重要条件，不过，法律对"可能有错误"未作具体规定。对此一般应作如下理解：①发现罪犯可能有其他犯罪的；②共同犯罪的其他犯罪嫌疑人归案，可能影响罪犯量刑的；③共同犯罪的其他罪犯被暂停或者停止执行死刑，可能影响罪犯量刑的；④判决可能有其他错误的。

虽然“停止执行”和“暂停执行”都是停止死刑命令的执行，但是，两者之间还有多方面的区别，主要表现在：①停止执行的原因不同。前者停止的原因有三种法定情形，只要有证据证明具备其中之一者，则应当停止执行；后者停止的原因只有“可能有错误”一种情形。②停止执行的时间和场合不同。前者是在接到执行死刑命令后7日内在羁押场所发现的；后者是在交付执行后、实施执行前，在刑场或羁押场所（注射方法）发现的。③决定停止执行的主体不同。有权决定“停止执行”的是原审人民法院；有权决定“暂停执行”的是临场指挥执行的审判人员。

2. 停止执行的程序

根据最高人民法院的相关规定，停止执行的程序是：

（1）下级人民法院在接到最高人民法院执行死刑命令后、执行前，发现该案具有“可能有错误”的法定情形的，应当暂停执行死刑，并立即将请求停止执行死刑的报告及相关材料层报最高人民法院审批。如果是最高人民法院在执行死刑命令签发后、执行前，发现有上述情形的，应当立即裁定下级人民法院停止执行死刑，并将有关材料移交下级人民法院。

（2）下级人民法院停止执行死刑或接到最高人民法院裁定停止执行死刑的，都应当立即会同有关部门调查核实，并及时将调查结果和意见层报最高人民法院审核。

（3）最高人民法院经审查，认为不影响罪犯定罪量刑的，应当裁定下级人民法院继续执行死刑；认为可能影响定罪量刑的，应当裁定下级人民法院停止执行死刑。最高人民法院对下级人民法院报送请求停止执行死刑的报告和相关材料，由作出核准死刑裁判的原合议庭负责审查，必要时依法另行组成合议庭进行审查。

（4）最高人民法院对于依法已停止执行死刑的案件的处理。根据最高人民法院的有关规定，可分别作出如下处理：

第一，确认罪犯正在怀孕或属于犯罪时未满18周岁的及审判时已满75周岁（特别残忍手段致人死亡的除外）的，应当依法改判；

第二，确认原裁判有错误，或者罪犯有重大立功表现需要依法改判的，应当裁定不予核准死刑，撤销原判，发回重新审判；

第三，确认原裁判没有错误，或者罪犯没有重大立功表现，或者重大立功表现不影响原裁判执行的，应当裁定继续执行原核准死刑的裁判，并由院长再

次签发执行死刑的命令。

（三）死刑缓期二年执行、无期徒刑、有期徒刑和拘役判决的执行

关于交付执行机关和期限，根据《刑事诉讼法》及有关法律规定，应当由原第一审人民法院交付执行，但是罪犯关押在第二审人民法院所在地的，也可以由第二审人民法院交付执行。交付执行的人民法院应当在判决生效后10日以内将有关的法律文书送达公安机关、监狱或者其他执行机关。对于一案有几名罪犯的，交付执行的人民法院应当按照他们的人数送达下述法律文书：①人民检察院起诉书副本、自诉状复印件；②人民法院的判决书、裁定书；③人民法院的执行通知书；④人民法院的结案登记表。

关于交付执行的场所，根据《刑事诉讼法》第253条第2款、第3款的规定，对于被判处死刑缓期二年执行、无期徒刑、有期徒刑的罪犯，由公安机关依法将该罪犯送交监狱执行刑罚；对于判处有期徒刑的罪犯，在被交付执行刑罚前，剩余刑期在3个月以下的，由看守所代为执行；对于被判处拘役的罪犯，由公安机关执行；对未成年犯应当在未成年犯管教所执行刑罚。对那些不需要在有关监所关押执行的罪犯，将判决、裁定、决定送交社区矫正机构执行。这些不同的执行场所和方式，是根据刑罚的不同种类、刑期长短以及罪犯的不同情况而确定的。

执行机关收押罪犯，应当对罪犯进行身体检查。对于不适合在监狱或其他执行场所执行的，可以暂不收监；但是，如果对其暂予监外执行有社会危害性的应当收监。对罪犯收监时，应当严格检查其人身和所携带的物品，属非生活必需品的，由执行机关代为保管或者征得罪犯同意后退回其家属，对违禁品一律予以没收。

执行机关对罪犯收押后，应当将罪犯罪名、刑期、执行地址等自收监之日起5日以内通知罪犯家属。对于罪犯在服刑中死亡、调动、脱逃满2个月未捕回或捕回后有变动的，执行机关应当书面报告交付执行的人民法院及对其实行监督的人民检察院。

被判处有期徒刑、拘役罪犯的刑期从判决执行之日起计算，判决执行前被羁押的，羁押1日折抵刑期1日；被指定居所监视居住的，2日折抵刑期1日。服刑期满执行机关立即释放，并发给释放证明。对被判处死缓罪犯的减刑，必须在2年期满后及时进行，执行机关不得任意拖延或者提前。但是，罪犯在缓刑期间故意犯罪并经查证属实后，由最高人民法院核准死刑的，即可执行死刑，不受2年期限的限制。如果罪犯在2年期满被减为无期徒刑或者有期徒刑后故意犯罪的，不能执行死刑，只能依法对所犯新罪作出判决，把前罪没有执行的刑罚和后罪所判处的刑罚，依照数罪并罚原则决定应执行的刑罚。

（四）有期徒刑缓刑、拘役缓刑的执行

缓刑是指对具备法定条件，被判处3年以下有期徒刑、拘役刑罚的罪犯，在一定期间内暂缓执行刑罚，若其在暂缓执行期间未犯新罪，则原判刑罚不再执行的一种制度。缓刑不是一项独立的刑种，而是刑罚运用的一种特殊执行方式。

根据《刑法》第72条的规定，缓刑包括拘役缓刑和有期徒刑缓刑。

一审法院判处拘役或者有期徒刑宣告缓刑的，判决尚未生效不能将被告人交付执行，但是，如果被宣告缓刑人在押，一审法院应当先行变更强制措施为取保候审或监视居住，并通知公安机关。对于被判处有期徒刑、拘役宣告缓刑的罪犯，在宣告缓刑时应当同时宣告缓刑考验期。根据《刑法》第73条的规定，拘役的缓刑考验期限为原判刑期以上1年以下，但是不能少于2个月。有期徒刑的缓刑考验期限为原判刑期以上5年以下，但是不能少于1年。缓刑考验期限，从判决确定之日起计算。

被宣告缓刑的犯罪分子，应当遵守下列规定：①遵守法律、行政法规，服从监督；②按照考察机关的规定报告自己的活动情况；③遵守考察机关关于会客的规定；④离开所居住的市、县或者迁居，应当报经考察机关批准；⑤不得在缓刑考验期限内从事特定活动，进入特定区域、场所、接触特定的人。宣告缓刑的罪犯，没有附加剥夺政治权利的，缓刑期间不应限制其政治权利，参加劳动的，实行同工同酬。在考验期内，罪犯没有违反上述规定的，缓刑考验期满，原判刑罚不再执行，并向群众公开宣告；在考验期内，罪犯又犯新罪或者发现判决宣告以前还有其他没有判决的罪行，应当撤销缓刑，对新罪或漏罪作出判决，然后把前罪和后罪所处的刑罚，依照数罪并罚原则，决定执行的刑罚，收监执行。

被宣告缓刑的罪犯，在缓刑考验期内违反有关缓刑监督管理规定，如《社区矫正实施办法》等，情节严重的，应当撤销缓刑，执行原判刑罚。已执行的缓刑考验期不能折抵刑期，但是判决执行前先行羁押日期应予折抵。

（五）管制、剥夺政治权利判决的执行

1. 管制的执行

第一审人民法院判决被告人管制，宣判时如果被告人在押的，应当通知公安机关变更强制措施，待判决生效后，将有关的法律文书送达社区矫正机构执行。

管制期满后，执行机关应当及时解除，附加剥夺政治权利的，应同时宣布

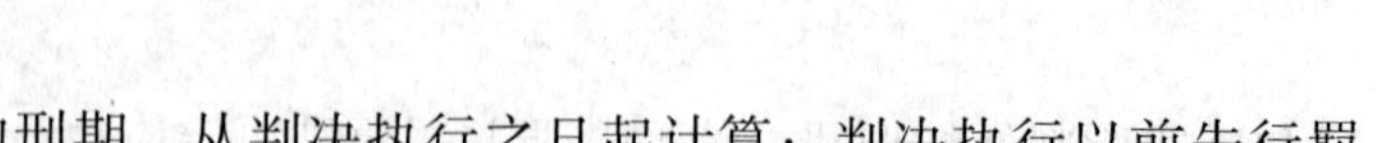

恢复其政治权利。管制的刑期，从判决执行之日起计算；判决执行以前先行羁押的，羁押1日折抵刑期两日。

2. 剥夺政治权利的执行

根据《刑法》第54条的规定，对罪犯剥夺政治权利主要是指剥夺其选举权和被选举权；言论、出版、集会、结社、游行、示威自由；担任国家机关职务；担任国有公司、企事业单位和人民团体领导职务等权利。在执行期间，罪犯应当遵守法律、行政法规和社区矫正机构以及公安部门有关监督管理的规定，服从监督。

剥夺政治权利的刑期，从徒刑、拘役执行完毕之日或者从假释之日起计算，其效力当然适用于主刑执行期间。剥夺政治权利由公安机关执行，执行期满，应当由执行机关通知本人，并向有关群众公开宣布恢复其政治权利。

（六）罚金、没收财产判决的执行

罚金和没收财产是由人民法院执行。

被判处罚金的罪犯或犯罪单位在判决确定的期限内，一次或者分期缴纳。期满无故不缴纳的，人民法院应当强制缴纳。经强制缴纳仍不能全部缴纳的，人民法院在任何时候包括在判处的主刑执行完毕后，发现被执行人有可以执行的财产的，应当随时追缴。如果由于遭遇不能抗拒的灾祸缴纳罚金确有困难的，罪犯可以向人民法院申请减少或者免除，人民法院经查证属实后，可以酌情裁定对原判决确定的罚金数额予以减少或者免除。

行政机关对被告人就同一事实已经处以罚款的，人民法院判处罚金时，应当予以折抵。

没收财产，是指将犯罪分子个人所有财产的一部或全部依法无偿地收归国有的一种刑罚。根据刑事诉讼法的规定，没收财产的判决，无论附加适用还是独立适用，都由人民法院执行；在必要的时候，可以会同公安机关执行。为了防止没收财产判决在执行前罪犯或其他人转移财产影响执行，第一审人民法院可以先行查封、扣押和冻结被告人财产。没收财产的范围，只限于犯罪分子个人所有财产的一部或全部。没收全部财产的，应对罪犯个人及其扶养的家属保留必要的费用，不得没收属于罪犯家属所有或者应有的财产。对于没收财产以前犯罪分子所负的正当债务，需要以没收的财产偿还的，经债权人请求，应当偿还。对于没收的财产，人民法院应当按照有关规定及时上缴国库或财政部门，任何机关、单位和个人都不得私用、调换及压价拍卖或变相私分。

对判处财产刑的犯罪分子或者附带民事诉讼裁判中，有执行财产内容的被告人，在本地无财产可供执行的，原审人民法院可以委托财产所在地的人民法院代为执行。代为执行的人民法院执行后或者无法执行的，应当将情况及时通知委托的人民法院。代为执行的人民法院可以将执行财产刑的财产直接上缴国库；需要退赔的财产，应当由执行的人民法院移交委托的人民法院依法退赔。

（七）无罪判决和免除刑罚判决的执行

无罪判决是指人民法院依法确认被告人的行为不构成犯罪，或者依法不追究和不能追究其刑事责任的一种决定。它包括被告人行为不构成犯罪、具有法定不应追究刑事责任的和证据不足、指控的犯罪不能成立的无罪判决。免除刑事处罚判决是人民法院依法作出的确认被告人有罪，但因具有法定免除刑罚情形而免予刑事处罚的决定。

根据刑事诉讼法的规定，第一审人民法院判决被告人无罪、免除刑事处罚的，如果被告人在押，在宣判后应当立即释放。该规定表明，如果人民法院作出无罪和免除刑罚判决，在其未发生法律效力以前，就应当立即释放已被羁押的被告人，即便在判决宣告后当事人提出上诉或者人民检察院提出抗诉，人民法院也应当将判决书立即送达公安机关，立即释放被告人，决不能对其继续关押。

立即释放在押被告人，究其性质并非属于刑事执行。因为它不符合《刑事诉讼法》第 248 条“关于判决和裁定在发生法律效力后执行”的规定；同时，如果第二审人民法院根据上诉或抗诉对案件经审理，若开庭进行，还需被告人出庭受审。我国不实行缺席审判；经审理甚至可能作出改判，如改判为拘役、有期徒刑的，还可以将原审被告人予以收监执行。因此，一审宣告无罪、免刑判决后立即释放在押被告人，是刑事诉讼法的一项特殊规定，而不是对未生效裁判的执行。

案例讨论

郑某杀人案

被告人郑某经人介绍与段某相识，两人关系发展迅速，随后两人同居生活。由于郑某身体不好，又不会干家务活，再加上没有办理结婚登记手续，于是遭到段某母亲的歧视。一次，郑某在收拾家时，不慎将一只花瓶碰翻打碎，为此遭到段某母亲的责骂。又一次，郑某和段某因为琐事发生争执，段某母亲不分青红皂白地就打了郑某一个耳光，并说：“你又没领证，不想和我儿子过就滚蛋。”为此郑某怀恨在心，伺机报复。她设法买到砒霜，郑某乘段某不在之机，将砒霜和入面中做成面条，煮好后端给段某母亲吃，段某母亲当即中毒身亡。

经公安机关侦查，检察机关提起公诉，某市中级人民法院依法开庭审理，郑某犯故意杀人罪成立，依法判处死刑，剥夺政治权利终身。宣判后，郑某未上诉，检察机关也未抗诉。报请最高人民法院依法核准死刑，院长签发死刑执行命令。某市中级人民法院接到死刑执行命令后，通知了同级人民检察院届时临场监督。指挥执行的审判人员对罪犯郑某验明正身，并询问其有无遗言，郑某声泪俱下，说："我对不起段某，才为他怀上孩子3个月，却不能为他生孩子……"审判人员发现罪犯郑某正在怀孕，立即停止执行。

【问题】结合所学知识，分析本案该如何处理。

项目二 执行的变更与处理

引例

臧某假释案

臧某，1964年3月6日生于北京。作为中国流行乐坛上实力派的代表人物之一，那首脍炙人口的《朋友》更是传唱经久不衰。2008年9月28日，臧某因与廊坊斗殴命案及多起恶性事件有关，涉及恶势力团伙而被逮捕。2009年11月27日，臧某聚众斗殴罪名成立，被北京市二中院一审判刑6年。2010年1月29日，市高院终审维持了原判。此后，臧某在位于大兴区的北京市监狱服刑。服刑期间臧某认真遵守监规，接受教育改造，因其文艺特长，臧某在狱中加入了文艺队。2010年9月，在北京市监狱系统举办的"传统文化重践行，感恩亲人见行动"改造成果汇报会上，臧某的一曲《心的祈祷》赢得了台下服刑人员和家属们的阵阵掌声。2011年12月，北京市监狱将服刑人员所作的部分优秀书画作品展出，臧某有一幅关于监狱改造内容的书法作品也参展。此外，还有他本人制作的几件工艺品入选参展。臧某因在监狱表现良好，多次获得奖励。后经监狱提出建议，北京市一中院裁定，臧某获得了假释，于2013年2月7日提前释放。

【问题】根据上述案情，臧某获得假释合法吗？

【评析】臧某获得假释是合法的。理由是：

1. 刑法规定，被判处有期徒刑的犯罪分子，执行原判刑期1/2以上，如果认真遵守监规，接受教育改造，确有悔改表现，没有再犯罪的危险的，可以假释。

2. 根据刑事诉讼法规定，对于被判处有期徒刑（包括死缓、无期徒刑减为有期徒刑）的罪犯的假释由罪犯服刑地的中级人民法院根据当地执行机关提出的假释建议书作出裁定。

根据案情陈述，臧某符合上述法律规定，所以他获得假释是合法的。

一、执行的变更与处理

执行的变更，是指刑罚执行机关对生效裁判在交付执行或执行过程中，出现法定需要改变刑罚种类或执行方法的情形，依照法定程序予以改变的活动。

刑事执行的变更，与按照审判监督程序对案件进行改判虽有相似之处，但是二者在性质上截然不同。执行的变更，是根据罪犯在服刑中出现了新的法定情形所进行的减刑、假释、暂予监外执行等，与原判是否正确无关；而依照审判监督程序对案件进行改判的前提是原裁判确有错误，所以，二者的法律性质不同。

（一）死刑缓期二年执行的变更

死刑缓期二年执行是我国刑罚中死刑的一种执行方法，是对罪该判处死刑，但具有不必立即执行的法定条件而在判处死刑的同时宣告缓期二年执行，实行监督改造以观后效的制度。死刑缓期二年执行必然产生减刑或者执行死刑两种结果中的一种，无论出现哪一种结果都涉及执行的变更。

《刑事诉讼法》第250条第2款规定：“被判处死刑缓期二年执行的罪犯，在死刑缓期执行期间，如果没有故意犯罪，死刑缓期执行期满，应当予以减刑，由执行机关提出书面意见，报请高级人民法院裁定；如果故意犯罪，查证属实，应当执行死刑，由高级人民法院报请最高人民法院核准。”该规定明确了死缓判决交付执行后，对罪犯减刑或执行死刑的条件和程序。

就条件而言，被判处死缓的罪犯在缓期执行期间有无故意犯罪是对其予以减刑或者执行死刑的唯一条件。根据《刑法》第50条的规定，判处死刑缓期执行的，在死刑缓期执行期间，如果没有故意犯罪，2年期满后，减为无期徒刑；如果确有重大立功表现，2年期满后，减为25年有期徒刑；如果故意犯罪，查证属实的，由最高人民法院核准，执行死刑。但是，对累犯及因故意杀人、强奸、抢劫、绑架、放火、爆炸、投放危险物质或者有组织的暴力性犯罪被判处死刑缓期执行的犯罪分子，人民法院根据犯罪情节等情况可以同时决定对其限制减刑。

对死缓罪犯报请减刑的程序。法律规定，罪犯在死刑缓期执行期间没有故意犯罪，2 年期满，由执行机关提出减刑书面建议，报经省、自治区、直辖市监狱管理部门审核后，提交当地高级人民法院依法裁定。减刑裁定书应当发给罪犯及交付执行机关，并将副本送达原审人民法院和对执行机关实行监督的人民检察院。

变更执行的期限。死刑缓期执行的考验期限，自判决确定之日起计算，判决前羁押的日期，不能折抵考验期，因此，减刑必须待 2 年考验期满以后进行。人民法院收到执行机关的减刑建议书之日起 1 个月内审理裁定，案情复杂或有特殊情况的，可以延长 1 个月。但是如果罪犯故意犯罪，可在考验期内的任何时间进行追究，只要经查证属实经依法核准的，都应当执行死刑。如果罪犯在缓期二年执行期满后尚未裁定减刑前故意犯罪的，则不应当被视为缓刑期间犯罪。对这种情况，应当按新罪依法另行起诉，经人民法院审理，依照《刑法》第 69 条的规定，数罪并罚决定执行的刑罚。新罪应判死刑的，才能依照法定程序执行死刑。

对死缓罪犯需要执行死刑的程序。法律规定罪犯在死刑缓期执行期间故意犯罪的，由罪犯服刑的监狱进行侦查，侦查终结后移送人民检察院审查起诉，并向服刑地的中级人民法院提起公诉。人民法院经审理所作的判决，可以上诉、抗诉；待裁判生效后，应当执行死刑的，由高级人民法院报请最高人民法院核准。最高人民法院核准死刑后，由院长签发执行死刑命令，交罪犯服刑地的中级人民法院依照法定程序和方式执行死刑。

（二）暂予监外执行

暂予监外执行是指对被判处无期徒刑、有期徒刑、拘役的罪犯，因具备或出现法定特殊情形不宜在监内执行时，暂时将其放在监外交由社区矫正机构执行的一种变通方法。它不仅变更了执行场所，而且变更了执行方式。

1. 暂予监外执行的适用对象及条件

（1）暂予监外执行的适用对象。根据刑事诉讼法的规定，对于被判处无期徒刑、有期徒刑或者拘役的罪犯，具备法定情形的，可以暂予监外执行。对于被判处死缓的罪犯不能适用监外执行。

（2）适用暂予监外执行的条件。根据《刑事诉讼法》第 254 条的规定，可以适用暂予监外执行的有如下三种情形：

第一，有严重疾病需要保外就医的。它是指罪犯病危或者患有恶性传染病、不治之症等，不宜在监狱或其他执行机关的医院治疗，而由罪犯提出保证人，担保其在监外执行兼治病期间不违反有关规定的制度。但是，为了防止罪犯在监外危害社会和保外就医被滥用，《刑事诉讼法》第 254 条第 3 款作了限制性规定，即对于适用保外就医可能有社会危害性的罪犯或者自伤自残的罪犯不得保外就医；该条第4款规定，对于罪犯确有严重疾病，必须保外就医的，由省级人民政府指定的医院诊断并开具证明文件，依照法律规定的程序审批。

第二，怀孕或者正在哺乳自己婴儿的妇女。哺乳婴儿一般自分娩之日起到婴儿1周岁以前。只要该罪犯不致危害社会，原则上都可以对其决定暂予监外执行。

第三，生活不能自理，适用暂予监外执行不致危害社会的。它是指罪犯由于老、弱、病、残等原因需要他人照顾才能生活的。

2. 暂予监外执行决定、批准的机关及程序

（1）决定或批准暂予监外执行的机关。《刑事诉讼法》第254条第5款规定："在交付执行前，暂予监外执行由交付执行的人民法院决定；在交付执行后，暂予监外执行由监狱或者看守所提出书面意见，报省级以上监狱管理机关或者设区的市一级以上公安机关批准。"这表明，暂予监外执行决定的作出有两种情况：一种是在交付执行前，由人民法院在宣告判决的同时作出暂予监外执行决定；另一种是在交付执行后，监狱或看守所对服刑罪犯出现上述情况的，依照法定程序决定对其暂予监外执行。因此，有权作出暂予监外执行决定或批准的是人民法院、省级以上监狱管理机关和设区的市级以上公安机关。

（2）暂予监外执行的程序。交付执行时决定对罪犯暂予监外执行的，由人民法院制作暂予监外执行决定书，载明罪犯基本情况、所判刑罚、决定暂予监外执行的原因（法定情形）等，并抄送人民检察院。对于罪犯在服刑过程中发现需要暂予监外执行的，执行机关应当提出书面意见，报省、自治区、直辖市监狱管理机关审批，并由批准机关将批准的决定通知公安机关、原审人民法院，并抄送人民检察院。在看守所、拘役所服刑的罪犯，出现暂予监外执行情形的，由市级以上公安机关批准并依上述规定办理。

人民检察院认为对罪犯暂予监外执行不当的，应当自接到通知之日起1个月内将书面意见送交决定或者批准暂予监外执行的机关，该机关接到人民检察院书面意见后，应当立即对决定进行重新核查。

对于暂予监外执行罪犯的监督管理和教育帮助，由司法行政机关进行，具体程序应依照《社区矫正实施办法》的相关规定执行。

对暂予监外执行罪犯的处理。根据刑事诉讼法的规定，对于暂予监外执行的罪犯，有下列情形之一的，应当及时收监：①发现不符合暂予监外执行条件的；②严重违反有关暂予监外执行监督管理规定的；③暂予监外执行的情形消失后，罪犯刑期未满的。对于不符合暂予监外执行条件的罪犯，通过贿赂等非

法手段被暂予监外执行的，在监外执行的期间不计入执行刑期。罪犯在暂予监外执行期间脱逃的，脱逃的期间不计入执行刑期。

（三）减刑和假释

减刑和假释是我国刑罚执行中的重要制度。正确适用减刑和假释对于鼓励犯罪分子积极改造、稳定监所秩序、实现刑事诉讼任务都有重要意义。

1. 减刑

减刑是指被判处管制、拘役、有期徒刑或者无期徒刑的罪犯在执行期间认真遵守监规，接受教育改造，确有悔改或立功表现的，可以依法减轻其刑罚的一种制度。减刑既可以减少原判刑期，也可以将原判较重的刑种改为较轻的刑种。但是，减刑以后实际执行的刑期，判处管制、拘役及有期徒刑的，不得少于原判刑期的1/2；判处无期徒刑的，不能少于13年。无期徒刑减为有期徒刑后的刑期，从裁定减刑之日起计算，已执行的刑期不计入减刑后的刑期之内，而其他刑罚的刑期，原判刑期已执行部分，则应计入减刑后的刑期。死缓减为无期徒刑或有期徒刑也是一种广义上的减刑，但是它是一种特殊形式的减刑，与其他刑罚的减刑，在适用对象、减刑条件及适用时间的限制等方面均有不同。

减刑案件的管辖。针对原判刑罚的不同，有不同的提出减刑建议机关及审核机关，它们是：①对被判处无期徒刑罪犯的减刑，由监狱提出书面意见，经省级监狱管理部门审核同意后，报当地高级人民法院审核裁定；②对原判为有期徒刑罪犯的，减刑由监狱提出书面意见，报请当地中级人民法院审核裁定；③对原判1年以下有期徒刑且余刑在3个月以下交付看守所代为执行罪犯的减刑，由看守所提出书面意见，经公安机关审核同意后，报请当地中级人民法院审核裁定；④对原判拘役、管制罪犯的减刑，分别由拘役所和执行监督的派出所提出书面意见，经公安机关或司法行政机关审查同意后，报请当地中级人民法院进行裁定；⑤对原判宣告缓刑罪犯的减刑，由社区矫正机构会同协助考察的单位或组织，认为确有立功表现需要在减轻刑罚基础上，相应缩短缓刑考验期的，提出意见，报请当地中级人民法院审核裁定。

2. 假释

假释是指对被判处有期徒刑和无期徒刑的罪犯在执行一定刑罚以后，确有悔改表现且不致再危害社会的，将其附条件地予以提前释放的制度。关于假释的适用对象和条件，《刑法》第81条均有明确的规定，本节不再赘述。

假释案件的管辖。根据法律规定，对被判处无期徒刑罪犯的假释，由罪犯服刑地的高级人民法院根据省级监狱管理机关审核同意的监狱假释建议书作出裁定；对于被判处有期徒刑（包括死缓、无期徒刑减为有期徒刑）的罪犯的假释，由罪犯服刑地的中级人民法院根据当地执行机关提出的假释建议书作出裁定。

3. 对减刑、假释的审理及其期限

（1）对减刑、假释案件的审查。人民法院受理减刑、假释案件，应当审查下列内容：减刑、假释建议书；终审法院的判决书、裁定书、历次减刑裁定书的复制件；罪犯确有悔改或者立功、重大立功表现的具体事实的书面证明材料；罪犯评审鉴定表、奖惩审批表等。经审查，上述材料齐备的应当收案；材料不齐备的，应当通知提请减刑、假释的执行机关补充。

（2）对减刑、假释案件的审理。人民法院审理减刑、假释案件应当依法组成合议庭。经法庭审理，具备减刑、假释条件的，依法作出裁定，制作裁定书。裁定书应当及时送达执行机关、同级人民检察院和负责监督的公安机关及罪犯本人。对于被宣告假释的罪犯，执行机关应当立即释放，并发给释放证明。

（3）对减刑、假释案件的审理期限。人民法院对减刑、假释的审理期限，应当自收到减刑、假释建议书之日起1个月内依法作出裁定，案情复杂或者情况特殊的，可以延长1个月。但是，对于被判处拘役宣告缓刑罪犯的减刑、假释，人民法院自收到减刑、假释建议书之日起，必须在1个月以内作出裁定。

4. 对假释裁定的执行及处理

根据《刑法》第85条和《刑事诉讼法》第258条的规定，对被假释的罪犯，依法实行社区矫正。

对于被宣告假释的犯罪分子，在考验期内依照《刑法》的规定，没有犯新罪和发现有遗漏罪行的，考验期满则认为原判刑罚执行完毕，并公开宣布，无需办理释放手续。如果罪犯在假释考验期内犯新罪或者发现有漏罪的，应当撤销假释，依法实行数罪并罚，对决定执行的刑罚，收监执行。罪犯在假释考验期内有违反法律、行政法规或者国务院有关部门关于假释的监督管理规定的，行为尚未构成犯罪的，应当依法定程序撤销假释，收监执行未执行完毕的刑罚。

（四）对新罪、漏罪的追诉

根据《刑事诉讼法》第262条、第290条和《监狱法》第60条的规定，对服刑罪犯犯新罪或者发现漏罪的应当分别针对不同的情况，予以追究：

（1）对于在监狱服刑的罪犯发现犯新罪或有漏罪的，由执行机关进行侦查，侦查终结后，移送人民检察院审查决定，向有管辖权的人民法院提起公诉。

（2）对在看守所、拘役所服刑的罪犯和被宣告缓刑、假释、暂予监外执行的罪犯，以及被判处管制的罪犯，发现有漏罪或又犯新罪的，由负责执行的公安机关立案侦查，侦查终结后移送当地人民检察院根据管辖的规定，向人民法

院提起公诉。

（3）对服刑罪犯脱逃后又犯罪的，如果其新罪是监狱捕获罪犯后发现的，由监狱侦查终结后移送审查起诉；如果其新罪是公安机关捕获罪犯后发现的，由公安机关侦查终结后移送审查起诉。

人民法院对人民检察院提起公诉的新罪、漏罪审理后，作出的生效判决，判决书除送达罪犯外，还应将副本送达原审人民法院、人民检察院和执行机关。

（五）对错判和申诉的处理

《刑事诉讼法》第264条规定："监狱和其他执行机关在刑罚执行中，如果认为判决有错误或者罪犯提出申诉，应当转请人民检察院或者原判人民法院处理。"根据这一规定，监狱和其他执行机关如果发现原判有错误的，应当全面收集证据，整理好材料，提出意见报请主管机关审查，或者直接转送原办理的人民检察院、人民法院审查处理。如果认为案情重大需要由上级司法机关处理，也可经主管机关审查同意后转送相应的上级人民检察院或人民法院处理。

根据我国有关法律的规定，罪犯对生效的判决和裁定不服的，有权提出申诉。对于罪犯的申诉及其撤销、变更刑罚的请求，监狱和其他执行机关应当及时转递，不得扣押。但是在罪犯申诉期间，在人民法院尚未撤销原判和改判之前，不能停止对原生效裁判的执行。

人民检察院、人民法院接到执行机关转送的认为有错误的材料和意见，或者罪犯的申诉后，应当及时进行审查，对属于原判在认定事实或适用法律上确有错误，应当根据审判监督程序提出抗诉或者提审，指令下级人民法院再审；如果经审查不符合重新审判条件的，可以不予受理。根据《监狱法》的规定，人民检察院或者人民法院自收到监狱及其他执行机关提请处理意见书之日起6个月内将处理结果通知监狱等机关。

二、人民检察院对执行的监督

（一）对执行死刑的监督

根据《刑事诉讼法》第252条第1款的规定，人民法院在交付执行死刑3日以前应当通知同级人民检察院派员临场监督。检察人员执行临场监督的主要内容包括：查明有无执行死刑命令或者是否由核准死刑的最高人民法院院长签发，以及签发的具体时间；有无《刑事诉讼法》第251条和第252条及最高人民法院的有关规定的"停止执行"和"暂停执行"的情形发生及应当采取的相应措施；执行死刑的指挥人员、执行人员及其执行死刑的场所、方法和程序是否合法；执行死刑的刑场秩序，有无足以造成他人伤亡的情况。经检察监督，只要发现以上情形其中之一者，应当及时提出纠正意见。

（二）对暂予监外执行的监督

《刑事诉讼法》第255条规定："监狱、看守所提出暂予监外执行的书面意见的，应当将书面意见的副本抄送人民检察院。人民检察院可以向决定或者批准机关提出书面意见。"第256条规定："决定或者批准暂予监外执行的机关应当将暂予监外执行决定抄送人民检察院。人民检察院认为暂予监外执行不当的，应当自接到通知之日起1个月以内将书面意见送交决定或者批准暂予监外执行的机关，决定或者批准暂予监外执行的机关接到人民检察院的书面意见后，应当立即对该决定进行重新核查。"根据这些规定，人民检察院接到人民法院、监狱或者公安机关对罪犯暂予监外执行的决定后，应当迅速指派检察人员进行审查，查阅有关材料，检查有关医院的诊断是否正确，必要时可以进行调查分析该罪犯是否具备保外就医或者其他需要监外执行的条件，以便作出是否提出纠正意见的决定。

人民检察院经审查认为暂予监外执行不当的，应当自接到通知之日起1个月内将书面意见送交决定或者批准暂予监外执行的机关，该机关接到人民检察院的书面意见后，应当立即对原决定进行重新核实并将核查结果报请人民检察院。

（三）对减刑、假释的监督

《刑事诉讼法》第263条规定："人民检察院认为人民法院减刑、假释的裁定不当，应当在收到裁定书副本后20日以内，向人民法院提出书面纠正意见，人民法院应当在收到纠正意见后1个月以内重新组成合议庭进行审理，作出最终裁定。"这一规定表明：①人民检察院对人民法院作出的减刑、假释决定实行监督，核实该裁定是否正确，罪犯有无减刑、假释的法定条件，以及有无确实证据予以证明等；②人民检察院对减刑、假释实行监督的期限是自收到减刑、假释裁定书副本以后的20日以内，否则不具有法律效力；③人民法院应当认真接受人民检察院的监督，在收到纠正意见书后的1个月内对案件进行重新审理。为使错误裁定得到纠正，审理时依法另行组成合议庭，作出终审裁定。裁定一经宣告，立即生效，交付有关机关执行。

（四）对执行刑罚活动的监督

根据《刑事诉讼法》第265条的规定，人民检察院对执行刑罚的监督，主要包括如下内容：

1. 对交付执行的裁判进行监督

审查这些判决和裁定是否已经发生法律效力，即审查是一审生效的判决还是二审的终审判决或裁定还是核准的裁定；对于一审宣告被告人无罪或者免除刑罚的判决，虽然尚未生效，但是，对在押的被告人是否已经释放等。

2. 对执行机关的收押、执行和监督考察等实行监督

检察监狱对罪犯是否依照法定条件和手续收押，对于不予收监的，是否有书面说明等；监狱、拘役所、社区矫正机构等对罪犯执行刑罚、监督管理是否合法；对交付执行的死缓罪犯是否按时提出减刑意见；对刑满罪犯是否及时释放；对服刑确有悔改及立功表现的罪犯是否及时提出减刑、假释建议；公安机关对拘役、剥夺政治权利、缓刑、监外执行等罪犯的监督考察是否合法、负责；人民法院对罚金、没收财产等刑罚的执行是否合法，罚没的财产是否依法处理等。特别是在执行刑罚中是否确实保障了罪犯的合法权益，实行以改造教育为主，惩罚为辅的原则，这些均是法律监督的重要内容。

人民检察院对执行活动实行监督的方式，通常是通过定期或不定期的检察活动，单独进行和与人民法院联合进行相结合。其方法主要有：听取执行机关的执行情况汇报；调阅典型档案或材料；召开座谈会、调查会；个别谈话及讯问罪犯；检查生产、生活条件等。通过这些方式、方法发现并及时解决和纠正问题。

监督中发现有违法、违纪情况的及时予以纠正；对情节较轻的违纪行为，以口头方式向违纪人提出纠正意见；对情节严重的违法行为，经检察长批准以书面方式向执行机关发出《纠正违法通知书》；对违法行为造成严重后果并构成犯罪的，提请有关机关追究责任人员的刑事责任。

对于人民检察院的《纠正违法通知书》，执行机关应当回复；对监督的落实情况没有回复的，及时报告上一级人民检察院并抄报执行机关的上级主管机关。上级检察机关认为下级人民检察院的纠正违法意见有错误的，应当通知下级人民检察院撤销已发的《纠正违法通知书》，并通知同级执行机关。

案例讨论

李某受贿案

李某，56岁，原系某市财政局局长。李某在任职期间，利用职务之便收受他人财物67万。经该市某区人民法院开庭审理，查明犯罪事实清楚，证据确凿，李某构成受贿罪，被依法判处有期徒刑8年，剥夺政治权利3年。判决生效

后，某区人民法院将李某交付该省第一监狱服刑。罪犯李某早年患有严重心脏病，服刑期间其病情恶化，经该省监狱医院医治病情未得到控制，需要保外就医。该省第一监狱根据医院的诊断证明，提出对李某保外就医的意见，报省监狱管理局批准，并同罪犯家属和居住地的公安机关联系，办理了保外就医手续。

【问题】结合所学知识，谈谈本案保外就医条件与程序是否符合法律规定。

学习单元五　特别程序

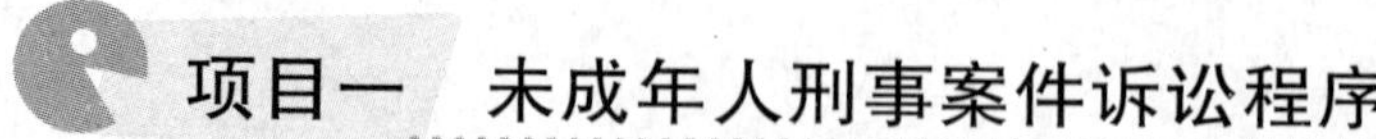

项目一　未成年人刑事案件诉讼程序

引例

崔某贩卖侵权复制品案

崔某17岁时因家境贫穷到某大城市打工，无法找到固定工作，后发现贩卖盗版音乐光盘有钱可赚，便跟一些同乡摸清黑市分销渠道，干起了贩卖盗版光盘的“生意”。在该市一次大规模打击盗版的集中行动中，崔某等贩卖盗版光盘的存货地被曝光，崔某由于涉案数额较大而被拘传。公安机关在讯问崔某后，决定对其实施监视居住，但为达到大力打击翻版行为、“快捕快判”侵权行为的目的，公安机关以其为外来人员无固定居所为由，将其与其同伙集中关押在公安机关自行划定的外地嫌疑人“指定居住地”等候审理。崔某于羁押期间年满18周岁。后检察机关认为其在本案中是起策划作用的主犯，故以崔某和其他共同犯罪嫌疑人犯有贩卖侵权复制品罪向法院一并提起了公诉。

【问题】 该案的侦查和起诉程序是否正确？为什么？

【评析】 该案的侦查严重违反了我国未成年人刑事诉讼程序。公安机关将监视居住地变为集中监视居住，实际上是一种规避法律关于拘传的规定的变相拘留，本身已严重违反《刑事诉讼法》的规定；而这种变相拘留对于当时尚未成年的崔某来说显然是过于严厉的，会造成过大的精神压力，不利于其改造；再者，公安机关没有将其与其他成年嫌疑人分别羁押，使其处于易受教唆和伤害的境地，未能尽到保护未成年人的法定职责。检察机关的起诉也违反了分案处理的原则。根据《刑事诉讼法》的规定，被告人在实施被指控的犯罪时不满18周岁，并被指控为首要分子或者主犯的共同犯罪案件，应由少年法庭受理，本案中崔某实施犯罪时仍未成年，对于他的起诉应分案进行，这才有利于对其进行寓教于审、惩教结合的审理，结合其心理特点帮助其反省罪过，改过自新，有效地减少其再犯的可能。

一、未成年人诉讼程序概述

未成年人刑事诉讼程序是指对于已满14岁未满18周岁的人犯罪的侦查、起诉、审判和执行等刑事诉讼程序，也包括刑事诉讼程序前的调查和处理程序。

未成年人案件诉讼程序是刑事诉讼中的特别程序，适用与普通程序有区别的方针、原则、方式和方法。因为未成年人尚未达到社会公认的生理和心理成熟程度，具有不同于成年人的生理和心理特点：他们正值青春发育期，生理变化显著，生理和心理发展迅速，与之相应的是心理发育从幼稚趋向于成熟，但往往落后于生理成熟的速度。这一时期的未成年人思想不太稳定，欠缺社会经验，辨别是非曲直的能力较弱。对事物反应快，却极易感情冲动，控制自己行为的能力相对较弱，行为往往具有突发性和盲动性，容易由于冲动或者自我失控而实施了本不应当或者未曾想到的犯罪行为。未成年人犯罪率的上升是长期以来困扰社会的顽疾。因此，教育、挽救实施了犯罪行为的未成年人成为社会的一项重要工作。因为，未成年人的人生道路还很长，教育其悔罪并成为新人，无论对社会还是对其个人都具有积极意义。对犯罪的未成年人的教育、挽救，较之对成年犯罪人的教育更具有有利的因素，因为未成年人思想观念还没有定型，可塑性大，若采取恰当的方法与策略，对其改过自新无疑有益无害，对社会也有利。可见，虽然未成年人犯罪同样危害社会，但对其进行教育和挽救对个人和社会都非常重要。所以，刑事司法中对未成年人触犯刑法的，除在实体法的适用上实行区别对待外，在程序方面也有区别对待的规定，形成了追究未成年人犯罪的特别程序。

二、未成年人刑事诉讼方针和原则

《刑事诉讼法》第266条第1款规定："对犯罪的未成年人实行教育、感化、挽救的方针，坚持教育为主、惩罚为辅的原则。""教育、感化、挽救"的方针是指在依法追究未成年人刑事责任时，必须立足于教育、感化、挽救，通过教育、感化，增强未成年人的法制观念，促其认识错误，改过自新，重新回归社会。而"教育为主、惩罚为辅"的原则主要是指在处理教育与惩罚的关系时，要以教育为主要目的，而不能以刑罚作为目的，刑罚也是对其教育的一种手段，服从于教育、感化、挽救的目的。这就要求在办理未成年人犯罪案件过程中应当查清犯罪事实，确保法律正确适用，保护其合法权利，同时根据犯罪原因有

针对性地对其进行法制教育，以矫正其犯罪心理和不良行为习惯，促其改过自新，重新融入社会。

《刑事诉讼法》第266条第2款规定："人民法院、人民检察院和公安机关办理未成年人刑事案件，应当保障未成年人行使其诉讼权利，保障未成年人得到法律帮助，并由熟悉未成年人身心特点的审判人员、检察人员、侦查人员承办。"这是办案机关办理未成年人刑事案件的特别规定。主要体现在三个方面：首先，办案机关要充分保障未成年人行使诉讼权利，包括委托辩护人、申请变更强制措施等权利；其次，办案机关要保障未成年人得到法律帮助，包括《刑事诉讼法》第267条的规定；最后，要求办案机关安排熟悉未成年人身心特点的审判人员、检察人员、侦查人员承办，是考虑到未成年人刑事案件的特殊性，最终利于实行教育、感化、挽救的方针和坚持教育为主、惩罚为辅的原则。这是未成年人刑事司法程序的特殊要求。

在刑事诉讼中贯彻教育、感化、挽救的方针和以教育为主、惩罚为辅的原则，必须处理好惩罚与教育的关系。对犯罪的未成年人进行教育、感化和挽救，并不意味着对其犯罪行为的纵容和不处罚。既要将未成年人犯罪与成年人犯罪区别对待，尽可能多地给予未成年犯罪人改过自新的机会，但同时也要防止对未成年犯罪人盲目减轻处罚，甚至不处罚的错误做法。对那些社会危害严重、主观恶性大的未成年犯罪人就应当在法律规定的原则和范围内予以必要的惩罚，以发挥刑罚的教育功能。"实行教育、感化、挽救的方针，坚持教育为主、惩罚为辅的原则"是针对涉嫌犯罪的未成年人特殊性而制定的偏重于保护未成年人的行为规范，体现出人文关怀意识，有利于促进人权事业的发展。

三、未成年人案件诉讼程序的特点

（一）立案程序

未成年人案件与成年人案件最根本的区别是对象不同。因此，未成年人案件的立案在立案材料来源、立案的条件及立案的程序等方面除与成年人刑事案件的立案相同外，必须确定立案对象是否属于未成年人。所以，在接受、处理立案材料时，如果发现有已满14周岁不满18周岁的未成年人，就应当将其出生的年、月、日作为一个审查的重点。这是未成年人刑事案件立案的事实条件和法律条件。此外，还应查明未成年人是否被教唆犯罪，其生活环境、经历以及生理、心理特征等有关未成年人的材料（全面调查）。只要对认定案情有意义的，都要进行查证。经过审查，对不符合立案条件，如属于情节显著轻微、危害不大不认为是犯罪的，可将案件材料转交有关部门，作出适当的处理，或通知其监护人严加监护、教育，并且要协调有关各方，落实帮教措施。对符合立案条件的未成年人案件，除与其他案件一样办理立案手续外，还必须将未成年人的事实条件和法律条件及其他调查到的有关情况予以注明。

（二）侦查程序

对未成年人案件的侦查，除了遵循侦查的一般程序和规则外，还应当遵循未成年人案件的特殊规定：

1. 社会调查

《刑事诉讼法》第268条规定："公安机关、人民检察院、人民法院办理未成年人刑事案件，根据情况可以对未成年犯罪嫌疑人、被告人的成长经历、犯罪原因、监护教育等情况进行调查。"与对成年人案件的侦查不同的是，对未成年人案件的侦查，不仅要对与定罪量刑有关的事实和情节进行调查，而且还要对案件事实之外的有关情况进行社会调查。调查的主体是公安机关、人民检察院和人民法院。调查的内容主要是成长经历、犯罪原因和监护教育三个方面，但不应限于这三个方面，还可以结合案件和未成年人具体情况调查其他与案件如何处理相关的内容。调查的目的：一是确定未成年人犯罪的原因，二是使定罪量刑更加精确，三是进行有针对性的教育、感化和挽救，促使其早日回归社会。

2. 慎重适用强制措施

侦查中对未成年人适用强制措施时应比对成年人更为慎重，对其适用程序和条件应更加严格把握，以免对其造成不必要的心理压力。《刑事诉讼法》第269条第1款规定："对未成年犯罪嫌疑人、被告人应当严格限制适用逮捕措施。人民检察院审查批准逮捕和人民法院决定逮捕，应当讯问未成年犯罪嫌疑人、被告人，听取辩护律师的意见。"逮捕作为最为严厉的刑事强制措施，它剥夺了犯罪嫌疑人、被告人的人身自由，基于对未成年犯罪嫌疑人、被告人的人权保障，必须慎重适用，以防止错捕与冤枉无辜。具体措施是在批准逮捕和决定逮捕过程中，讯问犯罪嫌疑人、被告人和听取辩护律师意见都成为必经程序。实践表明，在审查批准逮捕时听取辩护律师的意见，可以有效降低羁押率，减少短期自由刑的适用，这对减轻看守所负担，减少羁押造成的交叉感染，促使未成年人回归社会，都具有积极意义。

3. 采用适当的传唤讯问方式

对需要传唤的未成年人，在传讯时，除了遵守法律规定的一般传唤规则外，可以采用和缓的方式，如不直接传唤，而是通过其父母、监护人进行；讯问女

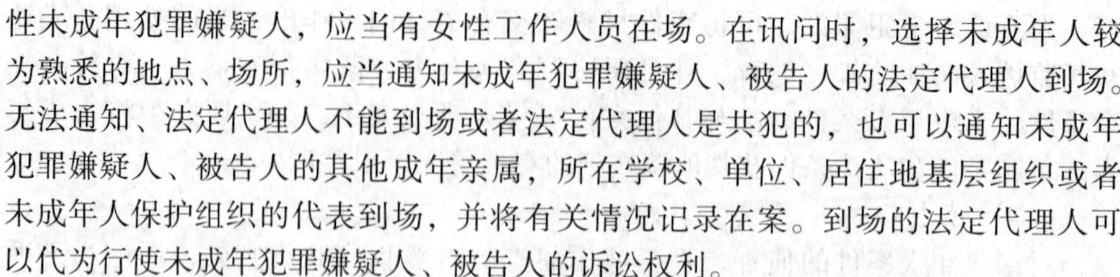

性未成年犯罪嫌疑人，应当有女性工作人员在场。在讯问时，选择未成年人较为熟悉的地点、场所，应当通知未成年犯罪嫌疑人、被告人的法定代理人到场。无法通知、法定代理人不能到场或者法定代理人是共犯的，也可以通知未成年犯罪嫌疑人、被告人的其他成年亲属，所在学校、单位、居住地基层组织或者未成年人保护组织的代表到场，并将有关情况记录在案。到场的法定代理人可以代为行使未成年犯罪嫌疑人、被告人的诉讼权利。

法定代理人或者有关人员讯问时到场对于维护未成年人权益，对未成年人进行心理疏导和帮助，缓解其紧张、对立情绪，维护讯问正当性，以及促进办案人员与未成年人的沟通和讯问顺利进行均有积极作用。公安司法机关通过到场的法定代理人可以较全面地了解导致未成年人实施涉嫌犯罪行为的各方面因素，全面深入了解未成年人的学习生活情况，有助于办案机关全面掌握案件和未成年人的情况。

（三）起诉程序

对未成年人案件的起诉，除按一般的起诉程序进行外，还应对未成年犯罪嫌疑人的个人情况进行社会调查（如前所述）。根据《刑事诉讼法》第 271 条的规定，检察机关办理未成年人案件可以作出附条件不起诉决定。所谓附条件不起诉是指对被指控犯《刑法》第四章、第五章、第六章犯罪的未成年人，因犯罪情节较轻，可能判处有期徒刑 1 年以下刑罚，且有悔罪表现，而由人民检察院对其暂不起诉，进行监督考查，以决定是否起诉的制度。其目的是促使未成年犯罪嫌疑人悔过自新，避免执行刑罚对其带来的不利影响，便于其接受教训，重返社会。适用的条件是涉嫌触犯《刑法》第四章、第五章、第六章规定的犯罪，可能面临的刑罚为 1 年有期徒刑以下刑罚，且有悔罪表现。

人民检察院在决定附条件不起诉时，应当听取公安机关、被害人的意见。对附条件不起诉的决定，公安机关可以根据《刑事诉讼法》第 175 条的规定申请复议；对复议结果不能接受，还可以提请上一级人民检察院复核。被害人对附条件不起诉决定不能接受的，可以根据《刑事诉讼法》第 176 条的规定，在收到决定书后 7 日内向上一级人民检察院申诉。上一级人民检察院应当将申诉复查结果告知被害人。被害人不服申诉复查决定的，可以向人民法院起诉。被害人也可以不经申诉，直接向人民法院起诉。

被附条件不起诉的犯罪嫌疑人及其代理人对附条件不起诉决定有异议的，说明该犯罪嫌疑人或其法定代理人不认为自己的行为构成犯罪，或者属于犯罪情节轻微，依照《刑法》规定不需要判处刑罚或者可以免除处罚。在此情形下，或者是因为未成年犯罪嫌疑人不符合悔罪条件，或者是因为未成年犯罪嫌疑人的行为的确不构成犯罪或者应当免予处罚从而使附条件不起诉决定使其处于不利地位，人民检察院都应当作出起诉决定，给未成年犯罪嫌疑人一个公正审判的机会，由人民法院对其是否构成犯罪、是否处罚以及如何处罚进行审理，作出决定。

根据《刑事诉讼法》第272条的规定，附条件不起诉的考验期为6个月以上1年以下。在附条件不起诉的考验期内，由人民检察院对附条件不起诉的未成年犯罪嫌疑人进行监督考察。未成年犯罪嫌疑人的监护人应当对未成年犯罪嫌疑人加强管教，配合人民检察院做好监督考察工作。被附条件不起诉的未成年犯罪嫌疑人在考验期内应当遵守以下规定：①遵守法律法规，服从监督；②按照考察机关的规定报告自己的活动情况；③离开所居住的市县或者迁居的，应当报经考察机关批准；④按照考察机关的要求接受矫治和教育。

根据《刑事诉讼法》第273条的规定，被附条件不起诉的未成年犯罪嫌疑人，在考验期内有下列情形之一的，人民检察院应当撤销附条件不起诉决定，提起公诉：①实施新的犯罪或者发现决定附条件不起诉之前还有其他犯罪需要追诉的；②违反治安管理规定或者考察机关有关附条件不起诉的监督管理规定，情节严重的。被附条件不起诉的未成年人犯罪嫌疑人在考验期内没有上述情形的，考验期满后，人民检察院应当作出不起诉决定。

（四）审判程序

审理未成年人刑事案件，除应遵循刑事诉讼的一般审理程序外，还应注意遵循若干特别规定程序：

1. 审判不公开

《刑事诉讼法》第274条规定："审判的时候被告人不满18周岁的案件，不公开审理。但是，经未成年被告人及其法定代理人同意，未成年被告人所在学校和未成年人保护组织可以派代表到场。"据此规定，审判的时候被告人不满18周岁的案件，一律不公开审理。但是，经未成年被告人及其法定代理人同意，未成年被告人所在学校和未成年保护组织可以派代表到场。值得注意的是，此处规定的是审判时未满18周岁，而不是犯罪时未满18周岁。如果犯罪时未满18周岁，审判时已满18周岁，应当公开审理。

审判时被告人未满18周岁的案件一律不公开审理，这一原则没有例外。但是在不公开审理针对的对象范围方面，法律规定，经未成年被告人及其法定代理人同意，未成年被告人所在学校和未成年保护组织可以派代表到场。允许派代表到场的目的是方便学校和组织了解被告人的犯罪情况，便于他们有针对性地开展教育。但既然是为未成年被告人考虑，当然应当征得未成年被告人及其

法定代理人的同意。

2. 庭前准备

（1）审查年龄证明材料。人民法院对公诉案件，应当查明是否附有被告人年龄的有效证明材料。对于没有附送被告人年龄的有效证明材料的，应当通知检察院在3日内补送。

（2）履行关照义务。人民法院向未成年被告人送达起诉书副本时，应当向其讲明被指控的罪行和有关法律条款；并告知诉讼的程序及有关的诉讼权利、义务，消除未成年被告人的紧张情绪。向其法定代理人送达起诉书副本时，应当告知其诉讼权利、义务和在开庭审判中应当注意的有关事项。

（3）指定辩护制度。根据《刑事诉讼法》第267条的规定，为未成年犯罪嫌疑人、被告人指定辩护是未成年人刑事司法程序的一个重要特征。对于未成年犯罪嫌疑人、被告人，人民法院、人民检察院、公安机关均有义务通知法律援助机构指派律师为其提供辩护。

（4）通知合适成年人出庭。开庭审理前，应当通知未成年被告人的法定代理人出庭。无法通知、法定代理人不能到场或者法定代理人是共犯的，也可以通知犯罪嫌疑人、被告人的其他成年亲属，所在学校、单位或者居住地的基层组织、未成年人保护组织的代表出庭。

（5）安排法定代理人与其他人员会见。开庭审理前，审判未成年人刑事案件的审判长认为有必要的，可以安排法定代理人或者其他成年亲属、教师等人员与未成年被告人会见。

（6）辩方提交社会调查报告。开庭审理前，辩方可以分别就未成年被告人的性格特点、家庭情况、社会交往、成长经历以及实施被指控的犯罪前后的表现等情况 提交给人民法院。

3. 开庭审理

（1）为法定代理人设置席位。人民法院应当在辩护台靠近旁听区一侧为未成年被告人的法定代理人设置席位。

（2）不使用戒具，坐着接受法庭调查、询问。在法庭上不得对未成年被告人使用戒具。未成年被告人在法庭上可以坐着接受法庭调查、询问，在回答审判人员的提问、宣判时应当起立。

（3）态度正确，用语准确、易懂。法庭审理时，审判人员应当注意未成年被告人的智力发育程度和心理状态，要态度严肃、和蔼，用语准确、通俗易懂。发现有对未成年被告人诱供、训斥、讽刺或者威胁的情形时，应当及时制止。

（4）核实年龄，查明主客观原因。法庭调查时，应当着重审查未成年被告人的年龄证据。未成年被告人年龄证据缺失或者不充分的，应当通知人民检察院补充提供或调查核实，人民检察院认为需要进一步补充侦查向人民法院提出建议的，人民法院依法可以延期审理。没有充分证据证明被告人实施被指控的犯罪时已经达到法定刑事责任年龄且确实无法查明的，人民法院应当依法作出有利于未成年被告人的认定和处理。同时还应当查明未成年被告人实施被指控的行为时的主观和客观原因。

（5）法庭教育。在审理未成年人刑事案件过程中，人民法院在法庭调查和辩论终结后，应当根据案件的具体情况组织到庭的诉讼参与人对未成年被告人进行教育。判决未成年被告人有罪的，宣判后，由合议庭组织到庭的诉讼参与人对未成年被告人进行教育。如果未成年被告人的法定代理人以外的其他成年亲属或者教师、公诉人等参加有利于教育、感化未成年被告人的，合议庭可以邀请其参加宣判后的教育。宣判后的教育可以围绕下列内容进行：犯罪行为对社会的危害性和应当受刑罚处罚的必要性；导致犯罪行为发生的主观、客观原因及应当吸取的教训；正确对待人民法院的裁判。

4. 直接审理

对未成年人案件的审理，无论是第一审还是第二审，都应当以直接开庭的方式进行，以便对未成年人面对面地进行教育、感化、挽救工作，也有利于查清事实，处理得当，便于未成年人认罪，悔过自新。

5. 未成年人犯罪记录封存制度

《刑事诉讼法》第275条第1款规定："犯罪的时候不满18周岁，被判处5年有期徒刑以下刑罚的，应当对相关犯罪记录予以封存。"封存犯罪记录应当符合以下条件：其一，年龄条件，以行为时为准，该未成年人当时未满18周岁；其二，刑罚条件，根据法院生效判决，该未成年人被判处了5年有期徒刑以下刑罚。如果该未成年人被判处的刑罚超过5年有期徒刑，说明其行为的社会危害性较大，其个人的人身危险性也较大，将其犯罪记录予以封存，不利于刑法社会防卫功能的发挥。被封存的犯罪记录包括在侦查、审查起诉和审理过程中形成的与未成年人犯罪相关的各种材料。司法机关封存符合条件的未成年人犯罪记录，不仅要对未成年犯罪嫌疑人、被告人的材料采取保密措施，妥善保存，非因法定事由不得向外界提供，而且在有关方面要求为未成年人出具有无犯罪记录证明时，司法机关不应当提供有犯罪记录的证明。此外，《刑法》第100条规定，依法受过刑事处罚的人，在入伍、就业的时候，应当如实向有关单位报告自己曾受过刑事处罚，不得隐瞒，犯罪的时候不满18周岁被判处5年有期徒刑以下刑罚的人，免除上述报告义务。

《刑事诉讼法》第275条第2款规定："犯罪记录被封存的，不得向任何单位和个人提供，但司法机关为办案需要或者有关单位根据国家规定进行查询的除外。依法进行查询的单位，应当对被封存的犯罪记录的情况予以保密。"对被封存的犯罪记录，除法律规定的例外情形外，司法机关不得向任何单位和个人提供，不允许其他人员查阅、摘抄或者复制未成年人犯罪材料。可以对未成年人犯罪记录进行查询的两种例外情形：其一，司法机关为办理案件需要，当司法机关办理具体案件需要从未成年犯罪嫌疑人、被告人的犯罪记录中获取线索、有关定罪量刑信息时，可查询其犯罪记录；其二，有关单位根据国家规定可进行查询，在这种情况下，相关单位必须根据法律规定，限于法定事由方能查询。查询单位有保密的义务，依法进行查询的单位，应当对被封存的犯罪记录的情况予以保密，其经查询获取的信息只能用于特定事项、特定范围。

未成年人犯罪记录封存制度的目的，在于保护未成年人，使其在就业、参军等关键的人生道路上不受歧视，早日重返社会，避免进一步走向继续实施犯罪的深渊。其实施的条件，是犯罪的时候不满18周岁，且被判处的刑罚为5年有期徒刑以下刑罚。其实施的具体措施，是被封存的犯罪记录除司法机关为办案需要或其他有关单位根据国家规定进行查询以外，不得向任何单位和个人提供。尤其是在就业、参军等重大人生道路抉择方面，有关单位不得向犯罪记录封存机关查询。有关单位在接到查询申请时也应当予以拒绝，对被封存的犯罪记录情况保密。

（五）执行程序

为了更好地教育、挽救和改造18岁以下的未成年犯罪人，我国建立了专门执行未成年人犯罪案件的生效判决的未成年犯管教所。对于因犯罪情节轻微不立案、撤销案件、不起诉或免予刑事处罚的未成年人，公安机关、人民检察院、人民法院应当视案件情况对未成年人予以训诫、责令具结悔过、赔礼道歉、责令赔偿等，并要求法定代理人或其他监护人加强管教。同时，公安机关、人民检察院、人民法院应当配合有关部门落实社会帮教、就学就业和生活保障等事宜，并适时进行回访考察。法定代理人或其他监护人无力管教或者管教无效，适宜送专门学校的，可以按照有关规定将其送专门学校。必要时，可以根据有关法律对其收容教养。

对未成年人案件作出的有罪判决生效后，在执行时应当注意以下问题：

(1)《刑事诉讼法》第269条第2款规定："对被拘留、逮捕和执行刑罚的未成年人与成年人应当分别关押、分别管理、分别教育。"对未成年犯罪嫌疑人、被告人和成年犯罪嫌疑人分别关押、分别管理、分别教育的意义在于：首

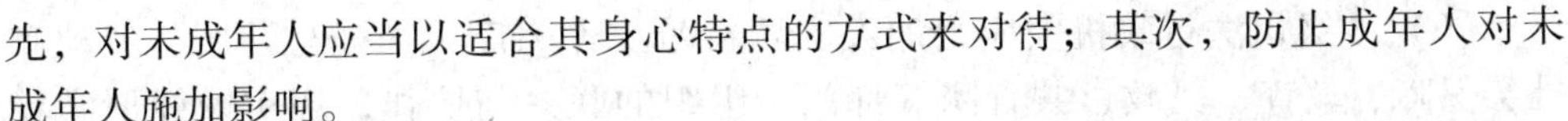

先，对未成年人应当以适合其身心特点的方式来对待；其次，防止成年人对未成年人施加影响。

(2) 对应收监服刑的，人民法院应当在判决生效后，及时将社会调查报告、办案期间表现等材料连同刑罚执行文书，送达未成年犯管教所等执行机关。执行机关在执行刑罚时应当根据社会调查报告、办案期间表现等材料，对未成年罪犯进行个别化教育矫治。对于判处非监禁刑，人民法院应当在判决生效后及时将有关法律文书送达未成年人户籍所在地或居住地的司法行政机关社区矫正工作部门。

(3) 对未成年罪犯的改造，要注重思想改造、知识教育和劳动技能训练，使其在回归社会时，既有适应社会的思想基础，又有生活能力。未成年犯管教所可以进一步开展完善试工试学工作。

(4) 对未成年罪犯在执行过程中，要注意发挥多方面的作用，形成公检法机关、执行机关及家庭等方面的教育改造系统，使其感觉到社会、家庭的关怀，增强改造信心，以回归社会，重新做人。少年法庭可以通过多种形式与未成年犯管教所等未成年罪犯服刑场所建立联系，了解未成年罪犯的改造情况，协助做好帮教、改造工作；并可以对正在服刑的未成年罪犯进行回访考察。少年法庭认为有必要时，可以敦促被收监服刑的未成年罪犯的父母或者其他监护人及时探视，以使未成年罪犯获得家庭和社会的关怀，增强改造的信心。

(5) 对于判处非监禁刑、暂予监外执行和假释的未成年犯，由社区矫正机构进行社区矫正。对于决定暂予监外执行和假释的未成年犯，未成年犯管教所应当将社会调查报告、服刑期间表现等材料及时送达未成年人户籍所在地或居住地的司法行政机关社区矫正工作部门。

司法行政机关社区矫正工作部门应当在公安机关的配合和支持下负责未成年社区服刑人员的监督管理与教育矫治，做好对未成年社区服刑人员的日常矫治、行为考核和帮困扶助、刑罚执行建议等工作。对未成年社区服刑人员应坚持教育矫正为主，并与成年人分开进行。

少年法庭可以协助社区矫正工作部门制定帮教措施，可以适时走访被判处非监禁刑的未成年罪犯及其家庭，了解对未成年罪犯的管理和教育情况，以引导未成年罪犯的家庭正确地承担管教责任，为未成年罪犯改过自新创造良好的环境。

对于被撤销假释、缓刑的未成年社区服刑人员，司法行政机关社区矫正工作部门应当及时将未成年人社会调查报告、社区服刑期间表现等材料送达当地负责的公安机关和人民检察院。

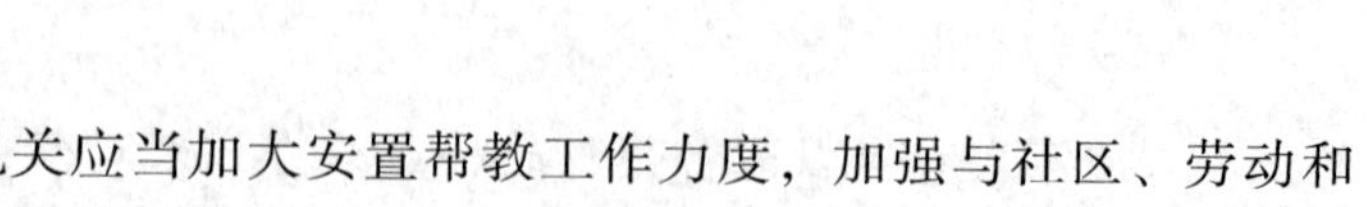

（6）各级司法行政机关应当加大安置帮教工作力度，加强与社区、劳动和社会保障、教育、民政、共青团等部门、组织的联系与协作，切实做好刑满释放未成年人的教育、培训、就业、戒除恶习、适应社会生活及生活保障等工作。

案例讨论

在一个关于被告人犯罪时是未成年，人民法院审判时已成年的案件中，开庭时合议庭未能及时通知被告人远在外地的法定代理人出庭，在一审判决后，被告人未提出上诉，但赶来的被告人的父亲却提出了上诉的要求。合议庭对原先是否应通知其父和是否应接受其父的上诉有两种意见。第一种认为，根据《刑事诉讼法》第270条的规定，凡被告人犯罪时不满18周岁的案件，一般情况下，都应通知其法定代理人到庭。根据《刑事诉讼法》第216条的规定，他们的法定代理人也享有独立的上诉权。另一种意见认为，设立监护人的意义在于维护无行为能力或限制行为能力人的合法权益。被告人受审时已成年，已具有完全的诉讼行为能力，因此，就没有必要再通知其法定代理人出庭监护，其法定代理人也不享有独立的上诉权。

【问题】如何评价这两种意见？

项目二　当事人和解的公诉案件诉讼程序

引例

王小帅故意伤害案

某日22时许，山东省菏泽市鄄城县一中高二学生王小帅（化名）在菏泽市开发区黄河东路双河立交桥附近的地摊上吃饭时，与郭某发生口角，后王小帅带领五六个男子持刀械殴打郭某，致其身体多处受伤，经司法鉴定为轻伤。

公安机关将该案移送至检察机关，提请批准逮捕。办案检察官经调查发现，王小帅今年16岁，系初犯、偶犯，正在因病休学阶段，被害人郭某也刚满18周岁。鉴于王小帅属于未成年人，又是在校学生，正处在成长发育时期，可塑性强，自我控制能力差，由于一时冲动触犯刑法，检察院本着教育、感化的原则，对其明之以法、动之以情、晓之以理，消除了王小帅的恐惧与对抗心理，使之真诚悔罪。检察院按照《刑事诉讼法》中关于刑事和解的规定，认真听取了当事人的意见，并对和解的自愿性、合法性进行了重点审查。

调解会上，办案检察官向在场人员详细介绍了刑事诉讼法对刑事和解的相关规定，通报了检察机关查明的犯罪事实。在相关人员的见证下，双方当事人签署了和解协议，握手言和。菏泽市经济开发区检察院在确认犯罪嫌疑人真诚悔罪、积极赔偿损失，并已经取得被害人自愿谅解的前提下，对王小帅作出不予逮捕的决定。

一、当事人和解的公诉案件诉讼程序的概念和意义

（一）概念

当事人和解的公诉案件诉讼程序是指犯罪嫌疑人、被告人真诚悔罪，通过向被害人赔偿损失、赔礼道歉等方式获得被害人谅解，在被害人自愿和解的基础上，双方当事人就民事赔偿问题达成协议，司法机关根据和解的情况，作为悔罪表现，可以酌情对犯罪嫌疑人、被告人从宽处理的一种制度。

（二）意义

当事人和解的公诉案件诉讼程序拓展了刑事案件中可以由犯罪嫌疑人、被告人与被害人和解的案件范围，为公诉案件提供了一种新的处理方式，有助于促进社会关系恢复与化解矛盾，促进犯罪者回归社会和防止重新犯罪，并能保障被害人权利。长期以来，公诉案件被认为是司法机关代表国家执行法律，追诉犯罪的诉讼，被害人的诉讼地位和精神、物质方面损失的补偿未得到应有的重视。近年来，在加强和创新社会管理、构建和谐社会的司法实践中，有些地方尝试在公诉案件中加强对被害人的保护，在国家追诉犯罪的前提下，允许犯罪嫌疑人、被告人真诚悔罪，通过向被害人赔偿损失、赔礼道歉等方式获得被害人的谅解，被害人自愿与犯罪嫌疑人、被告人和解的，可以对犯罪嫌疑人、被告人从宽处理，同时也使被害人在精神上得到抚慰、在经济上得到一定赔偿，从而最大限度地化解矛盾，修复被犯罪破坏的社会关系，有利于社会和谐，取得了较好的社会效果与法律效果。《刑事诉讼法》吸收了司法实践中的有益做法，规定了公诉案件的和解程序。同时，考虑到公诉案件的国家追诉性质和刑法的严肃性，防止出现“花钱买刑”现象或者放纵一些严重犯罪等导致新的不公正，对建立这一新的诉讼制度宜审慎把握。刑事诉讼法对公诉案件当事人和解的适用条件、案件范围以及除外情况、和解协议的形成、和解协议的法律效果作出了明确的规定。需要指出的是，刑事诉讼法只对当事人和解的公诉案件诉讼程序作出了宏观的规定，具体操作层面的规则需由司法解释进一步细化。

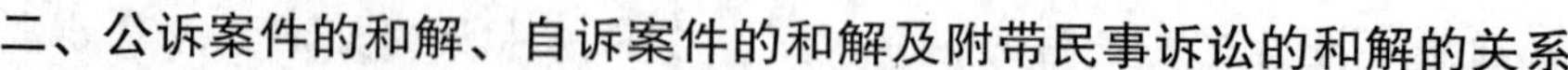

二、公诉案件的和解、自诉案件的和解及附带民事诉讼的和解的关系

除了当事人和解的公诉案件诉讼程序外，刑事诉讼法还有两处关于当事人和解的规定：

1. 刑事自诉案件的和解

《刑事诉讼法》第206条规定："人民法院对自诉案件，可以进行调解；自诉人在宣告判决前，可以同被告人自行和解或者撤回自诉。"根据《刑事诉讼法》第204条的规定，自诉案件包括三种：①告诉才处理的案件，即侮辱、诽谤案件（严重危害社会秩序和国家利益的除外），暴力干涉婚姻自由案件，虐待案件和侵占案件。②被害人有证据证明的轻微刑事案件。这一类案件包括：故意伤害案件（《刑法》第234条第1款规定，可能判处3年有期徒刑以下刑罚的），非法侵入住宅案件，侵犯通信自由案件，重婚案件，遗弃案件，生产、销售伪劣商品案件（严重危害社会秩序和国家利益的除外），侵犯知识产权案件（严重危害社会秩序和国家利益的除外），《刑法》分则第四章和第五章规定的，对被告人可能判处3年有期徒刑以下刑罚的案件。③被害人有证据证明对被告人侵犯自己人身、财产权利的行为应当依法追究刑事责任，而公安机关或者人民检察院不予追究被告人刑事责任的案件。通过比较刑事自诉案件和允许当事人和解的公诉案件范围可以发现，除部分遗弃案件，生产、销售伪劣商品案件，侵犯知识产权案件外，允许当事人和解的公诉案件的范围已经覆盖了绝大多数自诉案件的范围，这意味着绝大多数自诉案件即使通过公诉程序处理，当事人也可以通过和解来化解彼此之间的纠纷，有利于社会矛盾的化解。而且，允许当事人和解的公诉案件的范围还包括了自诉案件所无法全面涵括的可能判处7年有期徒刑以下刑罚的过失犯罪案件，这大大扩展了允许当事人自行和解处理纠纷的案件范围。

2. 附带民事诉讼的和解

《刑事诉讼法》第101条规定，人民法院对于附带民事诉讼，可以进行调解。调解的目的是促使当事人达成和解。在刑事诉讼中，附带民事诉讼的提起不受案件范围的限制，只要涉嫌犯罪的行为对被害人造成了物质损失，就可以提起附带民事诉讼。可见，附带民事诉讼和解的案件范围要比公诉案件当事人和解的范围大得多。但是，附带民事诉讼和解与公诉案件当事人和解有重大区别。在附带民事诉讼中，当事人和解的是民事部分，即涉嫌犯罪的行为对被害人所造成的物质损失如何弥补与赔偿的问题，物质损失的弥补与赔偿是附带民

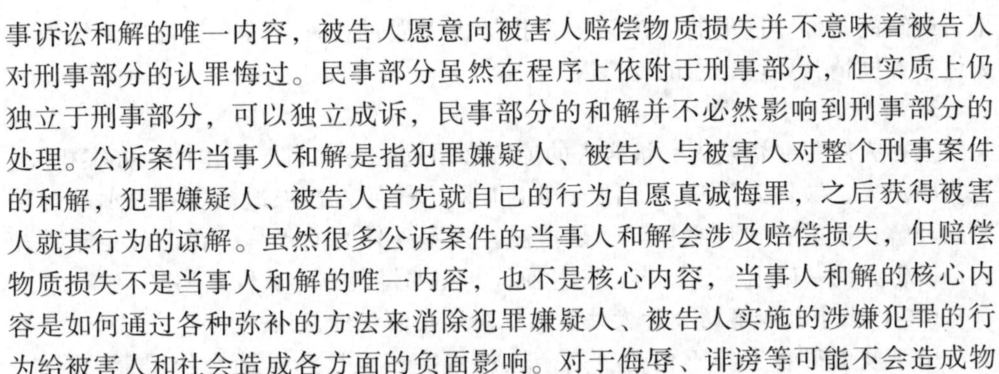

事诉讼和解的唯一内容，被告人愿意向被害人赔偿物质损失并不意味着被告人对刑事部分的认罪悔过。民事部分虽然在程序上依附于刑事部分，但实质上仍独立于刑事部分，可以独立成诉，民事部分的和解并不必然影响到刑事部分的处理。公诉案件当事人和解是指犯罪嫌疑人、被告人与被害人对整个刑事案件的和解，犯罪嫌疑人、被告人首先就自己的行为自愿真诚悔罪，之后获得被害人就其行为的谅解。虽然很多公诉案件的当事人和解会涉及赔偿损失，但赔偿物质损失不是当事人和解的唯一内容，也不是核心内容，当事人和解的核心内容是如何通过各种弥补的方法来消除犯罪嫌疑人、被告人实施的涉嫌犯罪的行为给被害人和社会造成各方面的负面影响。对于侮辱、诽谤等可能不会造成物质损失的犯罪，当事人和解甚至可能不会涉及实质上的物质损失赔偿。此外，根据《刑事诉讼法》第279条的规定，当事人和解会对刑事案件的最终处理产生影响，人民检察院可以作出不起诉的决定，人民法院可以依法对被告人从轻、减轻处罚。

三、当事人和解的公诉案件诉讼程序适用的条件与案件范围

（一）当事人和解的公诉案件诉讼程序适用的条件

1. 犯罪嫌疑人、被告人真诚悔罪

当事人和解并非简单地以赔偿换取较宽大的处理，而是要充分关注加害人回归社会，以及修复当事人之间的关系，应以犯罪嫌疑人、被告人真诚悔罪为必要条件。所谓真诚，是指由衷地、发自内心地，而非在外部各种压力的作用下违背真实意愿认罪悔罪。犯罪嫌疑人、被告人应当在深刻认识到自己所实施的行为对被害人及其亲属所造成的伤害的基础上，对当初实施的行为后悔不已。犯罪嫌疑人、被告人真诚悔罪还需要通过一定的形式表现出来，例如向被害人赔礼道歉、通过各种方式向被害人赔偿损失，弥补犯罪行为带给被害人及其亲属的伤害，使被害人走出被害的阴影，恢复正常生活。

2. 犯罪嫌疑人、被告人获得被害人谅解

无论是民事诉讼中的和解，还是刑事诉讼中的和解，和解双方的意愿决定了和解能否成功。刑事案件的特殊情况决定了和解双方表达意愿的特殊方式：犯罪嫌疑人、被告人通过真诚悔罪和赔礼道歉、赔偿损失等方式表达和解的意愿，而被害人则通过是否谅解表达和解意愿。被害人作为犯罪行为的受害方，是和解过程中权利首先需要得到弥补和保障的一方，被害人的和解意愿必须得到充分的尊重。因此，被害人谅解犯罪嫌疑人、被告人是和解成功最重要的、

不可或缺的条件。这里的“谅解”是指被告人通过各种方式真诚悔罪，使被害人体察并同情其处境，原谅其错误。

3. 被害人自愿和解

被害人对犯罪嫌疑人、被告人的谅解必须是被害人自愿作出的，办案机关、犯罪嫌疑人、被告人及其他任何人都不能采用任何方式强迫被害人表示谅解和愿意和解。这里的“自愿和解”是指被害人不受外力的干扰，在谅解犯罪嫌疑人、被告人的基础上，出于自己的意愿，与犯罪嫌疑人、被告人和解。

（二）当事人和解的公诉案件诉讼程序适用的案件范围

由于刑事犯罪本身不仅是针对个人的侵害，也是针对社会的侵害，因此，并非所有的犯罪都可以在加害人和被害人之间进行和解。在有些犯罪案件中，由于加害人的行为不仅侵害了被害人的利益，而且明显侵害了社会公众的利益，因此被害人实际上无权进行和解；还有一些犯罪案件，例如被害人死亡的案件，因为被害人已经无法表示自己的意愿，所谓谅解就成了被害人家属的谅解，因此实际上也无法和解。基于这些考虑，《刑事诉讼法》规定，刑事和解仅限于以下两类案件：

1. 因民间纠纷引起，涉嫌《刑法》分则第四章、第五章规定，可能判处3年有期徒刑以下刑罚的案件

“因民间纠纷引起”是指犯罪的起因是公民之间因财产、人身等问题引发的纠纷，既包括因婚姻家庭、邻里纠纷等民间矛盾激化引发的案件，也包括因口角、泄愤等偶发性矛盾引发的案件。因民间纠纷引起的，涉嫌《刑法》分则第四章规定的侵犯公民人身权利、民主权利罪和第五章规定的侵犯财产罪，无论是故意犯罪还是过失犯罪，可能判处3年有期徒刑以下刑罚的，双方当事人均可以和解。之所以这样规定，是考虑到这类犯罪比较轻微，且其侵犯的客体是公民的人身权利、民主权利、财产权利，可以允许公民有一定的处分权，以有利于修复社会关系。

2. 除渎职犯罪以外的可能判处7年有期徒刑以下刑罚的过失犯罪案件

这里的“过失犯罪案件”是指《刑法》分则中规定的除第九章渎职罪以外可能判处7年有期徒刑以下刑罚的过失犯罪案件。之所以这样规定是考虑到过失犯罪的行为人主观恶性比较小，可以给予其悔过自新、从宽处理的机会。而渎职罪中的过失表现为国家机关工作人员玩忽职守、严重不负责任等行为，是构成犯罪的要件之一，且对国家机关工作人员履行职责应有更严格的要求，因而规定渎职犯罪案件不在和解案件范围之内。

不适用当事人和解程序的除外规定：即使犯罪嫌疑人、被告人涉嫌的犯罪

属于上述两种情况，但如果犯罪嫌疑人、被告人在5年以内曾经故意犯罪的，则不能适用当事人和解程序。这里所说的“5年以内”，指的是距离上次实施犯罪5年以内。如果是曾经过失犯罪的，不在此限。之所以作出这样的规定，是因为如果犯罪嫌疑人、被告人在5年以内曾故意犯罪，即使此次实施的是非常轻微的犯罪或过失犯罪，其社会危险性也相对较高，不宜通过当事人和解程序从宽处理。

自诉案件的和解与公诉案件的和解之间的区别：其一，和解主体在诉讼中的地位不同。自诉案件的和解是在起诉方与被诉方之间进行的，是诉讼双方主体之间的协商；公诉案件的和解是在被诉方与作为诉讼参与人的被害人之间进行的，不是追诉主体与犯罪嫌疑人、被告人之间的协商。其二，和解协议的内容不同。自诉案件的和解协议不仅包括赔偿损失、赔礼道歉等内容，还可能涉及诉讼的进程，起诉方可以处置诉讼权利；公诉案件的和解协议针对赔偿损失、赔礼道歉等内容，不能涉及公权力的处置，无权决定诉讼的进程。其三，和解协议的法律效果不同。在自诉案件中，起诉方与被诉方达成和解后，起诉方可以据此决定撤回起诉，从而终止诉讼；在公诉案件中，和解协议只能作为在诉讼各个阶段从宽处理的依据，人民检察院也可以作出不起诉的决定，但前提是符合刑事诉讼法有关不起诉的规定，不能单独据此决定诉讼的进程。

四、公检法机关对和解协议的审查与制作和解协议书

《刑事诉讼法》第278条规定：“双方当事人和解的，公安机关、人民检察院、人民法院应当听取当事人和其他有关人员的意见，对和解的自愿性、合法性进行审查，并主持制作和解协议书。”据此，公检法机关对于当事人和解的，需要进行以下几个方面的工作：

1. 听取当事人和其他有关人员的意见

公检法机关首先需要听取双方当事人的意见，了解案件发生的前因后果、双方产生和解意愿和达成和解意向的过程，掌握双方当事人对于案件本身及和解过程、内容的态度。根据案件情况，公检法机关听取当事人意见可以单独进行，也可以召集双方当事人共同、当面进行，以促使双方当事人之间的互动。公检法机关还应当听取其他有关人员的意见。这里的有关人员应当做广义理解，凡是受到涉嫌犯罪行为影响和与案件处理有关的人员，都可以酌情听取他们的意见。例如，未成年当事人的监护人与法定代理人、双方当事人的亲友及其他支持者（如相应的保护组织代表）、双方当事人所聘请的律师等。在审查起诉阶

段当事人自行和解的，还需要听取公安机关具体办案人员的意见，在审判阶段和解的，还需要听取公诉人的意见。需要指出的是，对于一些涉嫌犯罪的行为有较多的间接受害者或对社区整体安全有较大影响的案件，例如，在小区内针对不特定对象故意毁坏财物的案件，可以听取受到犯罪间接影响的人和社区代表的意见。使受到犯罪间接影响的人和社区代表参与和解过程，对于扩展和解积极效应的影响面、巩固刑事和解的积极效果、提高整个社区的安全感和应对犯罪的能力具有非常重要的作用。

2. 对和解的自愿性、合法性进行审查

一方面，需要审查自愿性，双方当事人自愿是达成和解的前提条件，以自愿为前提还能有效防止对和解协议的反悔。所谓自愿，指的是发自内心的愿意，而非在外部各种压力的作用下被迫的愿意。审查当事人达成和解是否自愿的重点在于考察当事人达成和解是否受到外部的压力。当然，压力的存在不可避免，因此审查是否自愿的关键不在于考察当事人是否面临压力，而在于考察这种压力是否已经超越其内心的自主意愿成为达成和解的主导因素。另一方面，需要审查合法性，所谓合法，指的是犯罪嫌疑人、被告人与被害人之间达成和解的过程及和解的内容应当符合法律的规定，不但和解的内容不得有违反法律规定的事项，而且和解的过程也应当遵循法律规定。

3. 主持制作和解协议书

经过听取意见和审查，如果认为和解的达成与内容符合自愿、合法的原则，公检法机关应当召集双方当事人，主持制作和解协议书。和解协议书应当载明和解的各项内容，包括犯罪嫌疑人、被告人采取何种方式弥补对被害人及其他人所造成的影响、被害人对犯罪嫌疑人、被告人表示谅解等，并由双方当事人签名。

由于当事人和解可以在侦查、审查起诉和审判任一阶段进行，所以在具体案件中负责上述三方面工作的机关应当根据诉讼阶段确定，即在侦查阶段由公安机关负责，审查起诉阶段由人民检察院负责，起诉到法院后则由人民法院负责。起诉到法院后，如果在一审程序中达成和解的，由一审人民法院负责，如果在二审程序中达成和解的，则由二审人民法院负责。

公诉案件双方当事人和解的，和解协议中应有被害人谅解的内容，但不应涉及刑事责任的处理。和解协议中包含被害人表示不追究犯罪嫌疑人、被告人刑事责任意愿的内容的，对司法机关没有约束力，刑事责任最终取决于公安机关、人民检察院、人民法院根据刑法和刑事诉讼法对犯罪嫌疑人、被告人作出的处理，犯罪嫌疑人、被告人不得以此作为不履行和解协议的理由。

五、公检法机关对当事人和解案件的处理

《刑事诉讼法》第279条规定："对于达成和解协议的案件，公安机关可以向人民检察院提出从宽处理的建议。人民检察院可以向人民法院提出从宽处罚的建议；对于犯罪情节轻微，不需要判处刑罚的，可以作出不起诉的决定。人民法院可以依法对被告人从宽处罚。"

根据本条的规定，双方当事人在侦查阶段达成和解协议的，公安机关应当对和解协议的自愿性和合法性进行审查，将和解协议的内容及履行情况记录在案，并根据情况写出从宽处理的建议，同时仍应当查清案件事实，对于犯罪事实清楚，证据确实、充分的，应当写出起诉意见书，连同案卷材料、证据、和解协议书、从宽处理的建议一并移送人民检察院审查起诉。人民检察院收到公安机关移送审查起诉的相关材料后，认为犯罪嫌疑人的犯罪事实已经查清，证据确实、充分，依法应当追究刑事责任的，应当提起公诉，并根据案件情况写出从宽处罚的建议，连同案卷材料、证据、和解协议书一并移送人民法院；对于犯罪情节轻微，不需要判处刑罚的，可以作出不起诉的决定。人民法院收到人民检察院提起公诉的相关材料后，对于案件事实清楚，证据确实、充分，依据法律认定被告人有罪的，应当作出有罪判决，但是可以根据案件情况依法对被告人从轻或者减轻处罚；对于犯罪情节轻微不需要判处刑罚的，可以依法免予刑事处罚。

应当注意，公安机关可以根据双方达成和解协议的情况和案件情况向人民检察院提出从宽处理的建议，但是不得在侦查阶段因双方当事人达成和解协议而作出撤销案件的决定。